Konrad Meyer-Ahrens

Die Thermen von Bormio

Konrad Meyer-Ahrens

Die Thermen von Bormio

ISBN/EAN: 9783743696167

Hergestellt in Europa, USA, Kanada, Australien, Japan

Cover: Foto ©ninafisch / pixelio.de

Weitere Bücher finden Sie auf **www.hansebooks.com**

Die Thermen

von

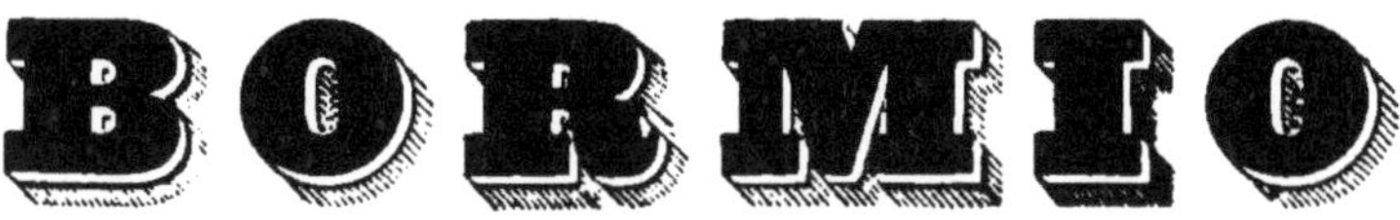

in

physikalisch-chemischer, therapeutischer, klimatologischer und geschichtlicher Beziehung.

> Motto: Wie wol dass ist, dass ich für mein Person solcher Länder nie keins erfahren hab da ich Tartarum aegritudines so wenig gefunden hab, als allein im Veltlein: desgleichen hatt weder Germania, weder Italia, weder Francia, weder der Occident noch Orient in Europa. Dann im selbigen Landt Veltlein ist in ihren gebornen Eynwonern kein Podagra, noch Colica, noch Contracturen, noch Calculus nie erfunden noch erhört worden . . . . und so ein gesundts Land, indem dass in ihm wechst, dass nicht vil gesunder Orth gefunden mögen werden. . . .
>
> Paracelsus.

Von

Dr. Meyer-Ahrens

und

Chr. Gr. Brügger.

Zürich.

Orell, Füssli und Comp.

1869.

Erste Abtheilung.

Die Thermen von Bormio

in

physikalisch-chemisch-therapeutischer Beziehung.

Von

Dr. Meyer-Ahrens.

Einleitung.

Im vorigen Jahre haben die Herren G. Theobald, Professor in Chur und J. J. Weilemann den Anfang eines Werkes: „Die Bäder von Bormio und die sie umgebende Gebirgswelt“ herausgegeben, das Landschaftsbilder, Bergfahrten und naturwissenschaftliche Skizzen enthält, und Herr Brügger aus Churwalden im Kanton Graubünden, Conservator am botanischen Garten in Zürich, wird diesem Bändchen noch Mittheilungen über die Flora der Umgebungen von Bormio beigeben. Ich meinestheils bin beauftragt worden, den chemisch-balneotherapeutischen Theil zu diesem Werke zu schreiben und der mit der Natur der rhätischen Gebirgswelt wie mit ihrer Geschichte so wohl vertraute Herr Brügger wird meiner Arbeit eine vergleichende Uebersicht der klimatologischen Verhältnisse, sowie geschichtliche Notizen über Bormio beifügen. Ich habe mich dem erwähnten Auftrage mit grossem Vergnügen unterzogen, weil ich die Ueberzeugung habe, dass diese seit längerer Zeit fast vergessenen herrlichen Thermen mit ihrer schönen Lage und ihren jetzt so wohl eingerichteten Kuranstalten und bei dem grossen Interesse, das ihnen die jetzigen Besitzer widmen, eine bedeutende Zukunft haben werden. Wir haben da eine prächtige Parallele zu den Pyrenäenbädern; hier *Bormio* mit 1340 Meter oder 4125 Par.′ (neues Bad) und 1448 M. od. 4460′ (altes Bad) und in dem nahen Val Furva, 3 St. von den Thermen entfernt die Säuerlinge von *St. Caterina* (1726 M. od. 5312′) und dort in den Pyrenäen die Schwefelbäder von *Barèges* (1232 M. od. 3792′), von *Cauterets* (932 M. od. 2868′), *St. Sauveur* (770 M. od. 2370′), *Eaux bonnes* (748 M. od. 2302′), *Eaux chaudes* (675 M. od. 2077′), *Vernet* (620 M. od. 1908′), *Bagnères de Luchon* (628 M. od. 1932′), *Bagnères de Bigorre* (560 M. od. 1723′) nebst dem am Südabhang der Pyrenäen 1616—1779 M. (4974—5475′) über d. M. gelegenen merkwürdigen *Panticosa.*[1])

---

[1]) Nach Dr. Gsell-Fels — Berlepsch „Süd-Frankreich und seine Kurorte“. Hildburghausen, 1862. — Lombards Angaben in „les stations médicales des Pyrénées et des Alpes.“ Genève, 1864 sind zum Theil zu hoch; die Angaben von Gsell-Fels stützen sich auf die allerneuesten Vermessungen der französischen Ingenieure. Was Panticosa betrifft, so ist Dr. Jul. Braun in seinem „Systematischen Lehrbuch der Balneotherapie“, Berlin, 1868 sehr im Irrthum, ebenso Rotureau in seinen „eaux minérales d'Europe.“ Paris, 1864. Diese Höhen (bei Rotureau 2783 M., bei Braun 7200 Pariserfuss) sind ganz unmöglich. Obige Höhenangaben über Panticosa verdanke ich der mündlichen Mittheilung des Herrn Dr. Gsell-Fels, der selbst in Panticosa war. Willkomm gibt in seiner Inauguralschrift: „Die Strand- und Steppengebiete der Iberischen Halbinsel und deren Vegetation.“ Leipzig, 1852 für die fuente del Estomago (Magenquelle), die höchste Quelle von Panticosa, die Höhe von 1651 Meter oder 5082 Pariserfuss an.

Auch das Veltlin hat in seinem untern Theile eine zweite Therme aufzuweisen, ebenfalls eine muriatische Therme, nämlich *Masino* mit 35⁰ bis 37⁰,5 C. Man muss die Bäder von Bormio besucht haben, um zu begreifen, dass die Spekulation berechtigt war, diesen reichen Thermen die Geldopfer zu widmen, die erforderlich waren, um hier nicht nur den der Quellen bedürftigen Kranken, sondern auch jenen zahlreichen Heil suchenden Menschen passende Asyle zu bieten, welche hauptsächlich der Erholung in frischer Gebirgsluft bedürfen, um ihre geschwächte Gesundheit zu stärken, sowie auch jenen vielen Touristen, welche die prachtvolle Gebirgswelt des Stelvio, das herrliche Veltlin besuchen wollen. Und hätte die Natur eine wundervollere Combination schaffen können, als sie hier geschaffen hat? Zahlreiche und überreiche Thermen von ungefähr 38⁰,7 C. in reizendem, weitem und doch durch die dasselbe im Osten abschliessenden Gebirgsmassen und die hohen dasselbe begleitenden Gebirgszüge hinlänglich geschütztem Alpenthal, nur wenige Stunden oberhalb der Grenze des Kastanienbaumes, des Maulbeerbaumes, der Weinrebe, der trefflichen Erzeugerin des prächtigen Veltlinerweines, dessen feinere Qualitäten in mancher Beziehung, namentlich mit Rücksicht auf ihre wohlthätige Einwirkung auf den Körper im gesunden und kranken Zustande wohl mit den besten Bordeauxweinen wetteifern können und von denen man im Keller der Bäder zu Bormio einen ganz erfreulichen Vorrath aufgestapelt findet. Wie herrlich lassen sich da die verschiedenen Kurmittel combiniren, Alpenluft, Thermalwasser, Thermalschlamm (später auch Moor), Molken, Milch, die besten Weintrauben und auch an gutem gemeinem Wasser, das zu Douchen und andern therapeutischen Zwecken verwendet werden kann, fehlt es nicht. Und wie zugänglich sind jetzt nicht diese Bäder, sei es, dass wir von Nord- oder Südtyrol (Strasse vom Rheinthal über Feldkirch, den Arlberg, Landeck, Nauders, Mals oder von Bozen — Brennerbahn —) her über das Stilfserjoch (auf die nächste Saison wird die Postverbindung über das Stilfserjoch auch für Passagiere und zwar mittelst bequemer Postwagen wieder hergestellt werden) oder aus der lombardischen Ebene über Colico oder vom Iseosee her durch das Val Cammonica über den Apricapass (1234 M. od. 3800′)[1]) durch das Veltlin selbst nach den Bädern reisen oder von der östlichen Schweiz her durch das Engadin und Puschlav (Poschiavo) dem Veltlin zu dringen; allenthalben finden wir die prächtigsten Bergstrassen, treffliche Verkehrsmittel und die bequemsten Ruhepunkte, wie, abgesehen von den unten zu nennenden Zwischenstationen, die Tremezzina am Comersee, Meran an der Innspruck-Bozenerstrasse. Nicht weniger als vier Bergstrassen führen aus der östlichen Schweiz in's Engadin hinüber, durch das wir reisen müssen (postalischer Knotenpunkt Samaden), wenn wir in bequemem Wagen von der östlichen Schweiz aus nach Bormio reisen wollen, nämlich die Splügen-[2]), Julier-, Albula- und Flüelastrasse[3]) und an allen diesen Strassen finden wir in den verschiedensten Höhen Zwischenstationen in Menge, die selbst theils beliebte klimatische Stationen, theils Mineralquellenorte sind, so an der Splügenstrasse (Viamala) *Andeer* (949 M. od. 2920′), an der bei Chur beginnenden Julierstrasse *Churwalden*

[1]) Wer von der Lombardei herkommt, kann auch bei der Station San Michaele-Lombardo die Brennerstrasse verlassen und die neue Tonalstrasse verfolgend über den Tonalepass (1976 M. od. 6084′) nach dem Val Cammonica und Edolo und von da über den Apricapass nach dem Veltlin reisen.

[2]) Splügenpass 2115 M. od. 6510′. Die Splügenstrasse führt über Chiavenna, durch das Bergell und über den Malojapass (1817 M. od. 5593′) in's Engadin und durch dieses in's Veltlin, aber auch direkt über Colico nach dem Veltlin.

[3]) Julierpass 2287 M. od. 7040′; Albulapass 2313 M. od. 7120′; Flüelapass 2405 M. od. 7403′.

(1212 M. od. 3731') und *Parpan* (1505 M. od. 4633'), an der von der Julierstrasse sich abzweigenden Albulastrasse Bad *Alveneu* mit Schwefelquellen (951 M. od. 2930'), — in der Nähe die gehaltreichen Quellen von *Solis* (Donatusquelle, eine Natronquelle) und *Tiefenkasten* (St. Petersquelle, ein Säuerling), beides Quellen, deren Wasser in Alveneu getrunken wird, ohne eigene Kuranstalten — dann die klimatische Station *Bergün* (1389 M. od. 4275'), ferner an der im Rheinthal bei der Station Landquart beginnenden Prättigau-Flüelastrasse und in der Nähe derselben die klimatischen Stationen *Seewis* (910 Met. od. 2801'), *Dorf Fideris* (902 Met. od. 2776'), *Klosters* (1205 M. od. 3709'), *Davos* (1556 M. od. 4789'), *Bad Fideris* mit seinen Säuerlingen (1056 M. od. 3251') und *Bad Serneus* (Schwefelquelle) (985 M. od. 3032') und an die berühmten Kurorte des Engadins mit ihren prächtigen Sauerquellen zu *St. Moritz* (1769 M. od. 5445') und *Tarasp-Schuls* (1221 M. 3759') und die belebten Touristenzentren und Luftkurorte *Samaden* (1741 M. od. 5362') und *Pontresina* (1808 M. od. 5566') brauchen wir gar nicht zu erinnern. Und wenn wir endlich die Berninastrasse passirt haben, und in das an's Veltlin grenzende Poschiavo- oder Puschlavthal hinuntergekommen sind, so tritt uns, bereits lebhaft an italienisches Leben und italienische Sitte erinnernd, das an lieblichem grünem Alpensee gelegene Schwefelbad *le Prese* (960 M. od. 2955') entgegen. Auch hier befinden wir uns noch in der Bergregion, aber ein Paar Stündchen genügen, um uns ganz unerwartet, fast plötzlich (bei Brusio [880 M. od. 2709']) in die Region des Kastanienbaumes und etwas tiefer des Maulbeerbaumes, der Weinrebe und des Feigenbaumes zu versetzen. Im Weitern wollen wir noch bemerken, dass nächstens noch zwei Bergstrassen in Angriff genommen werden sollen, die zunächst das Unterengadin (Schuls-Tarasp) und das Veltlin (Bormio) mit einander verbinden werden, nämlich eine Strasse, die von Zernetz im Engadin über den Ofenpass (1804 M. od. 5552') und über den Umbrail (2512 M. od. 7733') und eine zweite Strasse, die noch directer von Zernetz über den Ofenpass, Livigno und den Foscagnopass (2286 M. od. 7036') nach Bormio führen soll.[1])

Endlich müssen wir noch darauf aufmerksam machen, dass, nachdem die oben erwähnte Ofen-Umbrail- und Ofen-Livigno-Foscagnostrasse hergestellt sein werden, diese mittelst der Prättigau-Flüelastrasse das Rheinthal (Pfäffers-Ragaz mit sogen. indifferenten Thermen), das Prättigau mit den oben erwähnten Kurorten und Davos, den berühmten klimatischen Kurort, directe mit Bormio verbinden werden. Auch von Nauders (an der Strasse vom Arlberg [Landeck] nach Bozen) führt eine Strasse über Martinsbruck im Unterengadin, Tarasp und Zernetz, sowie über Mals und Sta. Maria an den Umbrail u. s. w.

Diese Andeutungen mögen vorläufig genügen, um zu zeigen, welchen Schatz Bormio dem Arzte, der seinem Kranken einen Gebirgskurort anrathen soll, in manchen Fällen bietet und wie der Arzt, der seinen Kranken die von manchen Theilen der Schweiz, Deutschlands und Frankreich aus etwas weite Reise nicht in Einem Zuge machen lassen will, Gelegenheit findet, denselben an passenden Orten Ruhepausen machen zu lassen.

Was nun die Lage und Einrichtung der Bäder, die weitern Umgebungen derselben, die kleineren und grösseren Ausflüge, die Fauna, die Flora u. s. w. betrifft, so muss ich auf die trefflichen Schilderungen der Herren Professor Theobald und

---

[1]) Eine weitere Verzweigung geht von Livigno über die Forcola (2328 M. od. 7165') auf den Bernina und über die Stretta (2482 M. od. 7639') (Fussweg) nach Pontresina im Oberengadin.

Weilemann verweisen, die in dem ersten Bändchen dieses Werkes enthalten sind, theilweise (Brügger) demselben noch werden beigefügt werden; da jedoch vielleicht der eine oder andere Leser dieser zu einem grossen Theile medizinischen Schrift jenes Bändchen nicht bei Handen haben dürfte, so will ich zur Verständigung im ersten Kapitel das Wichtigste über Lage und Einrichtung der Bäder, sowie die landschaftliche Scenerie der Umgebung des Bades recapituliren.

Schliesslich bemerke ich, dass alle Temperaturangaben nach der hunderttheiligen Skala, alle Höhenangaben im Meter- und altfranzösischen (Fuss-) Maasse gegeben sind.

Dr. Meyer-Ahrens.

Erster Theil.

Lage und Einrichtung der Bäder, physikalische und chemische Eigenschaften der Thermen von Bormio.

Erstes Kapitel.

Lage und Einrichtung der Bäder.

Wenn man vom Stilfserjoch oder dem Umbrail nach dem Veltlin hinunter steigt, so erblickt man in dem Augenblicke, wo die von den riesigsten Felsmassen umschlossene Schlucht, an deren östlicher Wand sich die Kunststrasse zu dem freundlichen Thal von Bormio hinunterwindet, in letzteres sich öffnet, rechts unter sich auf 200′ hoher Felswand das alte Bad von Bormio (1448 Met. od. 4460′), gleichsam wie eine Festung den Ausfluss der Adda bestreichend und etwa 10 Minuten weiter unten, 108 Met. od. 335′ tiefer, erhebt sich auf breiter Terrasse, umgeben von einem englischen Garten, wie ein Vorposten den Zugang zu den geheimnissvollen Schätzen der erhabenen Gebirgswelt des Braulio bewachend und das ganze heimelige Alpenthal beherrschend, das schöne neue Bad (1340 M. od. 4125′), zu welchem die Strasse sich hinwendet, bevor sie den Flecken Bormio erreicht, welcher eine starke Viertelstunde tiefer im Thal (1224 M. od. 3768′) und südöstlich vom neuen Bade, nahe am Eingange zum Val Furva liegt.

Das alte Bad sieht zum Theil eher einer Felsenburg als einer Kuranstalt ähnlich. Die Gebäude, aus denen die Anstalt besteht, stammen aus verschiedenen Zeiten, sind in unmittelbarer Nähe der Hauptquellen auf die Felsen und in die Felsen hineingebaut und haben in letzterer Zeit durch einen Neubau von 4 Stockwerken, der mit den Bädern durch eine geschlossene Gallerie in Verbindung steht, einen wesentlichen Zuwachs erhalten; dieser Neubau enthält einen schönen Speisesaal (im alten Bau ein Billardsaal, Restaurationsräumlichkeiten) und sehr comfortable Wohnzimmer. Ebenso sind auch die Bäder im alten Bade vermehrt worden, so dass sich daselbst im Ganzen 10 Badezimmer finden. Das alte Bad kann 120—130 Personen aufnehmen. Neben dem alten Bade befindet sich eine kleine Kapelle (St. Martinskapelle), in welcher für Kurgäste Messe gelesen werden kann. Hinter dieser Kapelle stand ein älteres Kurhaus, das niedergerissen wurde, während die Bäder, die dazu gehören (römische Bäder genannt), noch stehen und zur Zubereitung und Aufbewahrung des Schlammes (Fanghi) dienen. Ein Felsenstieg (Scala dei bagni), an dem die „Augenquelle“ entspringt, führt vom alten Bade zum neuen Bade hinunter, ein anderer Fussweg führt zur Stelviostrasse hinauf. Das alte Bad eignet sich besonders für Solche, die grössere Ruhe, einen ungenirteren Ton und etwas billigere Preise wünschen. Beim alten Bade entspringt die St. Martinsquelle, die in neuerer Zeit durch Sprengung des deckenden Felsens zugänglich gemacht worden ist und gegen Eintrittsgebühr gezeigt wird.

Das neue Bad ist ein sehr schönes, in grossem Styl aufgeführtes Gebäude, das, wie wir bereits bemerkt haben, auf einer mit englischem Garten geschmückten Terrasse liegt und in neuester Zeit ebenfalls sehr vergrössert worden ist, indem namentlich der langgedehnte schlossartige Hauptbau in den letzten Jahren mittelst einer Gallerie, an der zahlreiche Zimmer liegen, mit den Dependenzen verbunden wurde; diese selbst wurden ebenfalls zu zahlreichen warmen und bequemen Wohnzimmern ausgebaut. Es kann mehr als 140 Gäste aufnehmen. Die Korridore sind mit Teppichen belegt und die Wohnzimmer mit Doppelthüren versehen. Ausser dem im italienischen Style angelegten Speisesaal findet man einen Kaffee-, Billard-, Lesesaal und einen sehr grossen, elegant ausgestatteten Damen- und Musiksaal. Die 40 Badezellen, die zum Theil mit Wannen von rothem Marmor versehen sind, münden auf einen hohen, aber doch sehr warmen Korridor, der mit dem Kurhause in unmittelbarer gedeckter Verbindung steht (die Temperatur desselben betrug am 22. Juni 8½ Uhr Abends bei 9° C. Lufttemperatur im Hofe 15° C.) und bei kühlerem Wetter auch zur Konversation benutzt werden kann und in welchem sich der Trinkbrunnen befindet. Auf dem Platze hinter dem Kurgebäude findet man einen prächtigen reichen Springbrunnen von Thermalwasser. In einiger Entfernung vom Kurgebäude steht ein kleines Gebäude, welches ein Abkühlungsreservoir enthält. Endlich haben wir noch des Pferdebades zu gedenken, das sich ebenfalls in der Nähe des Kurgebäudes befindet und in welchem Pferde und Schafe gebadet werden, welche letztern zur Schurzeit mit schneeweisser Wolle daraus hervorgehen. Im Ganzen können in beiden Anstalten, dem alten und neuen Bade, gegen 300 Personen aufgenommen werden, so dass sich Bormio auch in dieser Beziehung den Kuranstalten ersten Ranges anreiht. Die weiter nach hinten verlegten neuen Stallungen und Remisen sind sehr geräumig und bequem eingerichtet, so dass die Stelvioreisenden hier die beste Unterkunft finden.

Was die landschaftliche Scenerie betrifft, welche das neue Bad umgibt, so blickt man auf der Terrasse südlich über das Städtchen Bormio hinab in den schönen grünen Thalgrund und in die Felsenpässe, welche nach dem Veltlin führen. Im Osten erhebt sich eine mit Gletschern gekrönte Gebirgswelt, die mit dem Mt. Sobretta beginnt. Zwischen ihr und dem Ortlesgebirg dehnt sich weit hinein das Val Furva mit seinen Seitenzweigen. Man erblickt die weit ausgedehnten Eisfelder und im Hintergrunde die schneebedeckte dreiseitige Pyramide des Piz Tresero. Im Westen erheben sich allmälig ansteigend schöne mit Wald und Weide geschmückte Hügel, auf deren Plateaux Dörfer, Weiler und Alpenhütten zerstreut liegen. Majestätisch erheben sich darüber die Felsengipfel des Piz S. Colombano und das Schneehaupt der Cima Rinalpi, dann südlicher die von Gletschern überragten Spitzen des Mt. Piazzi.

Zwischen den Bergen von Oga aber und den steilen Kalkwänden des Mt. della Scala breitet sich ein schönes Thalgelände aus und dringt tief in die Gebirge ein. Es ist die Valle di Dentro oder Viola, die weithin sich nach Süden wendet. Den Schluss machen hier die Höhen, welche Valle Viola und Livigno trennen und die hohe schneebedeckte Kegelspitze des Mt. Foscagno. Im Norden erheben sich die hohen Felsenstufen, auf denen das alte Bad erbaut ist und aus der finstern Schlucht zwischen diesem Felsen und dem Mt. della Scala strömt schäumend die Adda hervor, während über der Stelviostrasse, die sich, wie wir gesehen haben, rechts an die Berghalde anschmiegt, mit senkrechten Wänden und weit vorspringenden Zacken zu einer Höhe von einigen tausend Fuss die kahlen, grauen Felsmassen emporsteigen, welche das Fussgestell des Mt. Cristallo bilden.

Zweites Kapitel.

Physikalische und chemische Eigenschaften der Thermen von Bormio.

Es gibt in Bormio nicht weniger als 7 sehr reiche Thermalquellen. Sie entspringen am südlichen Fusse des M. Braulio aus einem Gestein, das in der Tiefe aus grünen Schiefern besteht, denen sich weiter oben die schwarzen Schiefer anschliessen, während über diese beiden Schiefer kolossale Kalk- und Dolomitfelsen aufgelagert sind, die bis zu den Kuppen des Ortles hinaufreichen und auf welche das alte Bad sammt dem alten Kirchlein St. Martino hingebaut ist. Diese sieben Thermen haben eine Temperatur von 34 bis 41° C. und liefern zusammen 11—1200 Liter in der Minute, eine Wassermenge, welche, wenn alle Quellen benutzt würden, hinreichend wäre, um in der Stunde (das Bad zu 336 Liter berechnet) etwa 215 Bäder abgeben zu können. Allein drei der genannten Thermen, welche an schwer zugänglichen Stellen entspringen und zusammen eine Wassermenge von etwa 350—400 Liter per Minute liefern mögen, fliessen noch unbenutzt in die Adda.

Die sieben Thermen nach der Höhe ihrer Ausflussstellen geordnet sind:

1) Die St. Martinstherme. Sie entspringt unterhalb der Stilfserjochstrasse, unmittelbar hinter dem Hauptgebäude des alten Bades, 4460 Fuss ü. d. Meere, 340 Fuss über der Adda, im Grunde eines in die Felsen getriebenen 120 Fuss tiefen, zum Theil ausgemauerten und gewölbten Stollens, durch den das Wasser fast horizontal nach dem alten Bade fliesst, wo es sämmtliche sechs Badebassins nährt. Die Quelle wird aus vier verschiedenen Sprudeln gebildet, drei innern und einem äussern (Humbertussprudel), die zusammen nach v. Planta eine Wassermenge von 192,1 Liter per Minute liefern. Der Humbertussprudel hatte nach Brüggers Angabe am 3. October 1860 nach langem Regenwetter noch eine Temperatur von 39°,9 C. und lieferte damals 50 Liter per Minute, scheint aber nach seitherigen Beobachtungen nur periodisch zu fliessen.

2) Die Therme der Erzherzogin oder „Frauenheil“ [1]) entspringt etwa 50 Schritte weiter abwärts, aus einer durch alte Gewölbe verdeckten Felsgrotte, unmittelbar hinter dem St. Martinskirchlein, 4420 Fuss ü. d. Meer, 300 Fuss über der Adda. Das Wasser breitet sich in der Grotte zu einer ruhig fliessenden Fläche von einigen Quadratfuss Oberfläche aus. Früher nährte dieses Wasser die vier Bassins in einem älteren Badehause (s. Note), welches abgebrochen wurde. Gegenwärtig hingegen wird das Wasser der Quelle der Erzherzogin zum Kleinkindersprudel und mit diesem zum neuen Bade geleitet; der Fall ist so stark, dass diese Quellen

---

[1]) Die Erzherzogin Katharina von Mantua, Gemahlin des Erzherzogs Ferdinand von Oesterreich, unternahm in Bormio eine Kur. Es geschah dies im Jahr 1590 und zwar nach der Chronik wörtlichem Bericht „der Nachkommenschaft halber.“ Nach der Volkssage soll der Wunsch der hohen Dame in Erfüllung gegangen sein, und zur Erinnerung an das denkwürdige glückliche Ereigniss wurden Quelle, Bad und Zimmer, welche die Erzherzogin benutzt hatte und die früher einfach das „untere“ oder das „Frauenbad“ geheissen hatten, von nun an mit dem Namen „der Erzherzogin“ belegt. Seitdem wurde jenes Gebäude, das auf felsigem Vorsprung neben dem uralten St. Martinskirchlein stand, bis auf die Badgewölbe abgebrochen (siehe oben) und der Platz zu einem angenehmen Luginsland umgeschaffen. Seit dem Besuche der Erzherzogin trat diese wirksame Seite der Thermen von Bormio in allen Schriften über dieselben in den Vordergrund, wobei man sich hauptsächlich auf deutsche Erfahrungen berief, nannten doch die Deutschen nach J. Guler von Wyneck Bormio ein „Weiberbad,“ und nach einem italienischen Traktat des Abbate de Bargo (vom Jahr 1689) hiess es damals bei den Tyrolern und Deutschen geradezu das „Paradies der Frauen.“

ausser den Douchen im neuen Bade jenen reichen, prächtigen Springbrunnen von Thermalwasser nähren, der im Hofe des neuen Bades steht. Der Boden des vorerwähnten Wasserbeckens ist von einer reichlichen Menge Schlamm bedeckt, der eine schwärzliche Farbe hat und innig durchmischt ist mit gelblichweissen, an organische Körper (Algen und Pilzfäden [?] [1]) gehängten Schwefelfäden. Beim Herausheben entwickelt dieser Schlamm bemerkbare Mengen von Schwefelwasserstoff, welcher sich durch Zersetzung schwefelsaurer Salze in Gegenwart organischer Körper bildet. Dieser Schwefelwasserstoff macht aber keinen Bestandtheil des Mineralwassers aus, sondern ist jedenfalls eine sekundäre Bildung. — Uebrigens setzen alle diese Quellen mehr oder minder Schlamm ab. Von der Wassermenge und Temperatur werden wir später sprechen.

3) *Der Kleinkindersprudel (Sorgente di Campillo)* entspringt etwa 10 Fuss tiefer, westlich von der vorigen Quelle, dringt brunnenartig und mit grosser Kraft aus einer Spalte des Felsens hervor, ist mit einem kleinen Brunnenhäuschen überbaut, in welchem sich sein Wasser mit dem Abfluss der vorigen Quelle vereinigt und wird, wie bereits bemerkt, mit der letzteren und zwar durch einen 750 Meter langen Aquäduct mit einem durchschnittlichen Gefälle von fast 10% ins neue Bad hinabgeleitet, um die dortigen Bäder, den Brunnen in der Trinkhalle und den Springbrunnen zu speisen. Die Temperaturdifferenz zwischen dem Ursprung der Therme der Erzherzogin in der Grotte und dem Ausfluss im neuen Bad (Trinkhalle und Bäder) beträgt kaum einige Zehntel, selten einen halben Grad Celsius.

4) *Die Cassiodorstherme* oder die *Cassiodora* entspringt etwa 10 Schritte seitwärts (nordwestlich vom Kleinkindersprudel und ungefähr in gleicher Stärke, auf einem schwer zugänglichen, schmalen Absatz derselben Felswand (ungefähr 4400 Fuss ü. d. M.), über welche sie dampfende Kaskaden bildend thurmhoch herabstürzt, um unbenutzt zwischen Abflüssen der vorigen und folgenden Quelle in die Adda zu fliessen, welche 280 Fuss tiefer thalabwärts strömt. Der malerische Fussteig, welcher zum Pliniusborn hinabführt, überschreitet jenen Abfluss. Die nächste Umgebung der Cassiodors- und der Pliniusquelle schmückt das Frauenhaar, das sonst noch nirgends in den Alpen in solcher Höhe gefunden wurde und hier mit einer ganz ungewohnten Gesellschaft der schönsten Alpenpflanzen, wie des Edelweiss, des Alpenasters, des seltenen Vandellischen Steinbrechs u. s. w. zusammentrifft.

5) *Der Pliniusborn* oder die *Pliniana* quillt in nordwestlicher Richtung von der vorigen und 100 Fuss tiefer, 4300 Fuss ü. d. Meere und 180 Fuss über der Adda, wohl armdick am Fusse derselben Felswand aus einer kleinen, mit Frauenhaar und Algen austapezirten Grotte hervor. Ihre tiefe Lage unter 150—200 Fuss hohen, senkrechten und zum Theil überhängenden Felswänden schützt sie gegen abkühlende Zuflüsse. Ihr Wasser schmeckt angenehmer, etwas salziger als das der übrigen benutzten Thermen und wird häufig zu erfolgreichen Trinkkuren verwendet. Ihr Abfluss ist durch mächtige, bis fast zur Adda hinabreichende Sinterablagerungen (von kohlensaurem und schwefelsaurem Kalk und Magnesia) ausgezeichnet, welche eine ausserordentlich reiche, interessante Algenflora beherbergen. v. Planta bezeichnet dieses Gemenge von organischem und mineralischem Materiale als ein eigenthümliches Gewebe, das mit „Lederplatten" einige Aehnlichkeit habe.

Unserm Freunde Chr. Gr. Brügger gebührt das Verdienst, nicht nur die in den Thermen von Bormio und an deren Ausflüssen überhaupt vorkommenden Algen, sondern namentlich auch dieses Gewebe zum ersten Male einer genaueren Unter-

[1] Ueber die Algen Weiteres bei der Pliniana.

suchung unterworfen zu haben. Es ist die Leptothrix Dictyothrix Kützing, welche mit den Mineraltheilen, die von dem sich abkühlenden oder verdunstenden Thermalwasser abgesetzt werden, und noch einige andere Oscillarieen und Scytonemeen einschliessend hauptsächlich diese 1—4 Linien dicken Krusten bildet, die v. Planta mit Lederplatten vergleicht. Es besteht nämlich nur die oberste, derb gallertartige (getrocknet membranartige, kaum 1/4''' dicke) Schicht von ziegel- oder fleischrother bis dunkelröthlichbrauner Farbe aus dem Dictyothryxgewebe, während die unteren stärker von Mineraltheilen (vorherrschend kohlensaurem und schwefelsaurem Kalk und Magnesia) inkrustirten Schichten ihre mehr oder weniger intensiv spangrüne Färbung hauptsächlich den zahlreich beigemengten, lockenartig verschlungenen Fadenbüscheln, Strängen und zierlichen Gliederfäden des schönen Pegomalion Plantæ und der Lyngbya conglutinata verdanken, zu denen sich vereinzelte Gruppen von Oscillaria, Mastichonema, Scytonema thermale, Schizosiphon, Sirosiphon u. s. w. gesellen und durch eine mehr olivengrüne Färbung schon dem unbewaffneten Auge sich bemerkbar machen. [1])

6) Die Ostgothentherme und

7) Der Nibelungenborn bilden gegenüber der äussern Gruppe der bisher beschriebenen 5 Thermen eine zweite innere Quellengruppe in der engen Thalschlucht, durch welche die vom Fraëlethal herabkommende und durch die Morena vom Brauliothal verstärkte Adda tosend und schäumend sich Bahn bricht zur offnen Thalfläche von Bormio, und welche durchaus an die Schlucht von Pfäffers erinnert. Beide Quellen entspringen etwa einen Büchsenschuss hinter der Pliniana nebeneinander aus einer dunkelgrauen Kalkschieferwand der linken Thalseite, ungefähr 100 Fuss über der Adda, 4350 Fuss ü. d. Meer und sind dermalen nicht zugänglich. Die Ostgothenquelle ist bei Weitem mächtiger und wasserreicher als die Pliniana und sprudelt mit lebhaftem Gemurmel aus einer kleinen Grotte hervor, um als schäumendes, dampfendes Bächlein, kleine Kaskaden bildend, in felsigem, von Frauenhaar und dunkelgrünen, bis Fuss langen Tapeten einer Alge (Phormidium lyngbyanum var. rhaeticum) ausgekleidetem Rinnsaal in die Adda zu stürzen. Der Sinterkegel, der ihren Abfluss gegen die Adda hinab bezeichnet, ist vom neuen Bad aus an der hellen Ziegel- oder Okerfarbe leicht zu erkennen. Der Nibelungenborn stürzt dicht daneben als dampfender Wasserstrahl in einem Bogen vom Felsen in die Adda.

Ausser diesen sieben Thermen findet man noch am Wege vom neuen zum alten Bade, rechts am Abhang, gerade dem Wege gegenüber, der von der fraglichen kleinen Strasse zur Pliniusquelle hinunterführt (4350 Fuss ü. d. Meere)

8) Die Augenquelle oder den sogenannten *St. Karlsbrunnen*, eine kleine, okerabsetzende, sehr wenig Kohlensäure verrathende laue Quelle, die ihren ersteren Namen daher hat, dass man sie bei Augenleiden wirksam gefunden haben will. Sie ist von den übrigen Quellen, die unter sich gleiche Bestandtheile und ziemlich gleiche Temperatur haben, verschieden.

Mit der chemischen Untersuchung der Quellen von Bormio beschäftigten sich verschiedene Chemiker, zuerst *de Simoni*, dann *Magri*, hierauf *Peregrini* und endlich *von Planta* im Schloss Reichenau, dem wir so viele schöne Analysen von bündnerischen Heilquellen verdanken. Wir werden in der folgenden Darstellung wesentlich den Untersuchungen v. Planta's folgen.

---

[1]) Bündner Algen, beobachtet im Jahr 1862. Erster Bericht über das kleinste Leben der rhätischen Algen von Chr. G. Brügger von Churwalden, Konservator der botanischen Sammlungen in Zürich, im Jahresbericht der naturforschenden Gesellschaft Graubündens. Neue Folge. VIII. Jahrg. Chur 1863.

Gehen wir nun zu den physikalischen Verhältnissen dieser Quellen über. Das Wasser der 7 ersten Quellen erscheint sowohl im Glase wie an der Quelle farblos und klar; es perlt durchaus nicht und erhält sich Monate lang, ohne sich irgend zu trüben oder den geringsten Niederschlag zu erzeugen. Füllt man eine weisse Glasflasche mit demselben, so beobachtet man, wie einzelne kleine weisse Körperchen darin herumschwimmen, die einige Zeit in der Flüssigkeit suspendirt bleiben und Bruchstückchen feiner Flaumfederchen nicht unähnlich sehen. Es sind dieses ausgeschiedene Schwefeltheilchen, die sich an die schon erwähnten kleinen organischen Körperchen angehängt haben. Der Geschmack des Wassers ist fade, weich. Das Wasser der Augenquelle fanden wir geschmacklos.

Die Temperaturmessungen von Planta's ergaben folgende Resultate: Bei einer zwischen 4⁰,50 und 8⁰,50 R. schwankenden Luftwärme (bei wechselnder Witterung) zeigten am 21., 22. und 23 Oktober 1859 zu verschiedenen Tageszeiten die St. Martinsquelle, die Quelle der Erzherzogin und der Kleinkindersprudel stets 31⁰ R. (38⁰,75 C.); dagegen zeigte die Pliniusquelle konstant 30⁰ R. — Nach langem Regenwetter zeigte, wie wir oben gesehen haben, am 3. Oktober 1860 einer der Sprudel der St. Martinstherme (Humbertussprudel) Herrn Brügger 39⁰,9 C.; die Therme der Erzherzogin hatte dieselbe Temperatur, die Cassiodorstherme und der Kleinkindersprudel 38,75 C., der Pliniusborn 37⁰,5 C.; die Ostgothentherme zeigte am 13. September 1862 nach langem Regenwetter Herrn Brügger 34⁰,2 C., der St. Karlsbrunnen am 30. September 1860 20⁰,3 C. — Meine eigenen Messungen ergaben folgende Resultate: Am 22. Juni 1863 10¹/₂ Uhr Morgens bei 12⁰ R. Luftwärme war die Temperatur der St. Martinstherme 28⁰ R. (35⁰ C.). Am Ausfluss der Martinstherme in dasjenige Badbassin, das gerade am Ende des Stollens liegt, fand ich selbst noch innerhalb der Brunnenstube am genannten Tage und zur selben Tageszeit bei 20⁰ R. Luftwärme im Badezimmer, aber bei ungefülltem Bassin ebenfalls 28⁰ R. Quellwärme. In einem andern Zimmer zeigte bei 18⁰ R. Zimmerwärme das Wasser im gefüllten Bassin 34⁰,50 C. Die Augenquelle zeigte an demselben Tage 11 Uhr Morgens bei 12⁰ R. Luftwärme 15⁰ R. (18⁰,25 C.) Quellwärme. Im neuen Bade betrug am 22. Juni 8¹/₂ Uhr Abends bei einer Temperatur des Badkorridors von 15⁰ C. und einer Luftwärme (im Hofe) von 9⁰ C., die Temperatur des Wassers (an der Ausflussröhre in einer Badezelle gemessen) 28⁰ R. (35⁰ C.). — Der Trinkbrunnen im Badekorridor zeigte zur selben Zeit 34⁰,50 C. — Die Temperatur des Wassers des Bassins vom Springbrunnen im Hofe des neuen Bades am selben Tage 7 Uhr Abends war bei 11⁰ C. Luftwärme (im Hofe) 33⁰ C.

Im Allgemeinen kann man sagen, dass die Thermen von Bormio eine grosse Beständigkeit der Temperatur zeigen, was am besten folgende Zahlen beweisen, welche nach Beobachtungen von Hauptmann Magani zusammengestellt worden sind.

	Novbr. 1860.	Dezbr. 1860.	Jänner 1861.	Februar.	März.	April.	Mai.	Juni.	Juli.	August.	September.	Oktober.	Jahr.	Sommer.	Frühling.
Pliniana	36_4	36_5	36_0	36_0	36_1	36_2	36_3	36_5	36_6	36_7	36_7	36_7	36_5	36_6	36_3
Frauenheil . . .	—	—	39_1	39_9	40_5	40_3	40_4	39_8	39_3	39_6	39_6	39_6	39_7	39_6	40_2
St. Martin (alt. Bad)	36_0	37_8	38_8	39_4	39_8	39_8	39_6	39_2	39_0	39_4	39_4	39_4	39_0	39_2	39_5
Mittlere Tagestemperatur . .	0_{83}	3_{51}	0_{21}	1_{46}	1_{40}	5_{04}	8_{98}	13_{29}	14_{38}	18_{27}	12_{49}	9_{72}	6_{67}	15_{30}	5_{17}

Die Wassermenge der 7 ersten Quellen ist ausserordentlich gross. Wie wir bereits gesehen haben, liefert die Martinstherme nach v. Planta's sorgfältigen Messungen per Minute 192,1 Liter, die Quelle der Erzherzogin lieferte 362,5 L., der Kleinkindersprudel 93,4 L., die Pliniusquelle 112,1 L., so dass alle 4 Quellen zusammen 760,1 Liter liefern. — Somit würden diese Quellen ein Zimmer von 9 Fuss Höhe, Breite und Tiefe in einer Minute reichlich mit Wasser füllen; ferner würde man mit dieser Wassermenge per Stunde 165 Bäder abgeben können, das Bad zu 336 Liter gerechnet, welche Wassermenge gewöhnlich zum Füllen einer Marmorwanne im neuen Bade erfordert wird. Berechnet man diese Wassermenge per Jahr und in rheinischen Kubikfussen, so liefern die erwähnten 4 Quellen 12,885,677 rheinische Kubikfuss Wasser. Das specifische Gewicht der St. Martinsquelle und des Kleinkindersprudels war dasselbe, nämlich bei 11° C. 1001,03. Sowohl diese Gleichheit im specifischen Gewichte wie die vollständige Uebereinstimmung der festen Bestandtheile und gleiche quantitative Resultate in Bestimmung einzelner Bestandtheile, sowie endlich gleiche Temperatur und Geschmack (in letzterer Beziehung scheint jedoch der Pliniusborn eine etwelche Ausnahme zu machen) lassen nach v. Planta gar nicht zweifeln, dass sämmtliche Gypsthermen von Bormio (die 7 ersten Quellen) aus Einem gewaltigen Becken kommen und unter sich als vollständig gleich zu betrachten sind.

Was die qualitative Analyse betrifft, so stimmen die Resultate v. Planta's mit denjenigen früherer Analytiker überein. Das kohlensaure Natron mangelt ganz; als neue Bestandtheile fand v. Planta Mangan. — Die Augenquelle setzt ziemlich viel Eisenoxyd ab, doch hat ihr Wasser, wie wir gesehen haben, keinen Tintengeschmack.

Die quantitative Analyse der St. Martinsquelle ergab

in 1000 Theilen	v. Planta		Peregrini
Chlornatrium	0,0112	Theile	0,0176
Schwefelsaur. Natron . .	0,0604	. . . .	0,2136
" Kali	0,0181	. . . .	0,1892
" Magnesia . .	0,2520	. . . .	0,1050
" Kalk	0,4863	. . . .	0,3548
Kohlens. Kalk	0,1735	. . . .	0,2594
" Eisenoxydul . . .	0,0025	. . . .	0,0145
" Manganoxydul . . .	0,0014	. . . .	
Phosphorsaure Thonerde . . .	0,00004	. . . .	0,0200
Kieselsäure	0,0207	. . . .	0,0180
Feste Bestandtheile	1,0261	Theile	1,1921
Freie und halbfreie Kohlensäure	0,0474	Theile	

oder: bei 31° R. (38,7 C.) Quelltemperatur und 760mm.
Freie und halbfreie Kohlensäure 24,56 C.C. (macht bei 0° und 760mm 21,50 C.C.).

Da in allen Schriften über Bormio die Frage, ob in dem Wasser der Quellen von Bormio Schwefelwasserstoff vorhanden sei oder nicht, eine Hauptrolle spielt, so lenkte v. Planta seine ganze Sorgfalt auf die Entscheidung dieser Frage. Das Resultat seiner Untersuchungen war aber ein durchaus negatives, indem die Quellen von Bormio keine quantitativ bestimmbare Menge von Schwefelwasserstoff enthalten. In der Quelle der Erzherzogin und im Kleinkindersprudel liessen sich zwar Spuren von Schwefelwasserstoff nachweisen, es ist jedoch sehr zu bezweifeln, dass letzterer einen ursprünglichen Bestandtheil der Quellen ausmachte und zwar um so mehr, als die Analyse des Schlammes der Quelle der Erzherzogin den Schwefelwasserstoff als sekundäre Erscheinung in diesem Schlamme nachwies und es v. Planta wahrscheinlich war, dass der Kleinkindersprudel aus der Quelle der Erzherzogin gespeist werde. — Wir haben in unserm System (die Heilquellen und Kurorte der Schweiz. Zweite Auflage. Zürich 1867) die Heilquellen von Bormio zu den Kalkquellen gezählt; wir wollen nun eine Reihe in- und ausländischer Heilquellen mit derselben vergleichen, so zwar, dass wir nur diejenigen Bestandtheile vergleichen, welche die Kalkquellen zunächst charakterisiren; wir haben die Bestandtheile auf 1000 Theile berechnet (s. Tab. I.):

Wir sehen aus der Tabelle, dass der Gehalt an Gyps, kohlensaurem Kalk und festen Bestandtheilen in den Quellen von Bormio im Vergleich zu vielen anderen als Kalkquellen bezeichneten Quellen gar nicht bedeutend ist. Es wird daher von Interesse sein, die Thermen von Bormio auch mit einigen gewöhnlich als sogenannte indifferente Quellen bezeichneten Wassern und einigen Trinkwassern zu vergleichen.

Quellort:	Bormio.	Pfäffers[1]) und Ragaz.	Wäggithal.	Gastein. Hauptquelle.	Badenweiler.	Landeck. Marienquelle.	Wildbad.	Plombières. Kapuzinerquelle.	Warmbrunn. Kleinbassin.	Liebenzell.	Schlangenbad.
Analytiker:	v. Planta.	v. Fellenberg.	[illegible]	Wolf.	Babo.	Fischer.	Fehling.	Barry u. Heritier.	Fischer.	Sigwart.	Fresenius.
Kohlensaur. Kalk .	0 1735	0 1306	0 094	0 047	0 045	0 007	0 085	?	0 080	?	0 032
Schwefelsaur. Kalk	0 4865	0 0095	0 080	—	0 113	0 008	—	?	—	?	—
Feste Bestandtheile	1 0861	0 2904	0 135	0 340	0 298	0 187	0 506	0 081	0 529	0 613	0 337
Kalk	0 5310	.	.	.	.	.	.	.	.	.	.
Temperatur in C.°	38 7	37 5	7 25	48 1	27 5	28 7	34 5	45	36 2	25	30 6

Quellort:	Basler Quellwasser. (Von auswärts in die Stadt geleitet.)	Berlin. Wasserwerke.	Für Wien in Aussicht genommenes Quellwasser. Kaiserbrunnen.	Stixenstein.	Antonioquelle.	Für die Aachener Leitung in Aussicht stehend.	Das Wasser der Dhuis für Paris bestimmt.	London soll versorgt werden mit Wasser von Grays (Essex).	Gute Brunnen überhaupt.
Analytiker:	Goppelsröder.		Schneider.	Schneider.	Schneider.			Thomson.	nach Lersch.
Kohlensaur. Kalk .	.	0 08047	.	.	.	.	0 209	0 2500	Nicht
Schwefelsaur. Kalk	.	0 00849	.	.	.	.	0 001	0 0185	über
Feste Bestandtheile	0 417—0 375	.	0 14	0 242	0 327	0 2525	0 289	0 3600	1 0
Kalk	0 107—0 174	.	0 0809	0 1048	0 1278(?)	0 106	.	.	.

Aus dieser Tabelle ergibt sich, dass die Thermen von Bormio im Gehalt an kohlensaurem Kalk noch unter manchem guten Brunnenwasser, unter dem für neue Leitungen grosser Städte ausgewählten Trinkwasser stehen, während freilich der Gypsgehalt bedeutend grösser ist; an Gehalt an festen Bestandtheilen stehen ihnen die hier angeführten Trinkwasser weit nach, und wenn wir mit Ewich („praktisches Handbuch über die vorzüglichsten Heilquellen und Kurorte" Berlin, 1862) als Grenze der sogenannten indifferenten Quellen 5 Gran feste Bestandtheile auf ein Pfund von 7680 Gran, also 0,65 Theile auf 1000 Theile annehmen, so sehen wir, dass man

[1]) Nach brieflicher Mittheilung v. Planta's enthalten nach seinen neuesten Untersuchungen die Thermen von Pfäffers keinen Gyps, sondern kohlensaures Natron.

Tab. I.

Kalkquellen.

Heilquellort:	Bormio.	Laurenzbad.[1]	Leuk.[2]	Weissenburg.[3]	Baden.[4]	St. Amand Bouillon.[5]	St. Amand Pulsard.[5]	Bagnères de Bigorre.[6] B. de Lasserre	Bath.[7]	Bourbon Lancy[8]	Bourbon l'Archambault.[9] Jonasquelle	Clifton oder Bristol.[10]	Contrexville[11] Pavillonquelle	Ofen.[12] Kaiserbad	Recoaro.[13]	Fured.[14] Franz Josefquelle	Bzliake.[15] Spiegelbadquelle	Szkleno.[16] Josefquelle	Szkleno. Kreuzquelle
	Schweizerische.					Französische, englische und ungarische.													
Analytiker:	v. Planta	Bolley	v. Fellenberg	v. Fellenberg	Löwig	Kuhlmann	Kuhlmann	Ganderax u. Rosiere	Merck	Berthier	[illegible]	Glover	Henry	Molnár	Brera				
Schwefelsaur. Kalk	0.4863	0.1561	1.5885	1.0469	1.4118	.	.	1.632	1.1385	0.0620	0.012	0.1260	0.679	0.05379	0.0967	.	0.83	1.41	2.63
Kohlensaur. Kalk .	0.1735	0.1392	0.0537	0.0524	0.3885	0.138	0.164	0.26	0.1315	0.210	0.201	0.2650	0.511	0.38836	0.3014	0.82	0.98	0.21	0.10
Feste Bestandtheile	1.0951	0.4447	2.0110	1.0097	4.3514	1.334	1.49	2.6	2.060	1.735	?	.	3.686	0.9761	0.568	2.2	3.2	2.44	3.4
Temperatur in C.°.	39	16–17	48	27	36–37	19.5	19.5	?	46	47–57	19	24	12	57–64	11	12.5	32.2	ca. 50	51

Heilquellort:	Driburg.[17] Hersterquelle	Imnau Q. III.[19]	Imnau Q. I.	Berg bei Cannstatt Q. II.[19]	Marienbad.[20] Wiesenquelle	Schwalheim an der Wetter.[21]	Hofgeismar.[22] Badequelle	Imnau Q. V.[19]	Pyrmont.[23] Augenquelle	Wildungen Stadtbrunnen.[24]	Lippspringe.[25] Arminiusquelle	Rohburg.[26] Badequelle	Rehburg.[26] Trinkquelle	Inselbad bei Paderborn.[27] Inselquelle	Freienwalde.[28] Königsbrunnen.
	Deutsche.														
Analytiker:	Varrentrapp	Sigwart	Sigwart	Fehling	Stettenmann	Liebig	Reggers	Sigwart	Brandes u. Krüger	Bauer	Witting	Westrumb	Westrumb	Witting	Bose
Kohlensaur. Kalk .	1.06	0.88	0.99	0.83	0.58	0.55	0.53	0.33	0.49	0.45	0.47	0.40	0.37	0.32	0.25
Schwefelsaur. Kalk	1.25	0.05	0.07	1.65	.	.	0.02	0.01	0.41	.	0.54	0.93	0.27	0.02	0.25
Feste Bestandtheile	3.4	1.3	1.1	3.1	1.52	2.4	2.1	0.70	1.59	1.02	2.2	1.3	0.95	1.56	0.7
Temperatur in C.°.	12.1	8.7	8.7	10	kalt	10.8	15.6	9.3	11.1	10.8	10.1	12.5	12.5	18.1	9

Zur geographischen Orientirung.

1) Kant. Aargau. 2) Kant. Wallis. 3) Kant. Bern. 4) Kant. Aargau. 5) Dept. du Nord an d. Scarpe. 6) Städtchen im Campanthale, Depart. des Hautes-Pyrenées. 7) An der Westküste Englands. 8) Dept. Saone-Loire, unweit d. Loire. 9) Depart. Allier. 10) Zw. Clifton u. Bristol in Sommersetshire. 11) Vogesen. 12) Ungarn. 13) Lombardei. 14) Am n. w. Ufer des Plattensees. 15 u. 16) Presburg-Reg.-Bietr. in Ungarn. 17) Kreis Paderborn, Reg.-Bez. Minden. 18) Fürstenthum Hohenzollern. 19) Kön. Württemberg. 20) Kreis Eger im n.-w. Böhmen. 21) In der Wetterau. 22) Preuss. Reg.-Bez. Hessen. 23 u. 24) Fürstenthum Waldeck. 25) Reg.-Bezirk Minden der preuss. Prov. Westphalen. 26) Prov. Hannover. 27) Reg.-Bezirk Minden, preuss. Provinz Westphalen. 28) Preuss. Provinz Brandenburg, östl. von Neustadt-Eberswalde, n.-ö. von Berlin.

streng genommen die Thermen von Bormio nicht zu den sogenannten indifferenten Thermen zählen kann, man müsste denn mit Braun (s. ob.) den Gyps als gänzlich unresorbirbar, den kohlensauren Kalk als schwer resorbirbar betrachten, wo dann allerdings bei dem unbedeutenden Gehalt an schwefelsauren Alkalien und schwefelsaurer Magnesia die Classifikation unserer Thermen unter die indifferenten Thermen therapeutisch gerechtfertigt wäre; doch davon später mehr.

Wir wollen nun aber noch den Gehalt der Thermen von Bormio an schwefelsauren Alkalien, Bitter- und Kochsalz mit den Gehalten der genannten Trinkwasserleitungen sowohl als der Lütticherleitung an diesen Salzen vergleichen.

	Paris (Dhuis).	Berlin (Wasserwerk.)	Gallerien der Lütticher Leitung.	London (s. ob.)	Bormio.	Bier (Mitscherlich).
Chlornatrium . . .	0.009	0.00169 u. 0.01225 Chlormagnesium.	0.0105	0.0338	0.0112	.
Schwefelsaur. Natron	dafür salpetersaur. Natr. und Kali 0.013	0.01886			0.0004	.
„ Kali . .	.	0.00732	.	0.0184	0.0181	.
„ Magnesia	.	.	.	.	0.2540	0.01 phosphorsaure Magnesia.

Diese Tabelle zeigt nun, dass der Gehalt der Thermen von Bormio an schwefelsauren Alkalien und Kochsalz im Allgemeinen den Trinkwassern gegenüber nicht wohl in Betracht kommen kann; die schwefelsaure Magnesia ist etwas stärker vertreten, allein wenn Bier mindestens das Doppelte an phosphorsaurer Magnesia enthalten kann, so können wir auch jenen Bestandtheil nicht stark in Rechnung bringen. Das Schlussresultat dieser Untersuchung ist, dass wir, wenn wir den aufgelösten kohlen- und schwefelsauren Kalk therapeutisch nicht in Rechnung bringen wollen, wir Bormio allerdings mit den indifferenten Quellen, wie denjenigen von Wäggithal, Pfäffers, Badenweiler, Schlangenbad, Wildbad, Gastein u. s. w., parallelisiren könnten.

Vergleicht man den Gehalt der Thermen von Bormio an schwefelsauren Alkalien und Bittersalz mit dem Gehalt einer Anzahl bei uns bekannterer deutscher Salz- und Natronquellen und einiger schweizerischer Quellen, so findet man, dass sie in dieser Beziehung ungefähr mit dem Maxbrunnen zu Kissingen, dem Oberbrunnen zu Salzbrunn, dem Franzensbrunnen zu Franzensbad, den Quellen zu St. Moritz, der Passugersauerquelle rangiren.

Endlich haben wir noch des Quellschlammes zu gedenken, über den wir uns, da er ein wichtiges Heilagens sein kann, etwas ausführlicher verbreiten müssen. Dr. v. Planta-Reichenau hat sich in seiner „chemischen Untersuchung der Heilquellen von Bormio" Chur, 1860 in dieser Beziehung sehr kurz gefasst; es steht uns jedoch jetzt eine sehr ausführliche handschriftliche Arbeit des trefflichen Analytikers über den Schlamm der Thermen von Bormio zu Gebote, die wir bei der folgenden Darstellung benutzen wollen.

Wenn man mit Fackeln in den dunkeln Stollen kriecht, durch den die St. Martinsquelle aus den geheimnissvollen Felslabyrinthen des Stelvio ans Tageslicht tritt, so breitet sich vor dem Auge ein verhältnissmässig ansehnliches Wasserbecken von 8—10 Schuh Länge und 3—4 Schuh Breite und 2½ Schuh Tiefe aus, das von der reinen Felswand gebildet wird; aus den Spalten der Sohle dieses Beckens strömt das Mineralwasser in reichlicher Menge hervor. Tritt man mit nackten Füssen in dieses Schlammbassin, so gibt der Schlamm überall nach und erscheint als äusserst schleimige, weiche und bewegliche Masse, aus der sich beim Aufwühlen ein lebhafter Geruch nach Schwefelwasserstoff entwickelt. Wird diese Masse zu Tage gefördert, so nimmt sie eine noch schwärzere Farbe an, als sie im Bassin hatte und lässt man sie nun im geheizten Zimmer in ein Holzgefäss verschlossen trocknen, so stellt sie nach Verfluss von 3 Monaten eine vollkommen harte, lufttrockene Masse dar, die im Bruche hellgrauem Schiefer nicht unähnlich sieht. Man bemerkt die gelben Schwefelschichten sehr deutlich, sowie auch das dunkle Schwefeleisen, während dagegen kein rothes Eisenoxyd wahrzunehmen ist. Zerdrückt man die Masse in der Achatschale, so verräth sie keinerlei harte Mineralkörper, sondern erscheint leicht zerreiblich; doch macht sie das eingemischte organische Material zähe und zusammendrückbar.

In 1000 Theilen dieses St. Martinsschlammes fanden sich:

Kalk	174,6
Eisen an Schwefel gebunden	27,8
Kieselerde	23,9
Magnesia	43,7
Freier Schwefel	68,1
Schwefel an Eisen gebunden	15,9
Schwefelsäure	31,8
Thonerde	105,5
Organische Substanzen	105,4
Kohlensäure (in toto)	238,0
Wasser	165,3
	1000,0

Gruppiren wir diese Einzelstoffe zu Verbindungen, wie sie im Schlamm selbst sich vorfinden und wie sie theils als solche aus dem Erdinnern zu Tage treten, theils nach einer Reihe von Zersetzungen als Endprodukte erscheinen, so erhalten wir in 1000 Theilen:

Kohlensaur. Kalk	272,2
„ Magnesia	91,7
Gyps	54,0
Kieselsaure Thonerde (Thon $Al_2O_3\ 2SiO_2$)	44,7
Thonerde unverbunden	84,6
Schwefeleisen	43,8
Freier Schwefel	68,1
Org. Substanz	105,4
Kohlensäure von löslichen kohlensauren Salzen beim Eintrocknen herrührend	70,1
Wasser u. s. w.	165,4
	1000,0

Vergleichen wir nun den St. Martinsschlamm mit Mineralschlammarten anderer Heilquellenorte, so können wir folgende Tabelle entwerfen, in der wir die Bestandtheile ebenfalls auf 1000 Theile berechnet haben. Hiezu muss aber bemerkt werden, dass die Schlamm- und Mooranalysen niemals eine absolute Bedeutung haben können, da der Gehalt an festen Bestandtheilen von der kürzern oder längern Präparirung, die von Oxydationsprozessen in den obern Schichten begleitet ist, vom Salzgehalt des zum Präpariren verwendeten Wassers, der Abstammung des Materials, der Verdünnung, beim Moore namentlich von der oberflächlicheren oder tieferen Lage des der Untersuchung unterworfenen Präparates abhängig ist; dieselbe Schlamm- und Moorart kann daher, und namentlich wegen der beständigen Umsetzungen, die in einem solchen der Luft ausgesetzten, aus organischen und unorganischen Bestandtheilen bestehenden Gemische vorgehen müssen, zu verschiedenen Zeiten ein verschiedenes analytisches Resultat geben und die Analysen bieten daher, wie Braun so treffend bemerkt, gleichsam nur Momentbilder dar, gleich den photographischen Aufnahmen bewegter Gruppen. (s. Tab. II.)

Bevor wir nun weiter gehen, werfen wir einen Blick auf die Entstehung der Quellen von Bormio, sowie des Badschlammes.

Stellt man sich — wir entnehmen diese Skizze der schon erwähnten Handschrift v. Planta's mit gleichzeitiger Rücksichtnahme auf eine gef. briefliche Mittheilung des Hr. Prof. Theobald — in der Gegend des neuen Bades Front machend gegen die ungeheuren Gebirgsmassen hin, welche im Norden den Hintergrund der Bäder von Bormio bilden, und aus deren verworrenen Schluchten die Adda hervorströmt, so liegt dem Betrachtenden gegenüber eine gewaltige Masse von Dolomit, in welchen gegen Fraēle und Braulio Mulden von Kössner Schichten und Lias eingelagert sind. Unter dem Dolomit folgen schwach vertreten die Schichten der mittleren und untern Trias aus Kalk und Rauchwacke mit Gypslagern bestehend, dann Verucanoconglomerat und Schiefer, endlich die grünen und grauen Schiefer von Bormio (Casannaschiefer, metamorphische palæozoitische Gebilde), unter welchen weiterhin Gneis folgt. Alle diese Schichten fehlen nach Norden und es bildet der Kalk und Dolomit in den tieferen Formationen eine Muldenbiegung.

Am Auslauf der Adda in die Ebene liegt eine Schuttmasse der Gletscherthätigkeit da, die der Wanderer beim Dorfe Primadio überschreitet, wenn er nach Val Viola wandert. Das neue Bad ist von Geröllmassen umgeben, welche auf grünem Schiefer ruhen. Steigt man nun weiter der Stelviostrasse nach aufwärts, so führt der Weg über die Trias, die sich nordwärts biegt und stösst endlich auf dem höchsten Theile des Stelviopasses auf ausgedehnte Massen von Gneis und ähnlichen halbcrystallinischen Schiefern, wie sie unten bei Bormio liegen, welche aber hier den obern Schenkel der Kalkmulde bedecken. Diese Muldenbildung, die sehr tief sein muss, erklärt die Entstehung der Thermen. Wahrscheinlich nämlich senken sich die atmosphärischen Niederschläge von der Oberfläche dieser endlosen Fels- und Gletscherflächen in das Innere der Felsschichten, treffen auf die erwähnten Formationen und werden dann tief hinab ins Erdinnere geführt, wo sie die hohe Temperatur erlangen, mit der sie durch den gewaltigen hydrostatischen Druck aufwärts getrieben nachher wieder als heisse Quellen an der Erdoberfläche erscheinen, als Endprodukte mannigfacher Combinationen und Zersetzungen. Um jedoch specieller die Entstehung der Bestandtheile dieser Quellen zu betrachten, so ist es wahrscheinlich, dass diese Produkte des heissen Felslaboratoriums in erster Linie als kohlensaure Wasser erscheinen, deren Bestandtheile zum Theil, wie bei der ganzen Classe jener Gewässer durch freie Kohlensäure

Kalk .
Schwef
Kohlen
Phosph
Chlorc

Schwef
Phosph
Chlork

Schwef
Kohlen
Chlorm
Magnes

Natron
Schwef
Phosph
Kohlen
Chlorn
Schwef
Kiesel
Thoner
Schwef
Natron
Chlor

Eisen
Eisen
Phosp
Schwef

Kohle
Doppel
Eisen
Manga
Eisen

Schwe
Kohle
Schwe
Kiesel
Organ
Schwe

Z
Kaisert
*) Preu

in Lösung erhalten werden. Zu diesen Bestandtheilen liefern schon in erster Linie die Kalke und Dolomite des Stelvio einen vorwaltenden Antheil. Auf ihrem weiteren Wege durch die Gebirgsschichten begegnen diese Quellen Gypslagern, bei deren Durchströmung jene alsdann theils in Gegenwart organischer Stoffe, theils durch direkten Umtausch der Schwefelsäure des Gypses gegen die freiwerdende Kohlensäure der betreffenden Verbindung zu schwefelsauren Salzen werden. Hiebei entstehen auch freier Schwefel und etwas Schwefelwasserstoff, indem der Gyps durch die organische Substanz zu Schwefelcalcium reduzirt wird, während sich Kohlensäure bildet. Das Schwefelcalcium wird in Gegenwart von Wasser wieder in Kalk (beziehungsweise kohlensauren Kalk) und in Schwefelwasserstoff umgewandelt, welcher letztere durch Oxydation einerseits in Schwefel, anderseits durch weitere Oxydation in Schwefelsäure umgewandelt wird. Und in der That kommt das heisse Wasser von Bormio mit ausgeschiedenem Schwefel zu Tage und zeigt auch noch *Spuren* von Schwefelwasserstoff, wie das v. Planta in seiner Analyse nachgewiesen hat. Dass sich beim Auslauf der St. Martinsquelle nicht *mehr* Schwefelwasserstoff zeigt, als wirklich der Fall ist, mag an dem langen Wege liegen, den diese Quelle in dem offenen Stollen zu durchlaufen hat, sowie auch an der hohen Temperatur des Wassers. Schwefelmetalle fehlen den Quellen von Bormio gänzlich.

Was dann die Entstehung des Badeschlammes betrifft, der in der St. Martinsgrotte etwa 200 Schritte von der Mündung sich vorfindet, so sind hier vor Allem zwei Momente ins Auge zu fassen, nämlich einerseits die in Form einer Lösung als Mineralwasser in der Grotte zu Tage tretenden Stoffe und anderseits die Veränderungen, die im Becken der St. Martinsgrotte unter dem Einfluss der atmosphärischen Luft mit dem Wasser vor sich gehen. Der kohlensaure Kalk findet sich als solcher in den colossalen Gebirgsstöcken der Stelviokette in unbegrenzter Menge, ebenso im Dolomite die kohlensaure Magnesia. Beide werden in der freien Kohlensäure gelöst zu Tage gefördert und scheiden sich nach gänzlichem oder theilweisem Entweichen der Kohlensäure wiederum in fester Form aus. Der Gyps kommt gelöst zu Tage; im Laufe der Zeit mag sich etwas Gyps aus der Lösung ausscheiden, während der grösste Theil, wie schon angedeutet, sich in Schwefelcalcium und Schwefelwasserstoff umwandelt, aus denen alsdann kohlensaurer Kalk, Schwefel und Schwefelsäure sich bilden. Die Thonerde kommt in feinster Form im Wasser suspendirt mit letzterem zu Tage oder löst sich aus dem das Wasserbecken bildenden Gestein auf. Auch ist es möglich, dass die kohlensaure Thonerde durch Kohlensäure in Lösung erhalten, sich beim Entweichen derselben ausscheidet. Die freie Thonerde mag mit Eisenoxydul in löslicher Form zu Tage getreten und nachher aus dieser Lösung oder einer andern Verbindung ausgeschieden worden sein.

Das Schwefeleisen ist eine sekundäre Bildung, hervorgegangen aus dem entstehenden Schwefelwasserstoff in Gegenwart von kohlensaurem Eisenoxydul (beziehungsweise ausgeschiedenem Eisenoxydhydrat). Die organische Substanz mag theils dem Gebirge angehörend in Gestalt von mit feinem Schwefelschlamme überzogenen Körperchen mit dem Wasser zu Tage treten, theils von der reichen Algenflora herrühren, welche mein Freund Brügger an den heissen Quellen von Bormio beobachtet und beschrieben hat. Dass sämmtliche obige unorganische Stoffe in den Gneisen, Dolomiten, Kalken, dem Verucano und dem grünen Schiefer, welche die Gebirge um Bormio zusammensetzen, enthalten sind, weiss jeder Geologe und jeder Chemiker.

Soviel nach von Planta über die Entstehung der Thermen und des Quellschlammes.

Um jedoch Schlammbäder zu bereiten, würde dieser Schlamm nicht hinreichen, und man ist daher genöthigt, künstlichen Schlamm zu bereiten, wie dieses auch an andern Orten gechieht und es steht dem auch in therapeutischer Beziehung nichts entgegen, da die pharmakodynamische Wirkung der meisten oder vielleicht aller Bestandtheile des Schlammes noch gar sehr in Zweifel gezogen werden muss, indem es noch gänzlich unerwiesen ist, ob auch nur ein Atom derselben in den Körper tritt, und es höchst wahrscheinlich ist, dass die Heilwirkungen der verschiedenen Schlammarten wesentlich auf dem mechanischen Eindruck, der Contactwirkung und der Wärmecapacität desselben beruhen. Es wird daher, wie gesagt, auch an andern Orten künstlicher Schlamm bereitet, so in den Euganeischen Thermen, in Acqui, in Baden bei Wien und es mag vielleicht unsere Leser interessiren, hierüber einige nähere Notizen zu erhalten.

Die Bestandtheile des natürlichen Schlammes von Acqui ersieht man aus der Tabelle; der Schlamm von Battaglia und Abano in den Euganeen enthält nach Ragazzini folgende Bestandtheile.

	Bataglia	Abano
Erdcarbonate	216	240
Lösliche Salze und org. Stoffe.	454	420
Wasser	330	340
	1000	1000

Er enthält auch Schwefelwasserstoff.

Der künstliche Schlamm in den Euganeen wird nach Köstl aus den nahen Graben ausgestochen und in das eigens zu diesem Behufe ausgegrabene Erdreich geführt, das von einer oder mehreren Thermalquellen bewässert wird, wo man ihn gewöhnlich von einem Sommer zum andern aufbewahrt. Das Mineralwasser übersteigt den Schlamm in den Reservoiren etwa um 1/2 Fuss und fliesst mit einer Temperatur von 50° C. darüber weg. Dieser Schlamm enthält viel Schwefel und Schwefelwasserstoff. Wenn er zu Padua anlangt, ist er noch zu warm zum Gebrauch und ist selbst noch warm genug, wenn er in der heissen Jahreszeit in Trient ankommt. Seine Temperatur ist 65°—69° C., nie unter 62° C. Das Material, das zu dem künstlichen Schlamm in Acqui verwendet wird, wurde durch v. Planta einer ausführlichen Untersuchung unterworfen und da hierüber meines Wissens — mindestens in den mir zugänglichen Schriften — noch nichts publizirt worden ist, so will ich um so eher etwas näher auf diesen Gegenstand eintreten, als es mir sehr wichtig erscheint, dass die Aerzte etwas genauer mit demselben vertraut gemacht werden.

Das fragliche Material bestand einestheils aus dem getrockneten Badeschlamm selbst, anderseits aus Verwitterungsgestein der Umgegend von Acqui, das zur Bereitung des künstlichen Schlammes verwendet wird. Der getrocknete Badeschlamm hatte durchaus das Ansehen und die Struktur eines kubischen ungebrannten Thonklumpens aus einer Ziegelei, in welchem für das Auge Thon und Sand die vorwaltenden Bestandtheile zu sein schienen. Das Verwitterungsgestein bestand 1) in grauweissen, plattenartigen Steinen, die ihrerseits wieder aus sehr thonreichem Kalk bestanden, an der Zunge etwas hafteten und beim Anfeuchten den Thongeruch hatten; mit Säuren brausten sie lebhaft auf (kohlensaurer Kalk), lösten sich jedoch nur zum kleinsten Theile in denselben. Sie enthielten ausserdem Eisen und Magnesia. Es war somit ein thonreicher Kalk, wie ihn die geologische Formation der Gegend von Acqui in grosser Menge liefert. 2) Bestand das fragliche Gestein in einem rötlichen, sehr quarz- und glimmerreichen Sande von verwittertem Granite herrührend, der mit Säuren gar nicht brauste und auch in denselben fast gänzlich unlöslich war. Der erwähnte trockene Badeschlamm sah, mit der Loupe betrachtet, dem genannten Kalkthonpulver sehr ähnlich; nur erschien er mit sehr feinkörnigem Sande (verwittertem Granit) gemischt, und beide, der Kalkthon wie der Granitsand, sind eisenhaltig. Man hat somit in diesem Schlamm Eisen, Thonerde, Kieselerde, Kalk, Magnesia und Alkalien. Trennt man nach Schulze's Methode die verschiedenen Bestandtheile dieses Schlammes mechanisch von einander und untersucht den Streusand und Staubsand, so findet man, dass beide mit Säuren aufbrausen, somit kohlensauren Kalk enthalten. Der Schlamm wurde nun durch v. Planta der mechanischen Analyse nach Schulze's Methode unterworfen und zwar mittelst eines von Kilian in Wiesbaden zu diesem Behufe gefertigten Schlammapparates. Das Resultat dieser Analyse war nun:

	Feuerbeständige	Verbrennliche oder flüchtige
	Substanzen	
Streusand	66,56	—
Dazu gehörige org. Substanz	—	0,99
Staubsand geglüht	8,14	—
Dazu gehörige org. Substanz . .	—	2,81
Feinste Thontheilchen	21,50	—
	96,20	3,80
	100	

Will man nun auch in Bormio künstlichen Schlamm darstellen, so verwendet man dazu am besten die oben erwähnten „Lederplatten", die sich unterhalb der Pliniusquelle durch freiwillige Verdunstung bilden und mischt sie in geeigneten Verhältnissen mit feinstem Sand, Thonstaub und Wasser. „Was ist jener Schlamm in der Martinsschlucht?" schreibt mir Herr Dr. v. Planta, „Bormiowasser, das bei Anwesenheit der atmosphärischen Luft und vieljähriger Verdunstung unter sehr ungünstigen Verhältnissen den Schlamm langsam absetzt. — Was sind die Platten (Lederplatten)? Ganz das Gleiche unter den günstigsten Verdampfungsverhältnissen und dabei mit dem ausserordentlichen Vortheil, dass keine höhere künstliche Temperatur irgend zerstörend oder verändernd auf die werthvollen organischen Körper einwirkt. Lederplatten sind = Bormiowasser minus seinen Wasserdampf und enthalten also alle Bestandtheile, die irgend — mit Thon und Sand (plastisch) gemischt — den denkbaren Wirkungswerth des Schlammes erzeugen und enthalten." — Um die „Lederplatten" in möglichster Menge zu erhalten, braucht man nur das Wasser längs der Pliniushalde möglichst zu verbreiten, die Platten zu sammeln, zu trocknen, fein zu pulverisiren, in einem passenden Bassin 3—4 Fuss unter Wasser zu erhalten, das oben zu- und abfliesst und so (Jahre lang) aufzubewahren. Daneben bedarf es eines gehörigen gedeckten Raumes für den nöthigen Vorrath an granitischem Sand und einen eben solchen Raum für einen Vorrath an geschlemmtem feinem Thon. Anfangs jeder Saison lässt der Badarzt mit Zugrundelegung der v. Planta'schen mechanischen Schlammanalyse von Acqui, hauptsächlich aber mit Benutzung seiner eigenen Erfahrungen, die nöthige Mischung von Lederplattenschlamm, feinstem Sand und geschlemmtem Thon in der Art herstellen, dass diese Mischung auf den Körper aufgelegt die nöthige Plastizität und Malleabilität besitzt, denn diesen Zweck hat, abgesehen von der Eigenschaft besagter Körper, die Wärme zu erhalten und die Adhäsion des Schlammes am leidenden Theile oder dem Körper zu vermitteln, die Beimischung von Sand und Thon. Den für die Saison hergestellten Mischungsvorrath oder einen Theil desselben bringt man in ein kleines Reservoir, in welchem das Wasser 3—4 Fuss über der Mischung steht und in der fraglichen Höhe ein beständiger Zu- und Abfluss stattfindet, so dass die gleiche Temperatur erhalten wird, ohne dass Stoffe weggeschwemmt werden. Da jedoch die drei Bestandtheile dieser Mischung wegen ihres verschiedenen spezifischen Gewichtes nicht gemischt bleiben, so dass sich Schichten bilden — Schlamm, Thon, Sand — so muss die Mischung vor jedem Gebrauche neuerdings innigst gemischt werden und darum muss man eine nicht zu grosse Menge der Mischung vorräthig halten. — Von der Verwendung der Schlammbäder im therapeutischen Theil. Der Schlamm, der bisher angewendet wurde, bestand aus St. Martinsschlamm gemischt mit jenem feinen Dolomitsande (Schlamm), der in den Wässerungsgräben der Wiesen an der Halde gegen die Eisenschmelzen sich absetzt und beim Reinigen derselben aussenher abgelegt wird.

So zweckmässig sich nun gewiss die nach der Anleitung v. Planta's bereiteten Lederplattenschlammbäder erweisen mögen und werden, so dürfte es doch Aerzte geben, welche Bäder von Moor vorziehen würden und da frägt es sich, ob die Möglichkeit gegeben sei, solche Moorbäder zu erstellen. Ja, sie ist gegeben, wie aus einer mir so eben von Herrn Prof. Theobald in Chur gütigst gemachten brieflichen Mittheilung sich ergiebt und es wird die Direktion der Thermen nicht anstehen, dafür zu sorgen, dass auch solche Moorbäder abgegeben werden können.

Zweiter Theil.

Die therapeutische Verwendung der Thermen von Bormio und der übrigen sich in Bormio darbietenden Kurmittel, sowie die Verwendung der Bäder von Bormio zu klimatischen Kuren.

Erstes Kapitel.

Allgemeine Kurregeln.

Der einigermassen gebildete Laie weiss es so gut als der Arzt, dass die Reise *nach* einem Kurorte, wie die Zerstreuungen am Kurorte selbst (im weitesten Sinne des Wortes) einen sehr wesentlichen Theil der Kur ausmachen, ob dieselbe in einer einfachen klimatischen Kur bestehen möge oder ob eine Medikation mittelst Bädern, Mineralwasser-, Molken-, Milchtrinken, Traubenkuren u. s. w., damit verbunden sei. Dass für's Erste die Reise nach dem Kurorte und die Art, wie sie gemacht wird, nicht ohne Einfluss ist, davon würde man sich am besten überzeugen, wenn man zwei, wir möchten sagen mathematisch gleichorganisirte und gleichkranke Individuen von mathematisch gleichen Lebensverhältnissen aus demselben Wohnorte und derselben Wohnung nach demselben Kurort und dort unter mathematisch gleiche Verhältnisse bringen könnte, den Einen dieser Beiden aber unmittelbar aus seinen gewöhnlichen Verhältnissen, mitten aus seinem häuslichen Kummer, seinen häuslichen und geschäftlichen Sorgen, den Andern hingegen, nachdem er sich zu Hause oder anderwärts einige Zeit ausgeruht, eine mehrtägige Reise, einen kleinern oder grössern Umweg gemacht hat. Nein, es ist in der That nicht gleichgültig, ob der Kranke nach hastiger Eisenbahnreise plötzlich in alle die neuen Einflüsse, die neue Lebensweise, mit Einem Worte in die Kur gleichsam hineinspringt, oder ob er sich dazu durch Ausruhen an einem andern Orte oder mindestens eine langsame, zweckmässig eingetheilte Reise gewissermassen vorbereitet, gleichsam eine Vorkur macht; eine solche Vorbereitung ist namentlich bei reizbaren, schwächlichen Personen höchst nöthig, wenn der Kranke nicht durch die Kur erschöpft werden, die Kur nicht fehlschlagen soll. Vielleicht dass gerade desswegen, und weil so viele Kuristen die Kosten einer solchen Vorbereitung zu scheuen haben, in manchen Fällen ein etwas entfernterer Kurort gewählt werden sollte, um den Kuristen so gewissermassen zu einer etwas längeren, weniger hastigen Reise zu zwingen. Wer es kann, sollte daher immer, bevor er eine Sommerkur unternimmt, an einem geeigneten Orte den Frühling in Ruhe zubringen oder mindestens eine etwas längere Zeit auf die Reise verwenden und ein paar Wochen, mindestens Tage auf einer oder einigen Zwischenstationen zubringen, ganz besonders aber, wer einen hochgelegenen Kurort besuchen will, denn wir werden später sehen, dass manche Personen schon auf sehr geringe Erhebungsdifferenzen reagiren.

Ist man aber einmal an seinem Hauptziele angelangt, so sei man auch jetzt nicht hastig, stürze sich nicht in die Kur hinein, sondern sehe sich zuerst seine näheren und nächsten Umgebungen an, übergebe dem Badarzte den mitgebrachten Brief des Hausarztes, berathe sich mit ihm über das, was nun zunächst zu thun und zu lassen ist und beginne dann endlich die Kur selbst.

Was die Diät betrifft, so haben die Badärzte in dieser Beziehung schon einen grossen Vortheil vor den Hausärzten voraus, den sie aber auch zu Gunsten der Kranken sich zu Nutzen zu machen verpflichtet sind. Das Familienleben, überhaupt das Leben in der Heimat führt bezüglich der Diät manche Uebelstände mit sich, denen zu Gunsten eines Einzelnen nicht immer so leicht abgeholfen werden kann und überdiess gibt der Kurist den Anforderungen des Badearztes auch leichter Gehör, da er nicht nur schon durch die Reise aus seinen alten Gewohnheiten herausgerissen ist, sondern auch weiss, dass er ja bloss zu dem Zwecke, seine Gesundheit zu stärken, seine Leiden zu heilen an den Kurort gekommen ist, nicht unbedeutende Zeit und Kosten diesem Zwecke widmet, und endlich muss der Kranke sich in die in der Anstalt eingeführte Lebensweise fügen. Aber eben darum, eben weil eine gewisse Lebensweise in einer Kuranstalt eingeführt werden muss, soll dieses mit der grössten Umsicht geschehen, so zwar, dass, ohne dass zu viele Modifikationen gestattet werden müssen, denn doch auf ein gewisses Individualisiren Bedacht genommen wird. Der Balneodiätetiker hat daher fast weniger den Kranken, als den Besitzern und Leitern der Kuranstalten Anleitung zu geben, deren so viele leider keine stehenden Badeärzte haben.

In Bormio wird nun zwar gewiss in allen Beziehungen das leibliche Interesse der Kuristen zu wahren gesucht werden, und zudem wird der Badarzt mit aller Umsicht die nöthigen Anordnungen treffen; dessenungeachtet stehe ich nicht an, auf einige Punkte aufmerksam zu machen, welche, wie ich glaube, von Seite des Badarztes und des Wirthes zu berücksichtigen sind, da es einestheils nöthig ist, dass auch der Kurist über diese Punkte orientirt sei und anderntheils unsere Erörterung auch einige diätetische Winke für die Kuristen selbst involvirt.

Vor Allem aus wird der Badearzt im Falle sein, bei seinen diätetischen Vorschriften genau zu individualisiren. Dass er den Kuristen Maass und Ziel in jeder Beziehung vorschreiben wird, wird Jeder begreifen, dass er jeden Kuristen vor dem Gebrauche schwer verdaulicher Speisen warnen wird, wird wiederum nicht auffallen; er wird aber hauptsächlich dafür sorgen, dass der Wirth in diesen Beziehungen das wahre Wohl der Kuristen nicht aus dem Auge verliere und zu diesem Zwecke namentlich jeden Abend das Menu für den folgenden Tag gemeinsam mit dem Kurwirthe festsetzen. Er wird ferner dafür sorgen, dass in der Zwischenzeit zwischen den Hauptmahlzeiten allfälligen weiteren Bedürfnissen einzelner Kuristen nach Möglichkeit Rechnung getragen wird. Es gibt schwächliche, blutleere, nervöse Personen, die vielleicht im Laufe des Morgens eine Schale kräftiger Bouillon, selbst ein Stückchen kalten Braten, Zunge oder etwas der Art zu sich nehmen müssen; es wird daher dafür gesorgt werden, dass sie das Gewünschte zu einer bestimmten Zeit erhalten können. Sollten verschiedene Kuristen gleichzeitig anwesend sein, die im Laufe des Morgens eine derartige kleine Collation bedürfen, so wird dafür gesorgt werden, dass nach Vorschrift des Badearztes diesen Kuristen eine gemeinsame Collation servirt wird. Was das erste Frühstück anbetrifft, so wird der Badearzt dafür sorgen, dass jeder Kurist nach seinem individuellen Bedürfnisse mit Suppe, Kaffee, Milch, Chokolade oder was sonst er zu verordnen zweckmässig erachten sollte, bedient werden kann und nach dem Charakter des genommenen ersten Frühstückes wird es sich dann zum Theil richten, ob der Badearzt ein Einschiebsel zwischen demselben und dem Mittagessen gestatten oder anrathen wird. Die Hauptsache ist, dass der Kurist das Mittagessen nicht mit förmlichem Hunger erwarten muss; er soll Appetit mitbringen, aber keinen Heisshunger, denn sonst verschlingt er die Speisen zu hastig und isst schon von den ersten Gerichten zu viel. Hat man gehörig gefrühstückt und dinirt, so vermag man es in der Regel, das Nachtessen, das mit Recht in den meisten Anstalten um 7 oder 7½ Uhr Abends servirt wird, abzuwarten, ohne eines Einschiebsels von Milch oder Milchkaffee oder etwas der Art zu bedürfen und es wird dieses Einschiebsel um so weniger nothwendig sein, als, wenn wir auch dem vermehrten Bedürfniss des Körpers während einer Kur, besonders an hochgelegenen Orten, wie Bormio, Rechnung tragen, man an den Kurtafeln doch in der Regel mehr isst, als man zu Hause zu essen gewohnt ist. Besser wird es in der Regel sein, wenn die Kuristen den Nachmittag zu schönen Ausflügen und Spaziergängen oder — bei schlechtem Wetter — zu Gesellschaftsspielen, zum Musiciren, Scheibenschiessen u. s. w. verwenden. Zum frugalen Abendessen oder Nachtessen darf man schon ein wenig stärkeren Hunger mitbringen als zu dem reichlicheren Diner. Die Abendmahlzeit wird ganz einfach sein, aber man wird sich von jeder Pedanterie fern halten. Suppe und zwei Gerichte werden servirt werden, zwei Gerichte, die aus einer warmen Fleischspeise, kaltem Braten und gekochten (nicht eingemachten) Früchten bestehen werden, denn es gibt Personen, die das kalte Fleisch nicht lieben oder seiner mindestens bald überdrüssig werden, denen es geradezu zum Ekel wird, wenn es allabendlich servirt wird und es ist wünschenswerth, dass der Kurist das ihm Dienliche ohne Extrabestellung auswählen kann.

Das Menu für die Mittagstafel muss zwar mit Rücksicht auf die sehr verschiedenen Anforderungen so verschiedenartiger Gäste, wie eben in einer grossen Kuranstalt, wie Bormio ist, zusammenkommen, bestellt werden; dessenungeachtet kann auch darin immerhin eine gewisse Einfachheit walten, d. h. es darf nicht zu überladen sein; dagegen wird man in Bormio dafür besorgt sein — darauf lege ich grosse Wichtigkeit — dass ein gewisser Ueberfluss von den einzelnen Gerichten vorhanden ist, damit jedem Gaste, auch ohne dass er es ausdrücklich verlangt, von jedem Gericht zweimal angeboten werden kann, eine Methode, die es dem Badarzte möglich macht, den einzelnen Kuristen eine bestimmte Diät vorzuschreiben, ohne dass sie gezwungen sind, allein zu essen, was doch immer kostspielig ist. Zu diesem Zwecke ist es aber nöthig, dass das Menu jeden Morgen an einem auffallenden Orte befestigt werde, damit die Kuristen sich zum Voraus ihre Auswahl treffen können. Der Kurist wird, wenn das Zweimalserviren Regel ist, und man für jenen hier nicht nur erlaubten, sondern sogar sehr nothwendigen Ueberfluss sorgt, auf diese Weise in den Stand gesetzt sein, an der allgemeinen Tafel gewissermassen seine Spezialmahlzeit zu halten.

Schliesslich muss ich noch auf ein Vorurtheil aufmerksam machen, das man häufig gegen das Butteressen hegt. Uebermass ist unter allen Verhältnissen schädlich und ausserdem ist es selbstverständlich, dass es gewiss nichts taugt, wenn Leute, die zu Hause höchst selten, fast nur ausnahmsweise ein Butterbrot essen, an Kurorten, um dem sogenannten „Déjeuner complet" Rechnung zu tragen oder eigentlich um sich ein Mal eine Zeit lang auf Rechnung des allgmeinen Kurconto's etwas zu Gute zu thun, nun ganz plötzlich täglich Butter essen, während ihre Verdauungsorgane ausserdem durch Molken-, Milch- oder Wassertrinken aussergewöhnlich in Anspruch genommen werden; es ist nicht das Fett, das sie verzehren, ausgenommen, wenn eine fettarme Nahrung besonders indicirt ist, sondern das Ungewohnte, Neue, das wir hier fürchten und kein physiologisches Raisonnement kann uns hier anderer Meinung machen; hingegen wäre es auf der anderen Seite auch wieder einseitig, wenn man Personen, die von jeher an regelmässigen Buttergenuss gewohnt sind, nun plötzlich den Buttergenuss versagen wollte.

Ein wichtiger Punkt, der bei der Besprechung allgemeiner Kurregeln nicht vergessen werden darf, besonders wenn es sich um den Besuch hoch gelegener Kurorte und namentlich um Kuristen mit Anlage zu Katarrhen, zur Schwindsucht oder wirklicher Schwindsucht, mit Anlage zu Rheumatismen handelt, ist, dass man sich hüte, sich raschen Temperaturwechseln auszusetzen, die einmal in Gebirgsgegenden nicht ausbleiben und von zarten Personen mit sehr impressionabler Haut, die leicht schwitzen, besonders empfunden werden; desswegen soll man immer, wenn man an solche hochgelegene Kurorte — wie eben auch Bormio einer ist — geht, ausreichende warme (wollene) Kleidung mitnehmen. Es handelt sich hiebei keineswegs um ein schwer zu transportirendes Arsenal schwerer Winterkleider, sondern nur um leichtere, wollene Kleidungsstücke, die den Körper schon bei allfälligem Regen besser vor Durchnässung schützen, als Kleider aus anderen Stoffen, also wollene Hemden, Plaids, leichte Mäntel. Namentlich von Wichtigkeit sind die wollenen Hemden, die trotz ihrer verhältnissmässigen Kostspieligkeit heutzutage auch von Arbeitern und anderen Leuten der weniger bemittelten Classen, die sich aller Unbill der Witterung und häufigen, schroffen Temperaturwechseln aussetzen müssen, fast durchgehends getragen werden. Wer irgendwie eine impressionable Haut hat, zu Katarrhen, Rheumatismen u. s. f. geneigt ist, überhaupt leicht Erkältungskrankheiten bekommt oder gar brustkrank ist, trage auch im heissesten Sommer, wenn er nach einem hochgelegenen Kurorte reist, wo er sich also längere Zeit aufhalten muss und wesentlich auf den Aufenthalt im Freien angewiesen ist, mindestens eine Jacke von feinstem Flanell auf blossem Leibe; sowie er sich aber auf eine Exkursion begeben will, auf der stärkere Verkühlung oder gar Durchnässung möglich ist, bewaffne er sich mit einem Flanellhemde. Wer weniger auf Eleganz sieht und sehr viele Exkursionen macht, wie z. B. Sammler und Naturforscher, Landschaftsmaler, Bergsteiger etc., thut am besten, sich mit soviel Flanellhemden zu versehen, dass er beständig ein solches Hemd tragen kann.

An regnerischen und windigen Tagen halte man sich in den Gängen der Anstalt auf.

Da die Haut bei einer Badekur immer impressionabler wird, soll man sich, wenn man die Badekur macht, Abends zeitig zurückziehen und Morgens nicht ausgehen, bevor die Sonne über dem Horizont erschienen ist.

Wenn auch tägliche Bewegung in freier Luft eines der Haupterfordernisse zu einer guten Kur ist, so muss der Kurist diese Bewegung doch nie so ausdehnen, dass er sich ermüdet und es gilt dieses namentlich von Brustkranken, die sich niemals mit Spaziergängen ermüden sollen.

Man vermeide ferner strenge, Nachts lange aufzubleiben, und auch am Morgen bleibe man nicht zu lange im Bette.

Was die geistige Beschäftigung am Kurorte betrifft, so lässt sich da natürlich keine allgemeine Regel aufstellen; was man da rathen soll, hängt zunächst von der Individualität des Kuristen im weitesten Sinne des Wortes und namentlich seiner gewohnten Beschäftigung, dann auch von der Art der Kur, dem Kurzweck, der Kurmethodik, dem Charakter und den Einrichtungen des Kurortes u. s. w. ab. Mit Bezug auf die geistige Individualität des Kuristen wird der zu ertheilende Rath namentlich auch davon abhängen, ob derselbe zu Hause sich mehr in einem mehr oder minder beschränkten Ideenkreise, in einem angelebten Mechanismus bewegt, wie manche Lehrer, Beamte u. s. w., oder ob seine gewohnte geistige Thätigkeit sich in weitgedehnten, mannigfachen Kreisen und Interessen bewegt, wie dieses bei Staatsmännern, grossen Industriellen, Gelehrten u. s. w. der Fall ist, dort bedarf es der *Zerstreuung*, hier oft eher der *Sammlung*. Jene Menschen werden sich vielleicht besser befinden, wenn sie sich den mannigfachsten Anregungen hingeben, die ein grösserer Kurort bietet, diesen hingegen wird man vielleicht gestatten müssen, sich mehr an Ausflügen, Spaziergängen, Beschäftigung mit den Gegenständen der Natur zu ergötzen, auch ein Paar Stündchen des Tages eine geistige Arbeit vorzunehmen; man fasse immer in's Auge, dass, wer wirklich körperlich und geistig gekräftigt vom Kurorte zurückkehren soll, sich am Kurorte völlig frei bewegen soll und in keiner Weise beschränkt fühlen darf. So wird Manchem eine kürzere geistige Beschäftigung ein wahres Bedürfniss sein und ihn gewiss weniger erschöpfen, als wenn man ihn zwingen wollte, an Gesellschaftspielen oder fader Unterhaltung, nichtssagendem Geschwätz Theil zu nehmen. Nur wähle man für Personen der genannten zweiten Klasse wo möglich die Beschäftigung mit einem der gewöhnlichen Lebensaufgabe möglichst heterogenen Gegenstande und kann man mit einer solchen stundenweisen Beschäftigung die fleissige aber mässige Bewegung in freier Luft verbinden, so wird das von besonderem Werthe sein. Am leichtesten wird dieser Doppelzweck erreicht durch Beschäftigung mit Naturgegenständen, Sammeln von Pflanzen, Insekten u. dgl.; auch der Laie kann das thun und will er es nicht für sich thun, so kann er einem Bekannten oder Freunde mit dem Gesammelten Freude machen und nützlich sein. Es gibt nicht leicht eine Beschäftigung, die so geeignet ist, das unruhige Gemüth zu beruhigen, als die Beschäftigung mit Naturgegenständen. Es ist daher auch sehr zweckmässig, wenn man den Badeschriften Verzeichnisse der in der Umgebung des Kurortes vorkommenden Pflanzen, Insekten u. s. f. beifügt.

Zweites Kapitel.

Therapeutische Verwendung der Thermen von Bormio.

Erster Abschnitt.

Von den Indikationen zur Anwendung der Kalkquellen im Allgemeinen.

Streng genommen sollten die Indikationen zur Verwendung eines Heilwassers aus dessen chemischer Constitution a priori abgeleitet werden können, allein es ist dieses nicht immer der Fall oder vielmehr müssen wir sagen, dass man den Heilwässern oft Wirkungen zuschreibt, die kaum von ihrer chemischen Constitution — wenigstens nicht von ihr allein — abgeleitet werden können. So ist es schwer zu erklären, wie so viele erdige, d. h. kohlensauren Kalk und Spuren oder ganz kleine Mengen von Eisen enthaltende Quellen in der ebenen Schweiz sich einen so grossen Ruf als sogenannte „Gliederquellen" erwerben konnten, wenn man nicht dem warmen Bad an sich die Haupt- oder vielleicht die Gesammtwirkung dieser „Gliederbäder" beim chronischen Rheumatismus zuschreiben will. Und um auf unsere Thermen zu kommen, so haben wir sie in unserm System (die Heilquellen und Kurorte der Schweiz. 2. Aufl. 1867.) zu den erdigen oder Kalkquellen und zwar im Speziellen zu den Gypsquellen oder vielmehr Gypsthermen (wie Weissenburg) gezählt und konnten auch nichts anderes thun, da der Gyps und der kohlensaure Kalk die vorherrschenden Bestandtheile sind, die übrigen Salze mehr zurücktreten und Schwefelwasserstoff nicht nachweisbar ist, somit diese Thermen durchaus nicht zu den Schwefelthermen gezählt werden dürfen, wie dieses de Picchi gethan hat, der auf den vermeintlichen Gehalt dieser Thermen an Schwefelwasserstoff dann auch allerlei Theorien gründete.

Wir wollen nun untersuchen, welche Wirkungen die Kalksalze, kohlensaurer und schwefelsaurer Kalk auf den Organismus haben.

Was zuerst die Einwirkung der Kalksalze auf die Blutmasse betrifft, so weiss man im Allgemeinen, dass sie in's Blut eingespritzt, die Tendenz haben, den Herzschlag dauernd zu beschleunigen, bis die Gabe gross genug ist, das Herz zu lähmen.

In den Lehrbüchern der Arzneimittellehre wird vom kohlensauren Kalk noch immer gehofft, dass er sich mit den Säuren im Magen verbinde, die neu gebildete Verbindung, wenn löslich, in's Blut übergehe, und sich hier in phosphor- und kohlensauren Kalk verwandle und, da beide Salzverbindungen einen wesentlichen Bestandtheil der thierischen Gewebe bilden, eine reiche Zufuhr dieses Bildungsmaterials nicht ohne Einfluss namentlich auf Knochen- und Knorpelbildung sei, und man hat daher die Kalkwirkung der Eisenwirkung parallelisiren zu dürfen geglaubt und namentlich bei Rhachitis grössere Zufuhr von Kalksalzen nöthig erachtet, als sie Nahrung und Trinkwasser bieten. Wenn es nun auch wahrscheinlich ist, dass das Weichbleiben von Gebilden, die verknöchern sollten, bei der Rhachitis nicht auf mangelnder Zufuhr, sondern vielmehr auf mangelnder Assimilation von Kalksalzen beruht, so ist immerhin durch Versuche constatirt, dass bei geringer Kalkzufuhr von aussen die Knochen erweichen, aber wieder erhärten, wenn hinreichende Mengen von kohlensaurem Kalk zugeführt werden. Nicht minder beobachtete man spärliche Knochenbildung bei ausschliesslicher Kartoffelfütterung, wie man denn auch bei beinahe ausschliesslicher Kartoffelnahrung beim Menschen wiederholt Knochenbrüche entstehen sah, wozu die Neigung auf den Gebrauch von Roggenbrod und Fleischnahrung verschwand. Hieher gehören ferner die Thatsachen, dass man bei Schwangeren und Stillenden geheilte Fracturen sich erweichen, frische Fracturen sehr spät sich consolidiren sah. Somit dürfte dem Einnehmen kalkhaltiger Mittel oder dem Trinken kalkhaltiger Wasser der heilende Einfluss nicht abzustreiten sein, wo es sich wirklich um Mangel an Kalkzufuhr und nicht um mangelnde Assimilation des Kalkes handelt. Dass vermehrte Kalkzufuhr in den Säften nachweisbar ist, der zugeführte Kalk somit resorbirt wird, beweisen die Versuche von Böcker, der die Milch einer Mutter, die ausgelaugte, mit Zucker vermischte Knochenasche einnahm, reicher an Kalkphosphat werden sah, was auch Mouriès beobachtete, der in 13 Fällen säugenden Frauen, welche nebst dem Kinde blass und welk waren, phosphorsauren Kalk mit Eiweiss mit dem Erfolge gab, dass nicht nur der Gehalt der Milch an Kalkphosphat zunahm, nämlich von 5,7 oder 9 Zehntausendstel (das will sagen, von 5,7 oder 9 auf zehntausend Theile) auf 20 und 21 Z. T., sondern auch Mutter und Kind in wenigen Wochen kräftiger wurden, ja in fünf Fällen, wo Frauen schon während der Schwangerschaft Kalkphosphat erhielten, und während des Stillens es fort einnahmen, zeigte die Milch 1 Monat nach der Entbindung 19—22 Z. T. phosphorsauren Kalk, während Landammen vom besten Befinden 24 Z. T. hatten. Es ist aber durch die Versuche von Chossat und Mouriès mit Tauben nachgewiesen, dass es sich nicht darum handelt, Kalkphosphat in den Körper zu führen, wo die Kalkzufuhr vermehrt werden soll, sondern dass dazu auch andere Kalksalze, namentlich der kohlensaure Kalk ausreichen; vielleicht dass dem Kalk auch ein Theil der Heilkraft des Thrans, der nach Marder 5—10, nach Jongh 8—17 Z.-T., d. i. auf 1000 Theile 0,5—1,0, resp. 0,8—1,7 Th.) Kalk enthält, zuzuschreiben sein dürfte. Die Heilversuche von Beneke, nach welchen die Darreichung von phosphorsaurem Kalk bei oberflächlichen scrophulösen Geschwüren und bei anderen chronischen Ulcerationen, bei tief greifenden syphilitischen Verschwärungen, bei scrofulösen Atrophieen und den die letzteren oft begleitenden Diarrhoeen, namentlich auch in der Zahnperiode eine grosse Wirksamkeit hatte, die Erfahrungen Richters, der seit Jahren selbststillende Stadtdamen, wenn sie elend werden, ein Pulver aus phosphorsaurem Kalk mit ferr. carb. sacch. nehmen lässt, die Erfahrungen von Mayer, der bei schwächlichen Kindern, bei zögernder Entwicklung, Oligämie, nach schweren Krankheiten, wo er die Trochisci antatrophici (Calc. phosph. gr. iij, calc. carb. gr. ij, ferr. hydrog. reduct. gr. j.) gab, rasche Zunahme der Körperfülle beobachtete, der ferner bei schwangeren Frauen, bei Schwäche nach dem Stillen, besonders bei Caries, Pædarthrocace mit Erfolg das Eisen in Verbindung mit phosphor- und kohlensaurem Kalk reichte, Beobachtungen, wo nach längerem Gebrauche der Knochenerde dauerhafte Heilung der Caries erfolgte, die günstigen Wirkungen, die Piorry bei syphilitischer Periostitis, Paul bei Unterschenkelgeschwüren vom phosphorsauren Kalke hat, — alle diese Beobachtungen deuten darauf hin, dass man auch vom Gebrauche kalkhaltiger Mineralwasser in manchen Fällen etwas zu hoffen haben, und dass die Heilkraft der Kalksalze bei Ernährungsstörungen denn doch nicht ausschliesslich der säuretilgenden Eigenschaft des Kalkes zuzuschreiben sein dürfte. Lersch fasst daher die Indikationen zur Anwendung der Kalksalze zusammen, indem er sagt: „Die therapeutische Anwendung des Kalkes ist ohne Zweifel begründet in solchen Fällen, wo der Organismus durch irgend eine Ursache (Periode des Wachsthums, Schwangerschaft, Stillen, Verlust an Blut und Säften, Eiterungen, Knochenkrankheiten, verheilende Frakturen, Bandwurm, der nach Küchenmeister durch Kalkentziehung Inanitionserscheinungen hervorrufen soll, Säurebildung) eine grosse Ausgabe von Kalk hat oder wo die Zufuhr an Kalk mit dem Trinkwasser, der Milch oder festen Ernährungsstoffen ungenügend ist." Vor Allem aus aber muss die Assimilation des Kalkes möglich sein und es kann daher bei der Osteomalacie, wo der *vorhandene* Kalk aufgelöst und resorbirt wird, von der Anwendung des Kalkes nicht die Rede sein.

Soviel zunächst von der nährenden Wirkung der Kalksalze, namentlich des kohlensauren Kalkes.

Es frägt sich aber, ob die aufgelösten Kalksalze, den Gyps inbegriffen, gar keine andere als die säuretilgende und nährende Wirkung, ob sie namentlich nicht eine secretionshemmende Wirkung haben dürften, und ob nicht eine solche secretionshemmende Wirkung besonders von kleinen Dosen zu erwarten sein dürfte. Dass dem so sei, scheinen verschiedene Versuche anzudeuten, die man mit Kalkpräparaten gemacht hat; doch hat man schon so häufig behauptet, mit gewissen Arzneipräparaten Heilungen bewerkstelligt zu haben, die dann später gänzlich im Stiche liessen oder bei genauerer wissenschaftlicher Kritik in anderen Umständen ihren Grund hatten, dass wir auf dergleichen Erzählungen nicht zu viel Gewicht legen möchten, zumal die chemischen Vorgänge, welche im Magen und Darm Statt hatten, nicht nachgewiesen sind. Jene Erzählungen beziehen sich auf die Heilsamkeit des Sydenham-schen Dekoktes (nicht filtrirte Abkochung von gebranntem Hirschhorn mit Weissbrot, Gummi und Zucker) bei Durchfällen, die Wirkung des Kalkwassers bei der Ruhr und bei Diarrhoeen (meistens in Verbindung mit Milch gereicht), bei chronischer Entzündung der Darmschleimhaut der Kinder (Abercrombie), bei übermässiger Schleimsecretion der Luftwege, sowie auch des zitronensauren Kalkes (Selle), des mit Milch, Hühner-, Schneckenbrühe vermischten und versüssten Kalkwassers bei Lungentuberkulose (Boissieu und Schmucker), des aufgelösten Gypses bei Diabetes (Piderit), dann früher bei Blutspeien, vielem Schwitzen, Diarrhoeen, anderer älterer Geschichten nicht zu gedenken. Wer sich für diese Dinge interessirt, findet in dem mit stupendem Fleiss bearbeiteten Buche von Dr. B. M. Lersch: Die physiologischen und therapeutischen Fundamente der praktischen Balneologie und Hydroposie (Aachen, ohne Jahrzahl, aber 1868 erschienen) eine Blumenlese.

Besser als die innerliche Wirkung lässt sich die äusserliche Wirkung aufgelösten Kalkes verfolgen und in dieser Beziehung hat man bei nässenden Flechten, bei Tripper, Verbrennungen das Kalkwasser mit Nutzen angewendet und auch der Gyps wurde früher als blutstillendes Mittel angewendet, wobei jedoch die mechanische Wirkung wesentlich in Betracht kommen mochte. Die Wirkungen der kohlen- und schwefelsauren Kalk enthaltenden Mineralwasser bei Hautkrankheiten (Leuk, Laurenzbad, Bormio) dürfte auf dieser secretionshemmenden Wirkung beruhen.

Auch eine diuretische Wirkung schrieb man den Kalksalzen zu, so z. B. dem salpetersauren Kalk (Agricola, van Swieten u. a. a.). Bei gesteigerter Aufnahme von Kalk soll die Absonderung desselben durch die Nieren vermehrt werden.

Unerklärliche Wirkungen, die wir nur der Vollständigkeit, mehr aber noch der Curiosität wegen anführen, sind die angeblichen emmenagogischen Wirkungen des Kalkes (zerstossene Eierschalen, ein Volksmittel in der Gegend von Aachen), die Wirkungen des Kalkes bei Gemüthsverstimmung, der Epilepsie junger Frauen, bei Gicht, Kropf, Gelbsucht (macedonisches Volksmittel: eine Kalkconcretion, die Hirschthräne, bei Gelbsucht Neugeborner), bei Intermittens (Gölis; — Gyps ein Volksmittel gegen Intermittens bei den Hindus, mit gutem Erfolg angewendet bei Sumpffiebern von Clark [1860]).

Wir haben schon im Eingange angedeutet, dass es sich nur schwer erklären lasse, wie eine grosse Zahl kalk- und zugleich sehr schwach eisenhaltiger Quellen in der ebenen Schweiz den betreffenden Bädern einen so grossen Ruf als „Gliederbäder", d. h. als Bäder heilsam bei chronischen Rheumatismen, habe erwerben können. Vielleicht wird diese Erklärung leichter, wenn wir in's Auge fassen, dass der chronische Gelenkrheumatismus oft in Folge von Cachexie, Blutarmuth in Folge kümmerlicher Ernährung u. s. f., kurz unter Umständen auftritt, wo es sich, abgesehen von den Wirkungen warmer Bäder, wesentlich um bessere Ernährung handelt. Wenn wir nun hören, dass eine Menge kleiner Bäder, die eine Quelle besitzen, die wesentlich kohlensauren Kalk und etwas weniges Eisen enthält und meistens nur von Landleuten besucht werden, wegen ihrer vorzüglichen Wirkungen beim chronischen Rheumatismus im Volke den Namen „Gliederbäder" erhalten haben, so liegt es nahe, zu vermuthen, dass die bessere Nahrung, die sich solche Kuristen an einem solchen Orte gönnen oder die ihnen, wenn sie arm sind, ex officio gereicht wird, wesentlich zu ihrer Heilung beigetragen haben mag; auch ist hier das klimatische Element, das heisst die Lage des betreffenden Ortes, die verhältnissmässig bessere Wohnung u. s. w. nicht ausser Aug zu lassen.

Braun kann dem kohlensauren Kalk und den Wassern, die ihn enthalten, nur als säuretilgende Mittel (unter Anderem auch in den dyspeptischen Vorstadien der Rhachitis) eine und noch dazu beschränkte Bedeutung einräumen, „da er ausser der Säuretilgung nicht besonders heilsam auf die Magen- und Darmschleimhaut wirkt und der Resorption schwer zugänglich leicht an der Digestionsschleimhaut haftet und deren Secretion vermindert". Die Wirkung gewisser kalkhaltiger Quellen wie Wildungen gegen Blasenkatarrhe und harnsaure Nierenconcretionen bezieht er auf die diuretische Wirkung und ihre Wirkung auf die Alkalität des Blutes mittelst ihres Natrongehaltes, die Wirkung anderer, wie der Gypsthermen von Leuk und Weissenburg, bei Leuk auf die diuretische, diaphoretische und auslaugende Wirkung des warmen Wassers, bei Weissenburg (hauptsächlich bei Bronchialkatarrh und Lungenschwindsucht empfohlen), auf das milde und feuchte Klima bei mässig hoher Lage und die den Stoffwechsel fördernde Wirkung des lauen Wassers. Vom Gyps behauptet Braun, dass er gar nicht resorbirt werde und dass die Verdaulichkeit eines Wassers in umgekehrtem Verhältnisse zu seinem Gypsgehalte stehe. In letzterer Beziehung stellt sich das Verhältniss von Bormio gegenüber anderen Gypsquellen der Schweiz sehr günstig, denn

Bormio enthält in 1000 Grammen . . .	0,4863 Gyps
Leuk	1,5385
Lenk, Balmquelle	1,66920
Gurnigel, Stock	1,6833
„ Schwarzbrünneli	1,3039
Schwefelberg	1,837
Weissenburg	1,0488
Rinderwald	1,073
Faulensee	1,451
Morgins	1,953

Den Behauptungen Braun's und Anderer, welche den erdigen Wassern keine oder eher nachtheilige Wirkungen zuschreiben wollen, gegenüber stehen die Beobachtungen, welche Rohden, Badearzt in Lippspringe, mit der dortigen Arminiusquelle gemacht hat:

	Die Bormiothermen	die Arminiusquelle (Wittig 1845)
	enthalten in 1000 Theilen	
Gyps	0,4863	0,55
Kohlensaur. Kalk . .	0,1735	0,47
Schwefelsaure Alkalien .	0,0785	0,67 [1])
„ Magnesia .	0,2520	0,10
Chlornatrium	0,0112	0,11 [2])
Feste Bestandtheile .	1,0261	2,24

Man sieht aus dieser Tabelle, dass Lippspringe noch etwas mehr Gyps enthält als Bormio, und ziemlich mehr kohlensauren Kalk, ebenso eine bedeutend grössere Menge schwefelsaurer Alkalien und bedeutend mehr Chlorverbindungen. Dessenungeachtet zählen Rohden sowohl als Ewich die Arminiusquelle zu den Kalkquellen. Rohden sagt nun von der Wirkung dieser Quelle: „Nach meinen Beobachtungen wirkt das Wasser ganz *wundervoll* auf die Verdauungswerkzeuge ein, mag man nun

1) Schwefelsaures Natron.
2) Ausserdem noch 0,11 Chlormagnesium und Chlorkalium.

seinem Gehalt an Gyps, kohlensaurem Kalk oder Glaubersalz diese Wirkung zuschreiben.“ Er fügt hinzu, dass es schnell die bei fiebernden Tuberculösen stets unregelmässige und geschwächte Verdauung regulire; Leute, die gar nicht mehr wissen, was Appetit sei, fangen nach einigen Tagen an zu essen, er möchte fast sagen, zu fressen, dass ein Unbefangener erschrecken möchte: Pyrosis, Erbrechen, habituelle Obstipation seien in kürzester Zeit fort, und so stelle sich dann bald bei fast allen Patienten im Laufe der Kurperiode, die fälschlicher Weise meist auf 4—6 Wochen beschränkt sei, eine Gewichtszunahme von 10—15 ℔ heraus. Wie weit diese Gewichtszunahme Folge des vermehrten Wassergenusses ist, der, wie wir wissen, nicht nur den regressiven, sondern auch den productiven Stoffwechsel fördert, können wir freilich nicht entscheiden, aber wir sehen wenigstens aus der interessanten Mittheilung Rohdens, dass der Gyps und der kohlensaure Kalk in Lippspringe die Verdauung nicht im Entferntesten stören; freilich mag hier das Glaubersalz unterstützend wirken. Immerhin musste diese Erfahrung hier registrirt werden. Die Furcht, dass der kohlensaure Kalk an der Darmschleimhaut hafte und deren Secretion vermindere, scheint mir nicht recht verständlich, wenn man weiss, dass der Mundspeichel auf 1000 Theile 1,16 kohlensauren Kalk, phosphorsauren Kalk und phosphorsaure Magnesia und dass der Bauchspeichel auf 1000 Th. noch 0,22 Kalk enthält.

Die Art, wie die erdigen Wasser vom Magen vertragen werden, ist natürlich sehr verschieden; viele Personen klagen nach dem Genuss kalkreicher — besonders kohlensäurearmer — Wasser, über Unverdaulichkeit, Schwere im Magen und andere Störungen der Darmfunktion, Beschwerden, die nach Lersch's Meinung theils davon abhängen können, dass der kohlensaure Kalk dadurch, dass er die Magensäure abstumpft, oder vielleicht mit dem Pepsin und Ptyalin Verbindungen eingeht, die Verdauung hindert, theils dass er die Resorption verlangsamt. Es gibt aber Leute, die ohne Beschwerden enorme Mengen kohlensauren Kalk verschlucken können. So erzählt de Carro von einem Manne, der in 10 Jahren 3193 Pfd. Kreide ass; der Chemiker Meyer nahm in 28 Jahren über einen Zentner Krebssteine ein, ein Siebenziger trank 5 Jahre lang wegen Kolik den Driburger Brunnen (9,66 Gran Gyps auf das Pfund von 16 Unzen) und verschluckte damit wohl 12000 Gran Gyps und 18000 Gran Kalkerde und doch blieb sein Wohlbefinden ungestört, seine Verdauung geregelt und der Tod forderte ihn erst in seinem 81. Lebensjahre ab.

Wir haben es für nöthig erachtet, hier die Gesichtspunkte zusammenzufassen, die bei Verwendung erdiger Wasser in Betracht kommen können, allein wenn wir mit Braun den Gyps als nicht resorbirbar betrachten wollten und auch vom kohlensauren Kalk nicht annehmen dürften, dass er vollständig resorbirt werde, so könnten wir Thermen wie diejenigen von Bormio, wenn wir den geringen Gehalt an schwefelsauren Alkalien und Bittersalz nicht in Rechnung bringen wollten, nur mit den indifferenten Quellen parallelisiren, wie dieses in der That Braun mit den starken Gypsthermen von Leuk thut und es würden dann ausser dem Klima hauptsächlich die Wirkungen der warmen Bäder und das Trinken warmen Wassers in Betracht kommen, Wirkungen, die so allgemein bekannt sind, dass wir hier nicht näher darüber eintreten können. Die Wirkung des Wassergenusses an sich lässt sich jedoch auf 4 Punkte zusammenfassen: 1) Ermöglichung der Auslaugung des Blutes und der Gewebe; 2) Erhaltung des Gleichgewichtes in Wassergehalt des Blutes zur Zeit besonders reichlicher Absonderung; 3) Ausführung von Auswurfsstoffen; 4) Förderung des productiven sowohl als des regressiven Stoffwechsels.

In Bezug auf die Badekur ist nicht ausser Acht zu lassen, dass je höher die Lage des Badeortes, um so höhere Badetemperaturen von reizbaren Organismen vertragen werden, je niedriger dagegen der Badeort gelegen ist, um so kühler die Bäder für reizbare Individuen sein müssen, oder mit anderen Worten, je reizbarer der Kranke, um so niedrigere Badetemperatur oder um so höhere Lage.

Natürlich müssen im einzelnen Falle auch noch äussere Verhältnisse bei der Wahl des Badeortes mitberücksichtigt werden, wie Klima, wahrscheinliche Witterung, die ökonomischen, die Entfernungs-, die Reise- und die geselligen Verhältnisse etc.

Wenn wir also von den hervortretendsten chemischen Bestandtheilen der Thermen von Bormio, den Erden, absehen und die Thermen mehr als indifferente Thermen betrachten wollten, so würden die Bäder von Bormio hauptsächlich indizirt sein, wo ein höherer Grad reizender Wirkung indizirt ist, wir es aber mit reizbareren Constitutionen zu thun haben.

Zweiter Abschnitt.

Von den Wirkungen der Thermen von Bormio nach den vorliegenden Erfahrungen insbesondere.

Wenn wir so auf mehr theoretischem Wege für die Kalkquellen als solche, d. h. abgesehen von der Wirkung des Wassers an sich, wenn es in grösserer Menge getrunken wird, und abgesehen von der Wirkung der warmen Wasserbäder nur einen ziemlich beschränkten Wirkungskreis zu finden im Stande sind, so dürfen wir uns deswegen durchaus nicht abschrecken lassen, die Erfahrungen zu studiren, die man mit den einzelnen Heilquellen gemacht hat, denn wenn auch weit entfernt, die nach dem jetzigen Standpunkt der Wissenschaft nicht erklärbaren Wirkungen derselben nach der Weise früherer Balneologen auf unbekannte Agentien schreiben zu wollen, die in den Heilquellen enthalten sein sollten, müssen wir doch zugeben, dass wir die chemischen Vorgänge im Körper noch zu wenig genau kennen, um apodictisch Alles verwerfen zu dürfen, was sich nach den bis jetzt bekannten Versuchen nicht theoretisch erklären lässt. So ist z. B. noch keine der gangbaren Erklärungen über die Entstehung der Nieren- und Blasensteine hinlänglich erwiesen und es ist daher auch die Therapie der Lithiasis noch eine ziemlich empirische, räth doch z. B. Niemeyer in Tübingen einstweilen noch bei der alten Behandlungsweise, nach der man unbekümmert um die chemische Natur der Steine kohlensaure Alkalien reicht, die Kranken alkalische Quellen trinken lässt, stehen zu bleiben, ja er glaubt, dass die günstige Wirkung dieser Behandlungsweise auf dem Einfluss beruhen dürfte, den diese Mittel auf den Katarrh der Harnwege, die Hauptursache der Steinbildung haben. Nimmt man dieses an, so lässt sich auch die günstige Wirkung der erdigen, d. h. kohlensauren Kalk enthaltenden Wasser, wie z. B. der Thermen von Bormio, die man bei Harngries beobachtet haben will, erklären, da das Kalkwasser auch unter den beim Blasenkatarrh empfohlenen Mitteln figurirt, wie es denn gerade Niemeyer hier noch neben die Säuerlinge stellt. Aber gerade hier bei der Lithiasis können wir so recht sehen, wie sehr uns die Wissenschaft bei Erklärung chemischer Vorgänge oft noch im Stiche lässt und wie sehr wir noch in so vielen Fällen einfach auf die Empirie angewiesen sind. So, um ein paar Beispiele zu erwähnen, gibt es nach Martius vielleicht in keiner Gegend der Erde mehr Steinkranke, als in der Gegend des Tocantins (Brasilien), der hie und da über mächtige

Gypslager fluthet, und viele Kalktheile mit sich führt, ferner haben die Aerzte von Avignon bemerkt, dass es in der Vorstadt (Isle de Vaucluse), wo man nur das Wasser der kalkreichen Vauclusequelle trinkt, eine viel grössere Zahl von Steinkranken gibt, als in der übrigen Stadt und dass diese Krankheit in der ganzen Gegend, wo man dasselbe Wasser trinkt, sehr häufig ist, wogegen nach Bonet das petrificirende Wasser aus den Ukisischen Höhlen bei der Stadt Wells in England von Menschen und Vieh getrunken wird, ohne dass dadurch die Steinbildung begünstigt würde; ebenso wurde das eine ausserordentliche Menge Pfannenstein absetzende Trinkwasser in Göttingen schon in älteren Zeiten sogar als Schutzmittel gegen Blasenstein angesehen und es soll diese Krankheit in und um Göttingen fast unerhört sein.

Wenn wir nun weiter unten die Liste der Krankheiten betrachten, bei denen nach der Erfahrung der italienischen Aerzte, welche Gelegenheit hatten, die Wirkungen der Thermen von Bormio zu studiren, die letzteren angezeigt sind, so werden wir durch das bis jetzt Gesagte so weit orientirt sein, um uns sagen zu können, wie weit wir die geschilderten Wirkungen wissenschaftlich zu erklären im Stande sind, wie weit wir uns einstweilen mit empirisch festgestellten Thatsachen begnügen müssen, oder wie weit wir die geschilderten Wirkungen auf die Wirkungen des Trinkens von warmem Wasser an sich, der warmen Bäder und namentlich des Gebirgsklimas zurückzuführen haben, dessen Einfluss wir übrigens noch ein besonderes Kapitel widmen werden.

Doch sprechen wir zuerst *von den physiologischen Wirkungen der Thermen von Bormio*[1].

Wenn ein gesunder Mensch das Wasser von Bormio trinkt oder die Bäder gebraucht, so entsteht fast beständig ein Gefühl von allgemeiner Mattigkeit, das sich besonders Morgens beim Erwachen kund gibt und ein Gefühl von Schmerzhaftigkeit im ganzen Körper, wie bei einem rheumatischen Fieber; ziemlich selten bringt das Baden einen Hautausschlag hervor, viel häufiger beobachtet man ein Jucken am ganzen Körper, das manchmal unerträglich, jedoch von kurzer Dauer ist. Reizbare Personen und solche, welche, um schnell geheilt zu werden, schon von Anfang die Kur forciren, klagen über nächtliche Unruhe, Schlaflosigkeit mit peinlichen Träumen und traurigen Ideen wechselnd, Exacerbationen ihrer Leiden und Schwindel, welche Erscheinungen jedoch mit Sonnenaufgang verschwinden. Diese Aufregung ist aber beinahe immer nur von kurzer Dauer, nöthigt weder zu einer Abänderung, noch gar zu einer Unterbrechung der Kur, denn nachdem die ersten 5 oder 6 Tage vorüber sind, treten Ruhe und Wohlbefinden ein und der Schlaf dauert länger und wird ruhiger, als er vor Beginn der Kur gewesen war.

Es ist selten, dass nicht im Anfang allgemeine Abmagerung eintritt. Trinkt man das Wasser mit Maass, so wird es leicht verdaut und verursacht kein Uebelbefinden, keine dyspeptischen Erscheinungen, keine Uebelkeiten, kein Erbrechen, es greift auch die Zähne nicht an, im Gegentheil dieselben werden bei seinem Gebrauche weisser. Die Verdauung bessert sich wie durch Zauber, der Appetit nimmt zu, die Stühle, denen leichte Leibschmerzen vorausgehen und die meistens von reichlichem Abgang

[1] Wir entnehmen die Schilderung der physiologischen Wirkungen und die Indikationen zur therapeutischen Verwendung 1) de Picchi cenni storico-medici sulle acque termali di Bormio aggiuntavi un' appendice intorno alle acque acidulo-marziali di Santa Caterina in Val Furva. Sondrio, 1835; 2) einer Handschrift des Herrn Dr. Bruni über die Heilquellen von Bormio; 3) handschriftlichen Krankengeschichten des Herrn Dr. de Picchi; 4) handschriftlichen Krankengeschichten des Herrn Dr. Marchioli in Poschiavo und endlich 5) A. Rotureau, des principales eaux minérales de l'Europe. Paris 1864.

von Winden begleitet sind, werden weicher[1]); die Zunge ist während der Kur leicht weisslich belegt.

Am ausgesprochensten zeigt sich die Wirkung des Wassers bei der Trink-, sowohl als der Badekur in der Vermehrung der Urinabsonderung und der Transpiration; die Urinabsonderung ist ungemein abundant, der Urin wird häufig entleert und setzt in sehr vielen Fällen einen rothen Bodensatz[2]) ab. Die Hauttranspiration ist ebenfalls sehr vermehrt. Diese Wirkungen sind bemerkbarer bei Personen, die sich die zur Verdauung des Wassers nöthige Bewegung geben, als bei solchen, die dieses nicht thun. Im Anfang der Trink- und Inhalationskur wird die Absonderung der Schleimhaut der Respirationsorgane viel reichlicher, geht viel leichter von Statten, ist weniger zähe, der vorhandene Husten nimmt nach und nach ab, der Auswurf mindert sich ebenfalls, und verschwindet endlich ganz. Während des Badens klagt der Kurist über leichte Oppression der Brust, Ohrensausen und nach einigen Bädern fühlt man manchmal leichtes Kopfweh, das verschwindet, wenn man etwas isst. Selten entstehen leichte asthmatische Anfälle, besonders am Abend, oder Herzklopfen von allgemeinem Zittern begleitet, nachdem sich die Kuristen kaum zu Bette gelegt haben. Auch im Nervensystem und dem moralischen Befinden der Kuristen zeigen sich die wohlthätigen Wirkungen der Kur, indem man hypochondrische Kuristen gesellig, melancholische Individuen heiter und zufrieden werden sieht. Nicht minder wirkt die Kur auf die Geschlechtsorgane aufregend, die Menstruation wird reichlicher, ist von weniger Schmerzen begleitet, und tritt einige Tage früher ein. Es ist nur selten der Fall, dass die beschriebenen physiologischen Wirkungen als alleinige Folge der Trinkkur constatirt werden können, in der Regel haben die Kranken zugleich gebadet.

Wir gehen nun zur Darstellung *der Indikationen zur Anwendung der Thermen von Bormio* über, wie sie die Erfahrung der in der Note erwähnten italienischen Aerzte festgestellt hat.

I. Hautkrankheiten. Nach de Picchi haben die Thermen von Bormio in jenen Formen von Hautkrankheiten, die von früheren Nosologen unter dem Namen „Impetigo" aufgeführt werden, eine fast spezifische Wirkung. Psoriasis wird geheilt, Prurigo, Eczem, Ichthyosis, Pityriasis werden gebessert. Nach Bruni sind es die trockenen Hautaffectionen, welche in Bormio am meisten Aussicht auf Heilung haben. *Pellagra* in den 2 ersten Stadien wird in 2—3 Wochen vollständig geheilt. De Picchi erzählt einen Fall, wo ein Gutsverwalter aus der Provinz Bergamo, der an Pellagra litt, in Bormio die Kur machte; die Hauteruption war sehr intensiv und mit gastrischen Erscheinungen verbunden; nach 18 Bädern war die Haut auf den normalen Zustand zurückgeführt. Das ist jedenfalls eine der wichtigsten Wirkungen dieser Quellen; andere unserer schweizerischen Heilquellen ähnlicher Art, wie z. B. Leuk, würden vielleicht dasselbe leisten; allein die Gelegenheit zu Erfahrungen mangelt an anderen Orten, während Bormio so nahe an jenen Gegenden liegt, in denen das Pellagra endemisch ist.

II. Veraltete Geschwüre, die anderen Heilversuchen getrotzt haben und bei denen Baccio den Thermen von Bormio eine besondere Heilkraft zuschreibt. „Omnia

---

[1]) Die Wirkung der Trinkkur ist nach de Picchi besser, wenn Abführen eintritt.

[2]) Rotureau, der den Artikel über Bormio, wie er sagt, unter den Auspicien von Bruni verfasst hat, sagt hierüber:

„Bei allen Gesunden, welche einige Gläser Thermalwasser trinken, wird die Urinabsonderung vermehrt, bei den Kranken jedoch beginnt die Vermehrung der Urinabsonderung sich erst nach Verfluss eines Zeitraumes bemerkbar zu machen, der hinreicht, sie auf einen vergleichungsweise physiologischen Zustand zurückzuführen."

ulcera," sagt er, „sanare valent; usus tamen frequentius in inveteratis, malignisque est" (de Picchi). Bruni bestätigt die gute Wirkung der Thermen bei solchen inveterirten Geschwüren und fügt hinzu, dass sie in dieser Beziehung beim Volke einen traditionellen Ruf haben. Gewiss mag der Aufenthalt in dieser hochgelegenen Gegend und die dadurch verbesserte Ernährung wesentlich die Vernarbung solcher Geschwüre fördern helfen.

III. Anschwellung der Lymphgefässe, Lymphdrüsen (Mesenterialdrüsen) (de Picchi und Bellotini). De Picchi beobachtete die Heilung eines Falles von Parese der linken untern Extremität, begleitet von Convulsionen und erheblicher partieller Abmagerung in Folge von Hypertrophie der Mesenterialdrüsen bei einer jungen Tyrolerin, die zugleich an Amenorrhoe litt. Beim Gebrauche der Schlammbäder hatten die durch die Drüsenanschwellungen erzeugten Tumoren nach 42 Tagen sichtlich abgenommen, die Menses kehrten — freilich in geringer Menge — wieder, in die Extremität kehrten Wärme und Leben zurück; auch zeigten sich die Convulsionen während der Badekur nicht mehr.

IV. Scrofulose. Bei der Scrofulose sind die Thermen von Bormio nach de Picchi ein energisches Heilmittel, ein wahres Spezificum. „Ein von Kindheit an mit subcutanen Drüsenanschwellungen, besonders am Halse behafteter Bauernjunge," erzählt de Picchi, „wurde von einer langsam zunehmenden, ziemlich grossen Geschwulst des Mesenteriums befallen, die von Fieber begleitet war"; als der Junge in seine ärztliche Behandlung kam, suchte de Picchi zuerst das Fieber zu bekämpfen, indem er namentlich wiederholte Blutentziehungen machte, worauf eine gänzlich atonische Hypertrophie zurückblieb; vergebens wurden nun die stärksten Resolventia versucht, es musste zur Badekur geschritten werden, worauf in weniger als 4 Monaten erhebliche Besserung eintrat, und so beobachtete de Picchi zahlreiche Heilungen in ähnlichen Fällen. Nach Bruni genügen wenige Wochen Aufenthalt in Bormio, um den Zustand Scrofulöser bedeutend zu bessern. Bei Knochenleiden wendet man nach ihm mit Vortheil Schlammbäder an. Gewiss hat das Gebirgsklima Bormio's an diesen Heilungen grossen Antheil.

V. Chronische Anschwellungen der Milz und Leber, besonders wo sie Folge von Malaria sind. (De Picchi, Bellotini und Bruni.) Der blosse Aufenthalt in Bormio genügt nach Bruni, in wenigen Tagen diese Anschwellungen zum Schwinden zu bringen. In diesen Fällen verbindet man die Trink- mit der Badekur und wendet auch Douchen an. Ein 35-jähriger Schuster von Bormio von gesunder Constitution war durch seinen Beruf genöthigt, oft nach Malariagegenden zu wandern und erlitt in Folge dessen wiederholte Anfälle von Wechselfieber mit 3- und 4tägigem Typus, die mit Chinin behandelt wurden. Es bildeten sich Anschwellungen von Leber und Milz, begleitet von Verdauungsstörungen, Flatulenz, Stuhlverstopfung u. s. w. In diesem Zustande lebte der Schuster zwei Jahre lang, ohne dass ihm eine gehörige ärztliche Behandlung zu Theil wurde, beim Gebrauche von allerlei Volksmitteln. Endlich zog er einen Arzt zu Rathe, der ihm dann die Kur in Bormio verordnete. Anfangs schien die Trinkkur die Verdauungsbeschwerden zu vermehren, der Kranke klagte über Magendrücken, die Flatulenz nahm zu, der Bauch schwoll an, allein nach Verfluss von 8 Tagen trat eine Diarrhoe ein, durch welche gelbliche, sehr stinkende Stoffe entleert wurden. Die Trinkkur wurde fortgesetzt und die Beschwerden liessen nach, so dass sich der Kranke verhältnissmässig sehr erleichtert fühlte. Die Kur wurde noch weitere 26 Tage fortgesetzt, während welcher Zeit Patient täglich 15—20 Gläser Wasser trank; dabei hatte er täglich 4—5 flüssige Stühle. Unter dieser Behandlung verschwanden die Anschwellungen der Baucheingeweide, die Esslust kehrte zurück, die Verdauung kehrte ebenfalls zur Norm zurück und der hypochondrisch gewordene Schuster richtete sich wieder ganz auf und fühlte sich dann ganz wohl und gesund, bis ihn später eine Pneumonie befiel und wegraffte (de Picchi).

VI. Chronischer Magen- und Darmkatarrh, Dyspepsie, hartnäckige Stuhlverstopfung. Beim Sodbrennen sah Marchioli von der Trinkkur mehrmals guten Erfolg, so bei einer Dame, die hauptsächlich zur Zeit der Menstruation an Sodbrennen litt und bei einer andern Dame, die namentlich nach jeder — auch der leichtesten — Erkältung Sodbrennen bekam. Wir haben bereits oben die verschiedenen Ansichten und Erfahrungen über die Wirkungen des kohlensauren Kalkes auseinander gesetzt und müssen hier nur noch beifügen, dass die Erfahrungen, die man sowohl in England als in Deutschland mit dem Carrara-water — carbonated lime-water —, nämlich einer Auflösung von doppeltkohlensaurem Kalk, gemacht hat, die man im Liebig'schen Krug bereiten kann, und das von Bashan namentlich bei Dyspepsieen von Exzessen in geistigen Getränken, von Werber und Clarus bei Magensäure, Diarrhoe — auch Lithiasis — empfohlen wird, die Anwendung kohlensauren Kalk haltender Mineralwasser gegen derartige Beschwerden und Leiden denn doch zu rechtfertigen scheinen [1]).

VII. Chronischer Rheumatismus. Rheumatismus und Ischias sind nach de Picchi im Thal von Bormio endemisch und das Volk wendet die Thermen von Bormio, ohne den Arzt zu consultiren, gegen rheumatische Leiden an (de Picchi). Bruni sah häufig nach 2 oder 3 Bädern frische oder alte rheumatische Schmerzen schwinden; ebenso sind die Bäder und speziell die Schlammbäder (s. unten) bei rheumatischen Lähmungen, Neuralgieen, Anästhesieen angezeigt. de Picchi sah „wunderbare“ Heilungen von Ischias.

VIII. Hautschwäche. Man versteht darunter die Neigung, auf die geringsten atmosphärischen Einflüsse bald mit rheumatischen Schmerzen, bald mit Katarrhen der Respirationsorgane und Congestionen nach andern Organen, namentlich der Darmschleimhaut zu reagiren, welche letztere sich dann in Neuralgieen und Darmkatarrh äussern, bei weicher, schwach ernährter Haut. Ob ich folgenden Fall, den Marchioli unter „Hautschwäche“ registrirt, wirklich unter diesem Titel aufführen soll, ist mir selbst zweifelhaft; doch weiss ich ihn wirklich nicht anders unterzubringen und mag ihn, da er mir einiges Interesse zu bieten scheint, nicht weglassen. Eine junge Dame von 22 Jahren, die sich in den letzten Monaten ihrer Schwangerschaft erkältet hatte, wurde nach der Entbindung von einem „schleichenden rheumatischen Fieber“ befallen, das die Kräfte verzehrte und den Anschein eines wirklichen Zehrfiebers hatte; die Milchabsonderung stockte, die Haut war welk, kalt, unthätig, die Verdauung gestört, das Gesicht blass, der Körper abgemagert, der Puls klein, beschleunigt, die Kräfte waren geschwunden. Eine Zeit lang erhielt sie Chinin; sobald aber die Bäder in Bormio eröffnet waren, schickte Marchioli die Kranke nach Bormio. Die Dame badete nun während 11 Tagen täglich 1/2 Stunde, aber ohne Erfolg; sie fühlte die Temperatur von 30° R. nicht und ging ebenso kalt und matt aus dem Bade, als sie sich hineingesetzt hatte. Erst mit dem 12. Bade begann sie die Temperatur zu fühlen und von diesem Tage an besserte sich ihr Zustand rasch und nach Verfluss von weiteren acht Tagen spazierte die Dame, die vorher ohne Hülfe keinen Schritt hatte machen können, wohlgemuth 1/2 St. lang, ohne Müdigkeit zu spüren; auch wurde ihre Ge-

[1]) Noch können wir hier die Beobachtung registriren, dass in Oberbaiern, wo die Trinkwasser gewöhnlich hart sind, Dyspepsie und Sodbrennen zu den seltensten Erscheinungen gehören.

sundheit gänzlich hergestellt, sie gebar noch 3 gesunde Kinder und sieht jetzt so gesund und blühend aus, als ob sie nie krank gewesen wäre.

IX. Frauenkrankheiten. Die Thermen von Bormio hatten schon in alten Zeiten den Ruf, eine ganz besondere Wirkung auf das Uterinsystem zu üben und es wurde daher Bormio in früheren Jahrhunderten als wahres „Frauenbad" bezeichnet. „Mensibus defectu, vel copia, chlorosi, fluore albo laborantibus efficacissime opitulantur. Demum tot mulierum morbos mederi has thermas docuit experientia, ut antiquis temporibus mulierum thermæ appellarentur", sagt De Simoni, d. h. er rühmt die Thermen von Bormio bei mangelnder, sowie auch übermässiger Menstruation, der Bleichsucht, dem weissen Fluss als sehr wirksam, nicht minder sah er Fälle, wo Frauen, die lange Zeit unfruchtbar gewesen waren, nach dem Gebrauch der Bäder Kinder bekamen. Dass die Erzherzogin von Mantua, Gemahlin des Erzherzogs Ferdinand von Oesterreich, um Nachkommen zu erhalten, die Badekur in Bormio machte, haben wir im chemischen Theil bereits in einer Note mitgetheilt. De Picchi sah Heilung bei hartnäckigem weissem Fluss, beginnender Verhärtung des Mutterhalses (auch der Brustdrüse); Bruni empfiehlt die Thermen bei chronischer Metritis und Oovoritis (bei letzterer auch Marchioli); unter Umständen gibt man Schlammbäder, verordnet die aufsteigende Douche.

X. Gries; übermässige Harnsäurebildung (de Picchi und Bruni). Ein Abkömmling der Familie Guicciardi da Ponte machte, nachdem er vergebens eine grosse Menge von Arzneien verbraucht hatte, einen letzten Versuch mit den Thermen von Bormio. Er wurde der heftigen Schmerzen wegen in einer Sänfte nach Bormio gebracht, konnte aber zu allgemeinem Erstaunen bald zu Pferde nach Hause zurückkehren.

Die Wirksamkeit der Thermen von Bormio bei der Gicht (Podagra) war schon zur Zeit Cassiodors bekannt. Bei Gries, übermässiger Harnsäurebildung, ist die Trinkkur indizirt. (Bruni.)

XI. Nervenkrankheiten. Von jener Heilung einer Parese in Folge von Hypertrophie der Mesenterialdrüsen durch die Thermen von Bormio, welche de Picchi beobachtete, haben wir oben bereits gesprochen. Marchioli erzählt auch von einem Fall angeborner Parese, der durch Umschläge mit Schlamm von Bormio geheilt wurde. Dieser Fall betraf einen Mann, der 35 Jahre alt war und dessen Extremität, wie angedeutet, von Geburt an halb gelähmt war, so dass er dieselbe nur mit Mühe bewegen konnte; die Extremität war nämlich atrophisch. Da der Mann nicht nach Bormio reisen konnte, sandte man ihm Schlamm von Bormio nach seinem Wohnorte. Nachdem man zwei Monate lang unausgesetzt (aber nur während der Nacht) Schlamm auf die Extremität applicirt hatte, begann sich dieselbe zu erwärmen und nach einem halben Jahr konnte Patient diese Extremität beinahe wie die andere gebrauchen, obschon sie noch mehr abgemagert war. — Marquis B. aus Mailand wurde in Folge einer Verwundung von Rückenmarkentzündung befallen, die eine Parese und Atrophie der untern Extremitäten, besonders der rechten, zur Folge hatte; der Kranke war nicht im Stande, zu stehen und konnte bloss mit Hülfe eines Stockes gehen. Nachdem dieser Zustand zwei Jahre gedauert hatte, rieth man ihm, eine Kur in Bormio zu machen. Die lange Reise ermüdete jedoch den Kranken dermassen, dass er in Bormio angelangt, ohne Hülfe keinen Tritt thun konnte. Anfangs machte er bloss die Bade- und Trinkkur, später wandte er abwechselnd mit dem Bade die Douche an. Nach Verfluss von zwei Monaten konnte Patient, ohne den Stock gebrauchen zu müssen, frei herumgehen. Er kehrte das nächste Jahr wieder, jedoch mehr aus

Erkenntlichkeit für die guten Dienste, welche ihm die Thermen geleistet, als aus Nothwendigkeit.

Die Thermen von Bormio leisten nach de Picchi ferner Hülfe bei erhöhter Sensibilität, Neuralgieen. Bruni empfiehlt sie bei allen Formen der Hysterie, namentlich wo Affectionen des Uterinsystems zu Grunde liegen, ebenso bei der Hypochondrie, wo ihr Gebrauch nach Bruni ungemein rasche Heilung zur Folge haben soll, ja so rasche Heilung (in 8 Tagen), dass wir sie in der That mehr der „Luftveränderung“ als der Trinkkur zuschreiben möchten. — In diese Kategorie, d. h. zu den Fällen, wo bei allgemeiner Störung der Ernährung neben den warmen Bädern der Aufenthalt in Bormio an sich gewiss eine Hauptrolle spielte, gehört gewiss auch ein Fall, den Marchioli erzählt: Ein Mädchen gerieth durch eine Feuersbrunst in solchen Schrecken, dass sie „plötzlich die Stimme verlor“. Dann wurde der Schlaf unruhig, der Appetit nahm ab, der Körper magerte ab, es stellten sich Kopfschmerzen ein; die Menstruation blieb aus; nachdem dieser Zustand 2 Monate gedauert hatte, sandte man das Mädchen nach Bormio, wo es nach 14tägiger Badekur genas und dann — es sind jetzt 15 Jahre seither verflossen — gesund blieb. Einen ähnlichen Fall erzählt de Picchi: Eine 26jährige Tyrolerin erlitt einen Schreck; die Menstruation blieb aus, sie bekam Anfälle von Cardialgie, Herzklopfen; die untern Extremitäten wurden ödematös und Patientin litt an allgemeiner Schwäche. Da die mannigfaltigsten Heilversuche unwirksam blieben, so versuchte man eine Kur in Bormio; nach einer 40tägigen Trink- und Badekur stellte sich die Menstruation wieder ein und die Tyrolerin verliess Bormio vollständig geheilt.

XII. Chronischer Blasenkatarrh. Er wird, wenn das Individuum sonst gesund ist, bei länger dauernder Bad- und Trinkkur immer gebessert und oft gründlich geheilt (Bruni).

XIII. Chronischer Katarrh der Respirationsorgane. Man sieht in Bormio jedes Jahr jüngere und ältere Leute mit Katarrhen anlangen, die schon Jahre lang dauern und hier in wenigen Wochen gänzlich verschwinden. Diese Katarrhe indiziren die Trinkkur (Bruni und Marchioli).

XIV. Lungenschwindsucht in ihren ersten Anfängen. Die Anlage zur Lungenschwindsucht wird in Bormio nach Bruni immer mehr oder weniger rasch getilgt, je nachdem man sich längere oder kürzere Zeit hier aufhält. Auch Marchioli empfiehlt die Trinkkur in Bormio bei beginnender Schwindsucht. — Weiteres über die Verwendung Bormio's bei Schwindsucht und Katarrhen im fünften Kapitel.

Dritter Abschnitt.

Methodik der Trink- und Badekur, Apparate.

Wie bei Anwendung aller andern Heilmittel muss man auch bei Anwendung der Bade- und Trinkkuren individualisiren.

Die Dauer des Bades und der Wärmegrad richten sich nach dem Leiden des Kranken, seiner Konstitution u. s. w. und müssen in jedem einzelnen Falle vom Badarzte besonders vorgeschrieben werden.

Am vortheilhaftesten badet und trinkt man vor dem Frühstück.

Ist man in irgendwelcher Weise angegriffen oder aufgeregt, schwitzt man, so soll man nicht in's Bad gehen und wenn man das Bad verlässt, soll man Acht haben, dass die Transpiration nicht gestört wird. Im Bade selbst bewege man sich mässig;

nach dem Bade trockne man sich sorgfältig ab, lege sich sofort für eine halbe Stunde in's Bett und stehe erst wieder auf, nachdem die Transpiration wieder normal geworden, wechsle die Wäsche, kleide sich nun ruhig an, setze sich dann aber — namentlich bei regnerischem oder windigem Wetter — ja nicht sofort der freien Luft aus. Wie man sich durch unverständiges Verhalten nach dem Bade schaden kann, davon zeugt folgender Fall, den de Picchi erzählt. Ein kränklicher, schlecht aussehender Mann aus der untersten Klasse, der an lästigem Impetigo litt, machte die Badekur; es zeigte sich mässige Besserung, als er sich eines Tages noch schwitzend einem kalten Nordwinde aussetzte, an Pneumonie erkrankte und nach wenigen Tagen starb.

Frauen sollen in der Regel während der Schwangerschaft und während der Menstruation nicht baden.

Zur Trinkkur benutzt man am vortheilhaftesten die „Pliniana". Die Menge des zu trinkenden Wassers bestimmt der Badearzt in jedem einzelnen Falle besonders. Bei schlechtem Wetter, oder wenn man sonst nicht zur Pliniana gehen kann oder will, kann man das Wasser in dem an die Bäder stossenden warmen und geräumigen Corridor trinken.

Die Dauer der Kur richtet sich nach der Natur der Krankheit und dem Zustande des Kranken. Bei sehr hartnäckigen, veralteten Uebeln muss man die Kur mehrere Jahre hintereinander wiederholen.

Apparate.

Man findet in den Bädern hölzerne und marmorne Wannen, für eine und für mehrere Personen, ferner Schwimmbäder mit gymnastischen Apparaten, Douchenapparate, Inhalationsapparate.

Von diesen Apparaten verdienen die Douchen eine etwas ausführlichere Erwähnung.

Man wird auf die Saison 1869 einrichten:

1) Regenbäder von etwa 3" Durchmesser mit geringer Fallhöhe unmittelbar über der Badewanne für den Gebrauch unmittelbar nach dem warmen Bade mit einer Temperatur von 18°—28° R.

2) Strahldouchen mit Zulauf von Thermalwasser in seiner natürlichen Temperatur und kaltem Wasser, von denen jedes durch einen besonderen Hahn in Beziehung auf seinen stärkeren oder schwächeren Zulauf regulirt oder von denen jedes auch besonders verwendet werden kann. Die Fallhöhe wird 20' betragen. An die Mündung werden verschiedene Kaliber, auch eine Brause angeschraubt werden können. Auf diese Weise können warme, laue, kühle Douchen, sowie die schottische Douche gegeben werden.

Aufsteigende Douchen für Vaginalbespülungen, bestehend in Blechbüchsen, die etwa 4' über der Badewanne aufgestellt oder aufgehängt werden und mit einem Schlauch versehen sind, den die Badende selbst öffnen kann; der Schlauch hat einen verjüngt zulaufenden Ansatz, auf den man das Mutterrohr aufsteckt.

4) Aufsteigende Douchen für Clystire. Sie werden in ähnlicher Weise, jedoch mit 15' Fallhöhe erstellt.

Diese Apparate werden vollkommen genügen.

Vierter Abschnitt.

Von den Schlammbädern.

Wir wissen aus dem chemischen Theile dieser Abhandlung, dass wir es in Bormio mit einem Schlamm zu thun haben, der entweder aus den unterhalb der Pliniusquelle sich bildenden sogenannten „Lederplatten", feinstem Sand und feingeschlemmtem Thon, oder aus dem St. Martinsschlamm und Sand und Thon bereitet werden kann, dass aber die erstere Mischung vorzuziehen ist, weil die Hauptgrundlage, die „Lederplatten" sich in grösserer Menge bilden als der St. Martinsschlamm und man daher immer dasselbe Heilmittel haben kann; wir wissen aber ferner aus der Beschreibung der Thermen von Bormio, dass jene „Lederplatten" nichts anderes sind, als ein Gemische von Algen, kohlen- und schwefelsaurem Kalk und Magnesia, also ein Gemische von organischer und mineralischer Substanz, und endlich wissen wir ebenfalls, dass Sand und Thon dem Schlamm zunächst zu keinem anderen Zwecke beigemischt werden, als um ihm Plasticität und Haftbarkeit zu geben. Nun ist aber selbstverständlich, dass von diesem Gemische keine andere als eine physikalische Wirkung erwartet werden kann, wie dieses auch vermuthlich bei den Moorbädern der Fall ist, wo man, wenn man sich nicht von vorgefassten Meinungen, sondern nur von nüchterner genauer Beobachtung leiten lässt, auch auf keine anderen wirksamen Elemente kommt, als die physikalischen, Schwere und Temperatur, obschon man über die Wirkungen dieser grösseren Schwere nichts Genaueres sagen kann. Was hingegen die Temperatur betrifft, so unterscheidet sich die Temperatur der Moorbäder von derjenigen der Wasserbäder durch ihre Ungleichmässigkeit, welche theils durch die Unmöglichkeit einer gleichförmigen Mischung des warmen Wassers oder der Dämpfe mit dem Moor, theils durch die in verschiedenen Schichten verschieden verlaufenden, beständigen chemischen Umsetzungen im Moore bedingt ist; „wenn nun", sagt Braun, dem wir in Bezug auf die Wirkungen der Moorbäder zunächst folgen, „der Grundcharakter der Moorbäder in der Wirkung der energischen Thermalmethode ohne die dieselbe oft begleitende Ueberreizung besteht, so kann man in der That die Hypothese aufstellen, dass die ungleichmässige, an unzählbaren Hautstellen und in rapider Zeitfolge innerhalb Grenzen von vielleicht Einem Grad oder einem Bruchtheil eines Grades schwankende Temperatur des Moores die Wirkung modificirt und den unmittelbaren Einfluss der höhern Temperatur mässigt." Von einer Wirkung der Gase, die bei der Umsetzung, die im Moor Statt haben, sich bilden, findet man in den Beschreibungen der Wirkungen der Moorbäder nirgends die deutlichen charakteristischen Kennzeichen; die Humusstoffe sind indifferent und die Wirkung der im Moor noch selten nachgewiesenen, wenn auch vielleicht sich viel häufiger — wenn auch nur zeitweise — bildenden Ameisensäure und anderer flüchtigen Säuren sind noch zweifelhaft.

Es frägt sich nun, wie sich die Umsetzungen in den nach v. Planta's Anleitung zu bereitenden Schlammbädern zu den in den Moorbädern stattfindenden Umsetzungen verhalten werden; stattfinden werden auch hier solche Umsetzungen, denn die „Lederplatten" sind ja nichts anderes als ein Gemische organischer Substanzen mit mannigfachen Salzen, zu denen noch das Thermalwasser mit seinen Salzen hinzukommt. Es werden daher auch die Indikationen zu ihrem Gebrauch nach den Erfahrungen zu konstruiren sein; dass dem so sei, scheinen die Beispiele von der Wirkung der Bormioschlammbäder zu beweisen, die in den oben mitgetheilten Krankengeschichten enthalten sind und die wir unter Hinzufügung einiger weiterer Beispiele kurz recapituliren werden. Es spricht dafür auch, dass die Wirkungen, die man von den Schlammbädern in einigen ungarischen Badeorten und in den Euganeen berichtet, im Wesentlichen mit dem übereinstimmen, was die Erfahrung von der Wirkung der Moorbäder lehrt.

Was die Wirkungen der Moorbäder vorerst betrifft, so sind dieselben nach Braun's Erfahrung besonders wirksam:

1) bei rheumatischen und gichtischen Exsudaten, bei Individuen, welche der Schonung bedürftig sind und bei denen deshalb die durch die örtlichen Zustände gebotene energische Thermalmethode an der individuellen Leistungsfähigkeit der Organismen eine hinderliche und unwillkommene Grenze findet, da Moorbäder von 28⁰—30⁰ R. im Allgemeinen bei weitem nicht so aufregen als Wasserbäder gleicher Temperatur. Bei Muskelrheumatismen verdienen nach Braun's Erfahrung die Moorbäder nicht denselben Vorzug; während viele Fälle von rheumatischen Gelenkexsudationen, die Braun beobachtete, in Moorbädern Erleichterung fanden, liessen ihn die Moorbäder bei sehr hartnäckigen Muskelrheumatismen oft im Stich und oft erreichte er nach dem vergeblichen Gebrauch der Moorbäder mit Soolbädern, indifferenten und Schwefelthermen den Zweck.

2) bei Hyperästhesieen mit Lähmungserscheinungen, namentlich hysterischer Spinalirritation und Tabes dolorosa. Die Moorbäder erfüllten hier die Indikationen der Thermalmethode ohne die Ueberreizung zu veranlassen, welche in denselben Fällen die Anwendung anderer Badeformen begleitet und deren gute Wirkung verhindert hatten.

3) bei Lähmungen mit centralbegründeten Contracturen. Braun's Erfahrung bezieht sich auf eine Reihe gründlich und lange Zeit hindurch beobachteter Fälle von paralytischen Contracturen in Folge von Myelitis, Wirbelcaries, syphilitischen Exostosen der Wirbel, Meningitis basilaris nach Pocken und Scharlach; das wichtigste pathognomonische Symptom war die active Contractur, deren activer Charakter namentlich darin sich kund gab, dass bei dem Versuch des Gebrauches der Glieder die Contractur sofort zunahm und sich oft zu clonischen Erschütterungen steigerte; meistens waren dabei die Sphincteren gelähmt, oder wenigstens im Anfange der Krankheit gelähmt gewesen. Braun hat in solchen Fällen von den gegen Paralysen gebräuchlichen Thermalmethoden nie einen Erfolg gesehen, im Gegentheil meistens eine wesentliche Verschlimmerung der Erscheinungen beobachtet. Seebäder, Soolbäder, Teplitz, Wiesbaden, Schwefelbäder, Thermalsoolbäder in Rehme hatten fast immer diesen negativen und sogar schädlichen Erfolg; manche Fälle blieben auch in den Moorbädern ungebessert, aber wo eine Besserung erzielt wurde, wurde sie nur durch Moorbäder erreicht, die Reizungserscheinungen verminderten sich, die Contracturen und clonischen Krämpfe liessen nach und in einigen Fällen war, allerdings nach wiederholten Kuren, der Erfolg wenigstens so bedeutend, dass die Kranken, wenn auch kümmerlich auf die Beine kamen.

„Nach diesen Erfahrungen", schliesst Braun, „stellt sich der klinische Character der Wirkung der Moorbäder so heraus, dass sie in manchen Fällen, wo aus individuellen Ursachen die Thermalmethode wegen allzureizender Wirkung nicht ertragen wird, die Wirkung dieser Methode geben, ohne diese Ueberreizung zu veranlassen."

Was nun die Erfahrungen betrifft, die man mit den Schlammbädern von St. Martinsschlamm in Bormio gemacht hat, so stehen uns darüber im Ganzen wenig Materialien zu Gebote; es sind, wie schon angedeutet wurde, einige Krankengeschichten, die wir bereits oben mitgetheilt haben, also, um die Fälle hier kurz zu recapituliren, jener Fall von Parese der linken untern Extremität in Folge von Hypertrophie der Mesenterialdrüsen, und jener Fall angeborner Parese, der am Wohnorte des Kranken mit Bormioschlamm mit grossem Erfolg behandelt wurde. Hieran schliesst sich noch folgender Fall: Ein 40jähriger Mann von kräftiger Constitution erlitt in Folge eines Sturzes von bedeutender Höhe eine Luxation des Fusses und bedeutende Quetschung der Knochen. — Es erfolgte jedoch keine vollständige Heilung, sondern es blieb so grosse Schwäche im Fussgelenk zurück, dass das Gehen schmerzhaft und beschwerlich war; doch erleichterte ein passender Verband das Gehen und milderte die Schmerzen. Man rieth dem Kranken, die Schlammbäder von Bormio zu gebrauchen, was er während zwei aufeinander folgenden Saisons that, worauf vollständige Heilung erfolgte (Marchioli). Ferner empfehlen die italienischen Aerzte, die in Bormio gewirkt haben, die Anwendung des dortigen Schlammes bei scrofulösen Knochenleiden, rheumatischen Neuralgieen, Anästhesieen, chronischer Metritis und Oovoritis.

Was die lokale Anwendung der Moorbäder, beziehungsweise Schlammbäder betrifft, so kommen hier an sich dieselben Gesichtspunkte in Betracht, wie bei den allgemeinen Bädern von diesen Substanzen, nur dass es sich hier um kleinere Massen handelt, in denen also die Umsetzungen nicht jene Wirkung auf die Temperaturvertheilung haben können, wie bei den allgemeinen Schlamm- und Moorbädern; es wird daher hier hauptsächlich die feuchte Wärme in's Auge zu fassen sein, und ebenso wird dieses bei den Umschlägen von den fraglichen Substanzen der Fall sein.

Ein scrofulöser Bauer von 15 Jahren wurde ohne bekannte Ursache von einem dumpfen Schmerz in der Ferse des rechten Fusses belästigt, dem dann eine Geschwulst folgte. Unter der angewendeten Behandlung (Blutegel, Ueberschläge [welche?], innerlich sogenannte resolvirende Mittel) mehrte sich der Umfang der Geschwulst, sie dehnte sich auf das nächste Gelenk aus, es entstanden Abscesse, ichoröse Eiterung, wozu sich allgemeine Abmagerung gesellte. In diesem Zustand lebte Patient gegen zwei Jahre. Endlich unternahm er die Bade- und Trinkkur in Bormio und machte während der Nacht Ueberschläge von Schlamm über den kranken Fuss; nach 36 Tagen nahm die Geschwulst merklich ab, das vorhandene Geschwür heilte, und es blieb bloss noch eine Gelenksteifigkeit zurück; doch konnte Patient den Fuss allmälig wieder gebrauchen und wurde zuletzt sehr kräftig und zu jeder Anstrengung fähig.

Drittes Kapitel.

Von den Molkenkuren.

Die Molken sind ein so allbeliebtes Kurmittel, dass es zweckmässig ist, auf ihre Bereitung, ihre physikalischen und chemischen Eigenschaften hier etwas genauer einzutreten, zumal die Qualität der Molken wesentlich mit von der Bereitungsweise abhängt, und letztere oft oberflächlich geschildert wird und Vielen nicht genauer bekannt ist.

Lässt man Milch längere Zeit stehen, so nimmt sie begierig Sauerstoff aus der Luft auf, der den Käsestoff (das Caseïn) oxydirt. Das sich nun zersetzende Caseïn wirkt als Ferment auf den Milchzucker und reisst auch die Fette in die Zersetzung hinein, in Folge dessen wird die Milch sauer, indem sich aus Milchzucker Milchsäure bildet. Nun wird die Natronverbindung, in der sich bis dahin das Caseïn befand, zersetzt, das Caseïn wird frei und scheidet sich als dicke Gallerte ab, welche nach einigem Stehen eine helle, halbdurchsichtige, grünlich-gelb gefärbte Flüssigkeit, die *Molken*, auspresst. Die Milchkügelchen werden grösstentheils von dem gerinnenden Caseïn eingeschlossen; man sagt nun: „Die Milch gerinnt.“ Bei längerem Stehen wird aller Milchzucker in Milchsäure verwandelt. Die auf solche Weise entstandenen Molken nennt man „saure Molken“. Diese sauren Molken werden jedoch in der Regel nicht zu Molkenkuren verwendet, sondern man bereitet zu diesem Zwecke die sogenannten „süssen Molken“. Die Bereitung dieser süssen Molken ist sehr verschieden. Als Gerinnungsmittel bedient man sich hier allgemein des Labmagens, der durch seinen Pepsingehalt die Gerinnung bewirkt; allein der Veteran Dr. Heim in Gais behauptet, dass, um reine, gute, süsse Molken zu bereiten, absolut der Labmagen von Thieren der betreffenden Gattung verwendet werden müsse, worüber sich Falk, ehemals Badearzt in Obersalzbrunn, geradezu lustig macht; ja er behauptet, dass die Kälbermägen, deren man sich in Obersalzbrunn ausschliesslich bedient, mehr Pepsin enthalten, als Schaaf- und Ziegenmägen.

Im Appenzellerland (in der Schweiz) erwärmt man zuerst die Milch mit dem in einem leinenen Säckchen befindlichen Labmagen[1]) der betreffenden Thiergattung auf 25° bis 30° R. und nimmt sie dann vom Feuer; von dieser Milch wird eine gewisse Menge bei Seite gesetzt. Nun beginnt die übrige Milch, nachdem man das Säckchen verschiedene Male ausgedrückt hat, zu gerinnen, welcher Prozess in 10—15 Minuten vollendet ist. Hierauf werden die ungleichartig geronnenen Käsetheile (Schwizerbolle) von dem Sennen mittelst der Hand zu einer körnigen Masse gepresst oder gewirkt, indem man die Flüssigkeit zugleich auf 45° R. erwärmt. Dann nimmt der Senne den Käse (jetzt „Fisch“ genannt) heraus und giesst zu der übrig bleibenden weissgrünlichen Flüssigkeit, dem „Käsewasser“, die früher bei Seite gesetzte Menge Milch, eine Prozedur, die *nur* bei der Bereitung der Kurmolken vorgenommen wird und den Zweck hat, die Käsetheilchen besser auszuscheiden, die Molken klarer zu machen. Nun wird Alles von Neuem aufgekocht, wodurch die Flüssigkeit wieder eine weissliche Farbe bekommt; sie heisst nun „Käsemilch“. Zu dieser Käsemilch setzt man endlich den sogenannten „Molkenessig“ oder das „Sur“, eine Molke, die von selbst sauer geworden ist und welche die Sennen in einem Napfe oder Fässchen aufbewahren und durch jeweiliges Zugiessen einer gleichen Menge frischer, süsser Molken ein ganzes Jahr lang erhalten können. Durch diesen „Molkenessig“ wird nun der noch übrige Käsestoff ausgeschieden, den man „Zieger“ nennt, und der immer nur den 4. Theil der ganzen Käsemenge ausmacht. Nachdem man den „Zieger“ herausgenommen hat, hat man die reinen, süssen Molken gewonnen. Man hat beobachtet, dass unter günstigen Verhältnissen aus Ziegenmilch durch Ziegenlab nicht nur der eigentliche Käse, sondern auch der Zieger so vollständig herausgefällt wurde, dass die sauren Molken oder eine andere Säure kein Caseïn mehr heraus-

[1]) Dieser Labmagen ist jedoch nicht der reine Labmagen, sondern er enthält noch geronnene Milch; die Sennen verschaffen sich nämlich Mägen von 2, höchstens 3—4 Wochen alten Ziegen, Kitzen oder Saugkälbern, die ausschliesslich mit Milch genährt worden sind und noch nie Festes gefressen haben. Die im Magen enthaltene Flüssigkeit nimmt man heraus, die geronnene Milch, den „Kern“, lässt man darin, bindet die beiden Enden zu und trocknet nun den Magen bei gelinder Wärme, und zwar entweder im Kamin oder in der Stube über dem Ofen oder in der Luft; ein so getrockneter Labmagen kann Jahre lang an trockenen Orten aufbewahrt werden. Zum Gebrauch wird der getrocknete Labmagen fein gehackt oder zerschnitten und in ein leinenes Säckchen gebunden. Einen solchen Magen kann man 6—8 Male brauchen. Die besten Mägen kommen von 14 Tage alten Ziegen. Man bereitet im Appenzellerland noch zwei andere Arten Lab, die man beide „Renne“ nennt; sie werden jedoch nicht zur Bereitung von zu Kuren dienenden Molken verwendet.

zufällen vermochten und Berzelius hat bei der Kuhmilch dieselbe Erfahrung gemacht. Diese Molken enthalten noch etwas Milchsäure.

In Obersalzbrunn bereitet man die Molken auf einfachere Weise. Die Milch, die man hier zur Molkenbereitung verwendet, besteht zu 1/3 aus abgerahmter Abend- und zu 2/3 aus nicht abgerahmter Morgenmilch. Um die Fällung des Caseïns zu bewerkstelligen, nimmt man in Obersalzbrunn für alle Molken getrockneten Labmagen von jungen Kälbern. Diese Mägen werden auf's Sorgfältigste vom Fette befreit, in kleine Theile zerschnitten und Abends im Verhältniss von 3 Drachmen auf 12 Unzen mit destillirtem Wasser infundirt. Diesen kalten Aufguss lässt man die Nacht über stehen und giesst ihn am folgenden Morgen in in Unzen getheilte Porzellangefässe. Die Milch (s. ob.) wird hierauf mittelst Wasserdampf auf 35° R. erwärmt, worauf man den Labaufguss im Verhältniss von 10 Unzen auf 30 Quart (90 Schoppen) zusetzt, die Gefässe vom Feuer entfernt, auf den Fussboden der Küche setzt und mit einem Porzellanlöffel umrührt. Gewöhnlich tritt schon nach wenigen Minuten die Gerinnung ein. Man lässt nun die Gefässe noch eine kurze Zeit stehen und colirt dann durch ein dichtes, grobes, wollenes und hierauf noch durch ein feineres leinenes Tuch in Kannen, welche sorgfältig verschlossen sofort nach der 200 Schritte entfernten Brunnenhalle gefahren werden, wo der Inhalt in die durch heisses Wasser erwärmten Molkenkessel geleert und nun in 6 Unzen (1/2 Schoppen) haltenden Gläsern ausgeschenkt wird. So die Kuh- und Ziegenmolken. Die Schafmolken werden in Flaschen von 12—18 Unzen an die Kranken verabfolgt, welche sie in besondern dazu eingerichteten Behältern stets in gleichmässiger Wärme erhalten. Da es nöthig ist, dass die Molken möglichst wenig Caseïn enthalten, so dürfte die Bereitung mit Molkenessig den Vorzug verdienen und sie werden daher auch in Rehburg (Hannover) wie im Appenzellerlande bereitet, d. h. Abends 7 Uhr und Morgens 3 Uhr gemolkene Milch wird Morgens 4 Uhr auf 30°—35° R. erwärmt und Kälberlab zugesetzt, worauf die Gerinnung sofort erfolgt; hierauf wird filtrirt; das durch die Reste des Caseïns (Zieger) noch trübe Filtrat wird abermals erhitzt und nun saure Molke (sauer durch Milchsäure) zugesetzt, wodurch noch mehr Caseïn (Zieger) gefällt wird; nun wird zum zweiten Mal filtrirt und das jetzt erhaltene Filtrat ist durchaus klar, gelbgrünlich, leicht opalisirend, reagirt neutral und hat ein spezifisches Gewicht von 1,034—1,035.

Die Methode, die in der Zentralmolkenanstalt in Interlaken befolgt wird, ist nach gef. Mittheilung des Herrn Dr. Volz daselbst folgende:

Man bringt in eine Flasche einen Kälber- oder Zickleinmagen, übergiesst denselben mit lauwarmem Wasser, verpfropft die Flasche und lässt sie drei Tage stehen, worauf das Lab zur Molkenbereitung fertig ist. Nachdem man dann die Milch im Kessel bis ungefähr auf 35° C. erwärmt hat, wird das Lab zum Zwecke der Gerinnung und Behufs Ausscheidung des Käsestoffes beigesetzt. Nun wird die Milch, nachdem sie leicht umgerührt worden, vom Feuer gehoben und 10—15 Minuten ruhig stehen gelassen, während welcher Zeit sie gerinnt. Hierauf setzt man sie von Neuem auf ein kleines Feuer und rührt sie so lange mit dem sogenannten „Brecher" um, bis der Käse fertig ist. Nun nimmt man den Kessel wieder vom Feuer, um den Käse herauszunehmen und bringt dann die „Sirte" von Neuem auf's Feuer, bis sie sich aufzuhellen beginnt, worauf man eine kleine Portion kaltes Wasser behufs der Ausscheidung des „Ziegers" beisetzt, was man „Abschrecken" nennt. Nachdem man den Kessel wieder vom Feuer genommen, schöpft man den „Zieger" vorsichtig ab und lässt die Molken etwa eine Viertelstunde stehen, worauf sie zum

Ausschenken fertig sind. Die zweite Ausscheidung wird hier nicht mit dem sogenannten Molkenessig (im Appenzellerland Sur [s. ob.], im Berneroberland „Achis" [1]) genannt) vorgenommen, weil die Molken leicht ihren süssen Geschmack verlieren und sauer werden.

Die auf die beschriebene Weise bereiteten Molken sind von blassgrünlicher Farbe, durchscheinend, von süssem Geschmack mit dem eigenthümlichen leichten Beigeschmack der Ziegenmilch.

Hiezu ist zu bemerken, dass (nach gef. Mittheilung des Herrn Dr. Strasser in Interlaken) das Abschreckungsverfahren nur bei der ganz reinen, ungemischten Ziegenmilch gelingt; setzt man eine einzige Maass Kuhmilch zu 15 bis 20 Maass Ziegenmilch, so gelingt dieses Experiment nicht gut und die Molke wird nicht klar. Es wird daher in Interlaken auf's Strengste darauf gesehen, dass die Lieferanten *reine* Ziegenmilch liefern. Wo man daher nicht genug Ziegenmilch auftreiben kann, muss der Molkenessig zur Ziegerausscheidung verwendet werden.

In Sternberg in Böhmen bedient man sich, um die Gerinnung zu bewerkstelligen, statt des Labes der sauren Molke, um die Fällung der Kalkphosphate zu verhüten.

Für Bormio verdient die Appenzeller- oder Interlakenermethode den Vorzug.

Die süssen Molken enthalten ausser einem Theil der Salze der Milch noch den gesammten Milchzucker, sowie noch 3—4 % einer eigenthümlichen Proteïnsubstanz (Lactoproteïn) und etwas Fett, welche Substanzen den Molken das mehr oder minder trübe Aussehen geben. In den sauren Molken hingegen findet sich wenig Milchzucker mehr, dagegen viel Milchsäure. Das Wirksame in den Molken scheinen nun, wenn wir auf die quantitativen Resultate der Molkenanalyse sehen, hauptsächlich der Milchzucker und die Salze zu sein.

Valentiner fand in 100 Theilen der Molken zu Obersalzbrunn:

	Schaaf-,	Kuh-	Ziegenmolken
Wasser	91,960	93,264	93,380
Milchzucker	5,070	5,100	4,530
Albumincoagulum [2]) . . .	2,130	1,080	1,140
Fett	0,252	0,116	0,372
Salze und Extractivstoff . .	0,588	0,440	0,578
	100,000	100,000	100,000
Spez. Gewicht (Aræom.) . .	1027,0	1026,0	1025,0

Es ist durchaus nicht richtig zu sagen, die Molken seien Milch minus Käsestoff, denn es gehen bei der gewöhnlichen Bereitung mit Lab nicht alle Salze der Milch in die Molken über; der phosphorsaure Kalk, die phosphorsaure Magnesia und das phosphorsaure Eisenoxyd werden grösstentheils mit dem Caseïn chemisch verbunden niedergeschlagen und nur Chlorkalium und Chlornatrium, phosphorsaures Kali und phosphorsaures Natron bleiben neben dem Milchzucker in der Lösung [3]).

---

[1]) Die Bereitung des Achis oder Molkensauers, Molkenessigs geschieht im Berneroberland wesentlich wie im Appenzellerland. Man nimmt nämlich sogenannte „Sirte" (s. ob.), setzt ihr etwas weniges Milch bei und stellt sie dann bei Seite; nach 10- bis 14tägigem Stehen ist der „Achis" fertig. Um jedoch stets Achis von gleichem Säuregrad zu haben, wird nach jedesmaligem Herausnehmen von Achis behufs der Ziegerausscheidung die herausgenommene Menge durch eine gleiche Menge „Sirte" ersetzt.

[2]) Der Ausdruck „Albumincoagulum" ist für diejenigen Proteïnsubstanzen gebraucht, welche nach Coagulation und Entfernung des Caseïnkuchens bei 35° noch in Lösung bleiben und theilweise schon unter Anwendung höherer Hitzegrade, theilweise erst nach Ansäuern der Molken und dem folgenden Erhitzen coagulirt werden.

[3]) In den durch Sauerwerden der Milch entstehenden Molken bleiben fast sämmtliche Salze in der Molke zurück.

Betrachtet man die Resultate der Valentiner'schen Analysen, so zeigt sich, dass der Gehalt an Albuminaten in den Schaafmolken fast doppelt so gross ist, als in den Kuh- und Ziegenmolken, welche letztern darin nahe übereinstimmen, dass der Gehalt an Milchzucker, welcher geringere Differenzen zeigt, in den Ziegenmolken am geringsten, in den Kuh- und Schaafmolken gleichmässig beträchtlicher ist, dass der prozentische Gehalt der Schaafmolken an festen Bestandtheilen vorzugsweise bedingt ist durch den Eiweissreichthum, dass die Differenzen der anorganischen Bestandtheile vorzugsweise darin bestehen, dass die Schaafmolken einen höheren Gehalt an phosphorsauren Salzen uud zwar mit dem Albumin verbundenem phosphorsaurem Kalk besitzen, dass die Zahl der nicht an Eiweiss gebundenen Salze und Extractivstoffe unbedeutend differirt, indem sich in den Schaafmolken ein geringes Uebergewicht von Chloralkalien findet, dass die Ziegenmolken am meisten Fett enhalten, was von Differenzen in der Gerinnungsweise des Caseïns abhängig sein dürfte.

Uebrigens frägt es sich, ob die mit Ausnahme des Gehaltes an Proteïnstoffen geringen Differenzen, welche diese verschiedenen Molkensorten zeigen, im Allgemeinen massgebend sind, da Race, Wasser, Futter (also Boden, Weide, Witterung, Jahreszeit) und auch die Melkzeit einen nicht unbedeutenden Einfluss auf die Beschaffenheit der Milch und namentlich des Gehaltes an Milchzucker haben.

Resumirt man in Worten die Resultate obiger Molkenanalysen im Allgemeinen, so kann man sagen, dass die Molken 4—5 % Milchzucker, etwas mehr als $^1/_{10}$ bis $^3/_{10}$ % Fette, ungefähr $^1/_2$ % Salze und Extractivstoffe und über 90 % Wasser enthalten. Braun schlägt den Gehalt an nicht gefälltem Caseïn und Butter auf 1 bis $2^1/_2$ % an; man kann somit nach ihm die Molken mit den Mineralwassern parallelisiren und als Mineralwasser mit etwa $^1/_2$ % Chloruren und Phosphaten, 5 % Milchzucker und 1—2 % stickstoffhaltiger Substanz betrachten. Frägt man, wie viel von den Hauptbestandtheilen der Molken beim kurgemässen Gebrauch in den Körper gelangen, so hängt dieses natürlich von der Quantität der Molken ab, die man trinkt. Das Pfund von 16 Unzen aber enthält nach Braun's Berechnung ungefähr 36—40 Gran Salze, nämlich 10—14 Gran Chlorkalium, 2—3 Gran Chlornatrium und einige 20 Gran Phosphate (grösstentheils Kaliphosphat, zum kleinern Theil Natronphosphat) und endlich 340—360 Gran Milchzucker[1])

Wenn wir nun zur Frage der therapeutischen Verwendung der Molken schreiten, so müssen wir vorzugsweise von 4 Gesichtspunkten ausgehen. Wir haben 1) den Wassergehalt, 2) den Zucker-, 3) den Salzgehalt der Molken und 4) die klimatischen Verhältnisse des Molkenkurortes in Betracht zu ziehen. Letzteres Moment ist wohl eines der wichtigsten; da aber wohl kein Molkenkurort genau das gleiche Klima haben kann, wie seine Brüder, so fällt dieses Moment bei einer allgemeinen Betrachtung dahin und wir haben es wesentlich mit den drei ersten Punkten zu thun. Allein, wenn auch die Wissenschaft die Aufgabe hat, alle Momente zu registriren, welche zur Aufklärung der Wirkung eines Heilagens dienen können, so scheint es uns bei den widersprechenden Ansichten der Schriftsteller, dass wir bei den Molken mit den Hülfsmitteln der Wissenschaft nicht ausreichen, um die Indikationen zu ihrer Anwendung zu stellen und am besten thun, uns einstweilen noch an die Erfahrung zu halten. Und da müssen wir Beneke gewiss beistimmen, wenn

---

[1]) Beneke stellt mit Rücksicht auf die Molken in Rehburg folgende Berechnung auf: Bei einer 4 bis 6 wöchentlichen Kur nimmt Patient täglich 24—36 Unzen Molke zu sich, die 40—60 Unzen Milch (10 : 6) entsprechen. Enthält die Kuhmilch 4 %, die Ziegenmilch 5 % Milchzucker, so nimmt Patient in Kuhmolken täglich $1^3/_5$ bis $2^1/_5$, in Ziegenmolken täglich 2—3 Unzen Milchzucker zu sich.

er im Hinblick auf das ausgedehnte Verzeichniss der Heilwirkungen der Molken, welche der Veteran Heim in Gais nach langjähriger Praxis aufstellt, sagt: „Sollen wir dieses Verzeichniss seiner Reichhaltigkeit wegen gänzlich bei Seite legen? Wir können und dürfen es nicht, wir können es um so weniger, als Tissot (1781), Mellin (1778), Krämer (1841) u. A. im Wesentlichen mit Heim übereinstimmen. Aber bedenken wir, dass manche der angeführten Eigenschaften dasselbe sagen, dass viele zu anderen im Verhältniss von Wirkung zu Ursache stehen, schreiben wir auch der Liebe zu seinen Anstalten einige Elogia des Verfassers zu und subtrahiren wir in dieser Weise Subtrahenda, wir kommen dann ungefähr auf das hinaus, was schon Hippokrates sagte: d. h. die Molken haben eine purgirende, eine alterirende und eine nährende Eigenschaft und das ist das, was uns die Erfahrung bestimmt lehrt, was uns verständlich ist,“ und wir fügen hinzu: was — wenn auch nicht in jedem einzelnen Falle, da die Individualität des Kuristen die Wirkungen immer modifizirt — auch im Hinblick auf die wesentlichen Bestandtheile der Molken erwartet werden darf. Die Hauptindikation, ja vielleicht die einzige rationelle Indikation zum Gebrauch der Molken beruht auf ihrer leicht antiphlogistischen, zugleich nährenden und wahrscheinlich wenigstens den Stoffwechsel, also die regressive Metamorphose fördernden Wirkung und man wendet sie aus diesem Grunde an bei reizbaren Individuen, die an Bronchialkatarrh, Lungenschwindsucht oder Anlage zu Pneumonieen und Bronchialkatarrhen leiden, wobei Frühlings- oder Sommerluft, hohe Lage, Waldluft unterstützend mitwirken können, während sie in der That oft allein schon bessernd wirken. Kontraindizirt sind die Molken ihres starken Zucker-, ihres Caseïn- und Buttergehaltes wegen bei Anlage zu Dyspepsie, Magen- und Darmkatarrh, da sie in grösseren Mengen getrunken diese Uebel selbst herbeiführen können. Es ist daher auch sehr wichtig, dass die Kuristen Alles vermeiden, was sonst Dyspepsie, Magen- und Darmkatarrh hervorrufen kann.

Bei sogenannten Unterleibsstasen scheinen die Molken, da sie leicht Dyspepsie erzeugen, kein zweckmässiges Mittel zu sein; sie werden hier besser durch ein entsprechendes Mineralwasser ersetzt, es wäre denn, dass man bei sehr fettleibigen Gutschmeckern, die sich nicht freiwillig einer knappen Diät fügen, die Molkenkur als Appetit verminderndes Mittel anwenden wollte, um die Nahrungzufuhr zu vermindern, wie denn überhaupt die Molkenkur, da sich in ihrem Verlauf fast immer die Esslust mindert, in den meisten Fällen die Bedeutung einer Entziehungskur hat.

Je klarer die Molken sind, d. h. je weniger Butter und Caseïn sie enthalten, um so weniger leicht erzeugen sie Dyspepsie. Durch Zusatz von einem Säuerling kann man die dyspeptische Wirkung noch mehr vermindern. Uebrigens vertragen nur starke Säuerlinge, Eisen- und Natronwasser den Zusatz von Molken; stärkere und namentlich kohlensäurearme Kochsalzwasser geben mit Molken ein schlechtes Gemisch.

Manche Aerzte haben eine grosse Liebhaberei für Molkenkuren, andere dagegen haben sie gänzlich aus ihrem Heilapparat verschwinden lassen. Welche Berechtigung nun aber auch die Molkenkuren haben mögen, so viel ist gewiss, dass, wenn in einer Kuranstalt Molken ausgeschenkt werden sollen, man verpflichtet ist, für zweckmässige Bereitung derselben zu sorgen, wobei, wie schon angedeutet wurde, hauptsächlich auf möglichste Ausfällung des Caseïns und Entfernung der Butter zu sehen ist, da deren nährende Eigenschaften dem Nachtheil gegenüber, den sie durch Erzeugung von Dyspepsie hervorrufen, nicht in Betracht kommen können. Insofern ist allerdings, ganz abgesehen von dem Klima oder der Möglichkeit, am gleichen Orte von der

Quelle weg ein passendes Mineralwasser als Zusatz zu den Molken beziehen zu können, die Wahl des Molkenkurortes nicht gleichgültig, und man sollte sich streng genommen vorher mit der Bereitungsweise der Molken am betreffenden Orte, beziehungsweise mit ihrer Qualität vertraut machen können. Aber eben desswegen würden wir immer grösseren Kuranstalten, in denen die Molken von Sachverständigen und unter Aufsicht eines Kurarztes bereitet werden — ganz abgesehen vom Klima natürlich — den Vorzug geben vor Orten, die in den fraglichen Beziehungen keinerlei Garantie bieten.

In Bormio wird man nicht nur einen Vorrath der bekannten versendeten Säuerlinge, sondern auch der Säuerlinge des benachbarten S. Caterina finden, von denen wir in einem Anhange noch in Kürze sprechen werden.

Viertes Kapitel.

Von den Traubenkuren.

Es wurde zwar bisher, wie mir Herr Dr. Marchioli in Puschlav schreibt, im Veltlin fast ausschliesslich Eine Traubensorte, nämlich die Uva Chiavenasca, zu Traubenkuren verwendet; bei der grossen Zahl von Traubensorten jedoch, die im Veltlin vorkommen, wenn auch nur eine verhältnissmässig kleinere Zahl derselben häufiger gepflanzt zu werden scheinen, ist zu wünschen, dass man in Zukunft auch mit einigen andern Sorten Versuche mache, da, wie wir sehen werden, nicht alle Sorten Trauben gleichmässig — namentlich auf den Darm — wirken.

Das vollständigste Verzeichniss der im Veltlin vorkommenden Traubensorten stellte C. U. v. Salis zusammen, freilich schon im Jahr 1781. Da dieses Verzeichniss in einer heutzutage nur noch schweizerischen Historikern und Antiquaren bekannten alten Graubündner Zeitschrift [1]) sich findet, es jedenfalls einen interessanten Beitrag zur Pomologie und eine Ergänzung zu der von meinem Freunde Brügger für das im vorigen Jahre erschienene erste Bändchen des Werkes über Bormio zu bearbeitenden Flora bildet und sich zudem hoffen lässt, dass die Mittheilung desselben zu therapeutischen Versuchen mit verschiedenen Traubensorten anregen werde, so will ich dasselbe hier im Auszuge wiedergeben, und zwar um so eher, als ich aus einer brieflichen Mittheilung des Herrn Dr. Marchioli in Poschiavo und aus mündlicher Mittheilung des Herrn Romedy von Tirano ersehe, dass mindestens ungefähr 8 der in diesem Verzeichnisse aufgeführten Sorten *jetzt* noch zu den häufiger gepflanzten gehören; ich werde diejenigen Sorten, von denen ich dieses bestimmt weiss, mit einem Sternchen bezeichnen. Ich werde jedoch bei Mittheilung dieses Verzeichnisses bei Charakterisirung der einzelnen Sorten in der Regel nur die Gestalt der Trauben, den Stand und die Beschaffenheit der Beeren und des aus ihrem Safte bereiteten Weines berücksichtigen.

* *1) Chiavenasca.* Die vortrefflichste und beste Traube im Veltlin, die am meisten geschätzt wird und, wie bemerkt, im Veltlin bis jetzt fast ausschliesslich zu Traubenkuren verwendet wurde.

a) Die rothe nicht eingeschnittene Chiavenasca hat einen dreieckig zugespitzten mittelgrossen Kamm. Beeren stehen „flatterhaft", sind klein, ziemlich rund, schwarz; Saft „zerfliessend", zuckersüss, von blassröthlicher oder Fleischfarbe; Schale dick, nicht färbend; Wein geistig, „geruchvoll".

---

[1]) Der Sammler, eine gemeinnützige Wochenschrift für Bündten. Dritter Jahrgang. 1781. Chur, S. 171 ff.

b) Die mittelmässig eingeschnittene rothe Chiavenasca. Wie bei a); unterscheidet sich von a) nur durch kleinere rundliche Blätter.

c) Die eingeschnittene rothe Chiavenasca. Grösse der Trauben sehr verschieden; kleine und ungemein grosse, je nach der Lage. Form: oben breit, unten dünn und länglich; Absatz stark, Kamm zaserieht, Beeren rundlich, der Eiform sich nähernd, klein, dunkelblau, „mit dem schönsten Silberblau bestäubt"; Saft so süss und so angenehm als möglich, „zerfliessend"; Schale stark färbend.

d) Die weisse Chiavenasca. Wie c), Farbe grüngelb mit rostigem Ueberzug; Saft von Muskatgeschmack; Wein äusserst fein und delikat.

* *2) Rossola.*

a) molle. Traube nicht sonderlich gross, kegelförmig, oben etwas dick; Beeren „flatterhaft", klein, bläulich, durchsichtig, bei durchfallendem Licht hellroth; Saft süss, „zerfliessend"; Schale ziemlich dick; Wein überaus stark und dauerhaft, doch von geringer Farbe.

b) dura. Beeren stehen enge.

* *3) Brugnola,* Burvia. Traube sehr gross, oben mit starker Peripherie, kegelartig; ungleiche, zwetschen- oder pflaumenförmige, grosse Beeren, von denen sich der „blaue Staub" fast nicht abwischen lässt; sonst Traube dunkelblau, nach dem Stiel zu roth; Saft gallertartig, zuckersüss; Schale mittelmässig dick, färbt purpurroth. Zum Essen nach v. Salis die beste Traube; Wein angenehm, nicht stark.

* *4) Pignola.* Traube von mittelmässiger Grösse, kegelförmig; Beeren sehr gedrängt, kugelrund, klein, von blaurothem „Staub" bedeckt, sonst ziemlich durchsichtig; Saft süss, „zerfliessend wie Wasser"; Schale dünn, stark rothfärbend; Traube fault gern am Stocke, weil sie sehr gedrängt steht; Wein gut gefärbt, ziemlich stark.

* *5) Bersamina.* Traube schön gross, ansehnlich, dreieckig; Beere „flatterhaft", nicht gross, kugelrund, blau; Saft sehr gallertartig, nicht ganz süss, herber Nachgeschmack; Schale dünn und hart, färbt sehr stark; Wein stark gefärbt, fade.

6) Bressana, Burbula. Traube ziemlich gross, stark geschlossen, oben meistens dick, darum walzenförmig; Beeren rund, an beiden Seiten zusammengedrückt, Farbe — besonders am Stiel — stark in's Röthliche fallend; Saft gallertartig, aber „eher ungeschmack"; Schale dünn. Traube taugt wenig zum Essen und zur Weinbereitung.

* *7) Montozra, Paganone, Schiara.* Traube von mittlerer Grösse, 6—9″ lang, eiförmig, nicht gar ästig, ziemlich weitbeerig; Beeren gross, kugelrund, braunröthlich, „aber mit dunkel- und weissblauem Staub schattirt"; Saft süsslich, „zerfliessend", weiss und roth schillernd; Schale dick, färbt etwas roth; Wein taugt wenig, stark gefärbt.

* *8) Negrera.* Traube ziemlich gross, ziemlich gedrängt; Beeren meist ein wenig eiförmig, schwarzblau, klein; Saft gallertartig, säuerlich; Wein schwarz, schlecht. Wird meistens längs der Wege an „Pergulen" gepflanzt.

9) Potagera. Traube ziemlich gross, weder locker- noch engbeerig; Beeren gross, zwetschenförmig, schwarz und roth schattirt; Saft dick und süsslich, weissgelb; Schale dick, färbend. Gute Esstraube, reift frühe; Wein fade.

10) Merlina. Gleicht stark der Bersamina. Wein schwarz, hart, dauerhaft; Traube dem „Brand" unterworfen.

11) Pignacco. Traube klein, sehr engbeerig, gleicht der Pignola; Wein gut.

12) Martesana. Gleicht der Negrera; Wein jedoch besser.

* *13) Margna.* Traube gross, engbeerig, immer faule Beeren untermischt; Wein schwach, wenig gefärbt.

14) Rampinella. Engbeerig; Beeren weich, honigsüss; Wein gut, schwach gefärbt.

15) Pererella. Traube weiss, gleicht der Muskatellertraube; Wein gut, schmackhaft.

16) Figoria. Beeren „flatterhaft“, röthlich; Wein sehr gut.

17) Uva Corva. Ueberaus schlechte ungesunde Traube.

18) Moscatella bianca. Traube von sehr verschiedener Grösse, engbeerig; Beeren ziemlich gross, rundlich, grüngelb, „mit rostfarbener Röthe überzogen“; Saft „markig“, muskatellerartig, „wasserfarbig“; Schale dick. Zum Essen vortrefflich. Wein aromatisch, vorzüglich.

19) Muscatellon d'Espagne. Traube sehr gross und lang; Beeren „flatterhaft“, sehr gross (von den grössten), vollkommen eiförmig, aber etwas dünn und länglich, gelbgrün, rostig; Saft „fleischig“, zerfliessend, ganz süss, muskatellerartig; Schale dünn. Beste Esstraube; wird nur an gutgelegenen Spalieren gepflanzt.

Herr Dr. Marchioli zählt mir noch zwei Sorten auf, die gegenwärtig häufiger gepflanzt werden, nämlich „pignolicca“ und „bottascera“, ohne diese Sorten näher zu charakterisiren.

Wie schon oben erwähnt wurde, wäre es gewiss der Mühe werth, mit verschiedenen Sorten behufs der Traubenkuren Versuche zu machen, denn nach den Mittheilungen des Dr. Curchod in Vevey über die Wirkung der waatländischen Trauben ist es gar nicht gleichgültig, welche Traubensorten man isst und ich sehe mich veranlasst, auf die Unterschiede der Wirkungen der waatländischen Trauben etwas näher einzutreten, da diese Mittheilung vielleicht die Aerzte des Veltlins veranlassen dürfte, bei allfällig mit verschiedenen dortigen Traubensorten anzustellenden Versuchen auf die verschiedenartige Wirkung verschiedener Sorten auf den Darm, die gewiss auch dort nicht ausbleiben wird, besser Acht zu haben.

Die Pflanzen, aus denen fast sämmtliche waatländische Weinberge bestehen, sind „Chasselas vert et roux“, „la Blanchette“ und „la Rougeasse“. Die Trauben der ersteren beiden Arten gehören zu den „raisins fendants“, die letztern zu den „raisins *non* fendants“. Die Beeren der ersteren sind durchscheinender, die Haut ist weniger zäh; drückt man sie zwischen den Fingern, so spalten sie sich, ohne den Saft ausfliessen zu lassen; das Fleisch ist fest, süss, von aromatischem Geschmack; der Wein ist heftiger, steigt leichter zu Kopfe; seine Aufbewahrung erfordert viel Sorgfalt. Die „raisins *non* fendants“, die im Volke auch „foireux“ (durchfällig) genannt werden, was eine ausgesprochene laxirende Eigenschaft andeutet, haben im Allgemeinen dichter stehende Beeren, mit zarter Haut; drückt man sie zwischen den Fingern, so fliesst der Saft am Anheftungspunkt der Beere aus, ohne dass sich die Haut spaltet, wesshalb sie im Volke „giclets“ genannt werden. Der Wein ist leichter, harntreibender, feiner, hat mehr Parfum. Besondere Fälle ausgenommen, wo man den Rheinwein- oder rothen Trauben den Vorzug gibt, sind die genannten die einzigen Traubensorten, mit denen man im Waatlande Traubenkuren macht.

Dass die Eintheilung in raisins fendants und raisins non fendants (foireux = durchfällig) chemisch gerechtfertigt ist, zeigen die Analysen von Herberger und Walz, denn die Chasselas enthalten weniger Zucker und Säure als die Clairette, die ebenfalls zu den raisins non fendants gehört, dafür aber mehr Gummi und Eiweiss.

Was nun die Veltlinertrauben betrifft, so scheint die Uva Chiavenasca die zuckerreichste Traube zu sein, da sie den geistigsten Wein geben soll. Die feinste Chiavenasca wächst bei Sondrio und in dessen Umgegend. Auch von Sondrio aufwärts bis Tirano (wo der Eingang in's schweizer. Poschiavothal — Berninastrasse —), wächst auf der Sonnenseite eine ausgezeichnete Chiavenasca. Aus einer Mittheilung des Herrn Dr. Marchioli muss ich schliessen, dass die Chiavenasca leicht abführt, denn die Kur mit dieser Traube wird nach dieser Mittheilung besonders zur „Blutreinigung durch leichtes, *nicht schwächendes* Abführen" verwendet. Der aus der Chiavenasca bereitete Wein soll auch diuretisch wirken.

Nach gef. mündlicher Mittheilung des Herrn Romedy soll die Chiavenasca die trockenste Traube sein und wenig abführen; die Bersamina hingegen — nach ihm eine sehr gute Esstraube — soll nach demselben Herren Gewährsmann abführen, ebenso die Pignola, die Paganone (Heidentraube), wogegen die Negrera viel weniger abführend wirken soll; die genannten Trauben sind sämmtlich roth.

Man isst im Veltlin die Trauben Morgens nüchtern, am liebsten, wenn sie noch mit Thau überzogen sind, weil dann der Saft rascher „passirt" und leichter eröffnend wirkt. Wenn nun auch die Chiavenasca purgirend wirkt, so ist es doch nach der Mittheilung von Dr. Marchioli erwiesene Thatsache, dass ein Uebergenuss sowohl bei Kindern als Erwachsenen nie eine Unverdaulichkeit, Dysenterie oder Bauchschmerzen hervorruft; man hat unendlich viele Beispiele, dass Leute aus Interesse oder Gefrässigkeit sich zur Traubenzeit beinahe ausschliesslich mit Trauben ernähren, ohne dass sie im Geringsten andere Beschwerden davon haben, als dass sie eben Purgiren bekommen. Eine chemische Analyse ist mit den verschiedenen Traubensorten des Veltlins meines Wissens nicht vorgenommen worden.

Was den chemischen Gehalt der Weintrauben im Allgemeinen betrifft, so enthalten sie nach Braun ausser 14—30% Zucker und 1—2% Eiweiss und etwas Pflanzenschleim Silicate, Phosphate, Sulfate und Chlorüre von Natron, Kali, Eisen, Magnesia und Kalk, dann organische Säuren, namentlich Weinsteinsäure an Kali und Kalk gebunden. Der Gehalt an anorganischen Salzen kann nach Braun bis auf 24, derjenige an organischen Salzen bis auf 40 Gran, der Gehalt an Zucker von 2½—5 Unzen auf 1 Pfd. Saft (von 16 Unzen) steigen.[1]) Wir haben es also mit einer ziemlich concentrirten Zuckerlösung zu thun, der eine nicht unbedeutende Menge Salze beigemischt ist und es ergibt sich somit, dass die Traubenkur eine ähnliche Bedeutung hat, wie die Molkenkur. In eine ausführliche Schilderung der physiologischen Wirkungen der Traubenkur einzugehen, kann uns so wenig beifallen, als uns auf eine Beschreibung der Methodik der Traubenkur einzulassen; sind wir doch zur Stunde mit den physiologischen Wirkungen der Veltlinertrauben noch zu wenig bekannt, als dass sich hierüber etwas Massgebendes sagen liesse; es müssen in dieser Beziehung erst noch Versuche gemacht, Erfahrungen gesammelt werden. Dass ein solches Vorgehen ganz ungerechtfertigt und unpassend wäre, wird man sich bald überzeugen, wenn man die Erfahrungen aufmerksam studirt, die man im Waatlande gemacht hat und die Curchod in seinem trefflichen Werkchen „Essai théorique et

---

[1]) Analysen findet man in meinem Werke: „Die Heilquellen und Kurorte der Schweiz." 2. Aufl. Zürich 1867. Diese Analysen ergeben im Allgemeinen folgendes Resultat: 16 Unzen von Chasselas blanc d'Autriche (gewachsen 1846 in den Umgebungen von Dürkheim an der Haardt auf thonig kieseligem Boden und analysirt von Herberger) und Chasselas roux (ebenfalls von Herberger untersucht) — beide Sorten fendants (s. ob. d. Text) — enthielten org. Salze 11,89 bis 23,98; anorg. Salze 13,59 bis 16,50; org. Säuren 27,46 bis 31,81 Gran; Zucker 1,9 bis 2,1 Unzen.

Betrachten wir die zweite Tabelle in meinem Buche (S. 42), wo die Resultate einer Reihe Analysen von Fresenius (Weisse Oesterreicher [fendants oder Chasselas] [1854]); Schlieper (Kleinberger, 1855); Fresenius (Riesling Oppenheim 1855, Riesling Johannisberg 1855 [Clairette, Non fendant]. Assmannshäuser 1856); Städeler (Chasselas von Vevey oder fendants 1858 und Raisins fendants und Non-fendants von Vevey 1858) und endlich von Bischof (Chasselas von Lausanne und Raisins foireux [s. ob. d. Text] von Lausanne 1859) zusammengestellt sind, so schwankt doch der Zuckergehalt zwischen 1,6 bis 3,1 Unzen per Pfund von 16 Unzen, der Gehalt an freier Säure zwischen 46 und 78 Gran.

pratique sur la cure de raisins étudiée plus spécialement à Vevey. Vevey 1860" zusammengestellt hat. Die Beobachtungen, die man an einem gegebenen Orte macht, sind durchaus nicht unmittelbar auf jeden andern Ort anzuwenden; abgesehen davon, dass die von uns gesammelten Aussagen über die Chiavennasca sich widersprechen, weiss man nie, auf welche Beobachtungen die in Lehrbüchern ganz im Allgemeinen aufgestellten Wirkungen sich stützen; abgesehen nämlich von dem Reifegrad der Trauben, dem Gewächse, mit dem jene Beobachtungen angestellt wurden, so hat auch der Jahrgang einen ganz merkwürdigen Einfluss auf die Wirkungen der Trauben. Es kommen im Waatlande viele Jahre vor, wo die purgirende Wirkung nur ausnahmsweise auftritt, wie dieses in den Jahren 1858 und 1859 der Fall war, wo von 10 Personen höchstens Eine die purgirende Wirkung verspürte, während fast alle Andern eher verstopft waren; die Trauben waren aber sehr zuckerhaltig und hatten verhältnissmässig wenig Säure. In solchen Jahren ist es, wo jene Trauben, wie man zu sagen pflegt, erhitzen, während in Jahren, die einen mittelmässigen oder schlechten Wein geben, die purgirende Wirkung viel ausgesprochener ist. Natürlich muss auch im Veltlin der Jahrgang seinen Einfluss auf den Zucker- und Säuregehalt der Trauben üben, wenn auch dort die Differenzen weniger stark hervortreten mögen. Noch muss ich darauf aufmerksam machen, dass auch zuckerreichere, weniger abführende Trauben wenigstens momentan Verdauungsstörungen hervorrufen können, wenn sie sehr eiweissreich sind, indem leicht eine starke Entwicklung von Schwefelwasserstoff Statt finden kann. Was den Reifegrad betrifft, so ist es nicht gesagt, dass *immer* die allerreifsten Trauben aus den *besten Lagen* verwendet werden *müssen*, denn wo die Trauben in besonders guten Weinjahren stopfen, muss man, wenn man die abführende Wirkung haben will, bei manchen Individuen die Kur etwas frühzeitiger beginnen lassen und *nicht* die *allerreifsten* und *saftigsten* Trauben aus den besten Lagen wählen.

Endlich muss ich mit Bezug auf Bormio noch im Speziellen bemerken, dass natürlich vom Essen bethauter Trauben hier keine Rede sein kann, da in Bormio der Weinstock nicht mehr vorkommt, die Trauben daher aus dem unteren Theile des Thales, von Sondrio u. s. f., also mehrere Stunden weit hinaufgebracht werden müssen.

Doch ich muss hiemit schliessen; wer sich spezieller für Traubenkuren interessirt, verweise ich zunächst auf Curchod's oben angeführte Schrift und mein ebenfalls oben zitirtes Werk.

Aeltere Aerzte haben nicht selten

Treberbäder angewendet, die einen Pendant zu den Moorbädern bilden, und zwar bei peripherischen Lähmungen, veralteten Neuralgieen, chronischem Rheumatismus, wenn keine bemerkbare Reizung vorhanden war. Tissot theilte einst A. v. Haller ein interessantes Beispiel einer durch Treberbäder geheilten Lähmung der Beine und der Blase mit, welche Folge einer heftigen Erkältung gewesen sein sollte. Gegenwärtig werden diese Treberbäder im Waatlande nur noch von Laien, alten Weibern u. s. f. angewendet. Die wirksamen Elemente werden in der in den gährenden Trebern sich bildenden Kohlensäure und der bei dem Gährungsprozess sich entwickelnden Wärme bestehen. — Auch im Veltlin wendet man nach einer brieflichen Mittheilung des mehrerwähnten Collegen Dr. Marchioli Treberbäder an und zwar namentlich bei Gelenkschwäche, besonders bei rhachitischer Anlage. Man gibt (in wohlgelüftetem Zimmer) meistens nur Halbbäder; das Bad dauert einige Stunden lang und wird wiederholt. Zuweilen wendet man auch Bäder von reinem Wein an und zwar bei den gewöhnlichen Mitteln hartnäckig widerstehenden rheumatischen Leiden. Die Temperatur richtet sich nach dem Grade des Leidens und der Empfindlichkeit des Individuums.

Anhang zu den Kurmitteln in Bormio.

Von den Säuerlingen in St. Caterina.

Wenn schon die Säuerlinge von St. Caterina streng genommen nicht in den Rahmen unseres Thema's gehören, so liegen sie doch einestheils so nahe bei den Bädern von Bormio, werden, da sich dort auch eine Kuranstalt befindet, in der man sich restauriren kann, gewiss so häufig von den Kurgästen Bormio's besucht werden, und können unter Umständen ein so zweckmässiges Kurhülfsmittel bei der Kur in Bormio bieten, dass es gar nicht anders möglich ist, als dass wir in aller Kürze unsere Blicke auf diese Säuerlinge wenden.

Wir haben schon früher bemerkt, dass St. Caterina 3 St. von Bormio, in dem bei dem Städtchen Bormio sich öffnenden Val Furva liegt; die absolute Höhe beträgt 1726 Met. oder 5312 Par. Fuss. Die Lage der Kuranstalt ist eine ungemein einsame. Im Jahr 1840 liess de Picchi, den wir schon oft zitirt haben, eine eigene Abhandlung über diese etwa seit dem Anfang des vorigen Jahrhunderts bekannten Säuerlinge drucken, die jedoch erst im Jahr 1837 eine Kuranstalt erhielten.

Die Temperatur des Wassers beträgt durchschnittlich 6° C.; nach der Analyse von Peregrini in Mailand (1835) finden sich in 1000 Theilen

Schwefelsaur. Natron	0,05085
Chlornatrium	0,02863
Schwefelsaure Magnesia	0,00983
Kohlensaure „	0,05317
Doppelt kohlensaurer Kalk	0.77889
Kieselsaure Thonerde	0,03606
Kohlensaures Eisenoxydul	0,27703
Feste Bestandtheile	1,23446 [1])

Fünftes Kapitel.

Von der Verwendung der Bäder zu Bormio als klimatische Station, besonders für Schwindsüchtige.

Man hat schon längst Brustkranke nach hochgelegenen Kurorten gesendet, freilich zunächst um sie daselbst Molken trinken zu lassen; dadurch wurde zu dem Zyklus der Appenzellermolkenkurorte der Grund gelegt, indem im Jahr 1749 ein Arzt Meyer in Arbon (am thurgauischen Ufer des Bodensee's) einen Brustkranken, Namens Steinbrüchel, nach Gais sandte; aber man verfuhr dabei doch mit Auswahl,

1) Diese Analyse enthält Mehreres, was zu Fragezeichen Veranlassung geben könnte. Wie können z. B. kohlensaures Eisenoxydul und kohlensaure Magnesia nur als einfache Carbonate vorkommen? Ich habe die Analyse hier nach Anleitung Herr Dr. Simmlers aufgeschrieben, des bekannten tüchtigen Analytikers, dem wir die Analysen der Quellen zu Seewen, Muri, *Stachelberg* verdanken.

indem man z. B. und gewiss mit Recht, nicht wagte, Phthisiker auf den sehr exponirten Weissenstein zu schicken. Manche Aerzte scheuten sich und scheuen sich jetzt noch, ihre Phthisiker nach hochgelegenen Kurorten zu senden; so z. B. sagt Lombard, die Beobachtung zeige, dass bei sehr vorgerückter Schwindsucht das Fieber sich auf den Höhen mehre und dass oft Brustkrankheiten daselbst einen acuten Verlauf nehmen; nicht minder fürchtet er bei Anlage zu Lungenblutungen die Wiederkehr dieser beängstigenden Erscheinungen, während er zugibt, dass, wenn kein hectisches Fieber vorhanden sei, „die Tuberkeln nicht sehr vorgeschritten, nicht sehr zahlreich seien," der Krankheit durch einen Aufenthalt in hoch- und nach Morgen oder Mittag gelegener Gegend nicht selten Einhalt gethan werde und dass die waatländischen und Genfer Aerzte in dieser Beziehung ganz einverstanden seien und bei dieser Klasse von Kranken oft viele Erleichterung erhalten haben, wenn sie dieselben über den Sommer nach Mornex (497 bis 566 Met. oder 1535—1742') auf dem Genf benachbarten Mont Salève, wo sich viele Pensionen finden oder nach den über Montreux geschützt gelegenen Dörfern oder in die Umgebungen von Aigle und Bex gesendet haben. Im Weiteren — und das ist für uns, wie wir später sehen werden, von ganz besonderem Interesse — bemerkt Lombard, die chronischen Katarrhe werden durch die „Luftveränderung" meistens gebessert, die Bronchialabsonderung und mit ihr das Fieber, die nächtlichen Schweisse, die Entkräftung nehmen ab, man sehe oft Leute mit solchen Katarrhen in wenigen Wochen wieder aufleben, und wenn sie nur mit Bezug auf den Luftzug, Bewegung und Diät sich klug halten, so werden sie durch den Aufenthalt in der Höhe ganz umgewandelt.

Beim Asthma humidum, fährt Lombard fort, das von einer reichlichen Bronchialabsonderung begleitet sei, könne keine andere therapeutische Behandlung den Aufenthalt auf Höhen ersetzen, um den Katarrh zu modificiren und die Hauptursache der Oppression zu bekämpfen, während, wenn die Dyspnoe von Emphysem oder einer organischen Krankheit des Herzens oder der grossen Gefässe abhänge, die Kranken durch eine solche Versetzung selten gebessert werden; ja man sehe einige Asthmatiker um so schwerer athmen, als sie sich höher erheben; ein kostbares therapeutisches Unterstützungsmittel der klimatischen Kur bei diesen an chronischen Katarrhen und davon abhängendem Asthma leidenden Kranken seien die harzigen Ausdünstungen der umgebenden Tannenwälder. Endlich, schliesst Lombard, können auch die Reconvalescenten von acutem Lungenkatarrh, Pleuritis und Pneumonie oft die Ebene mit den Gebirgen vertauschen, sofern nur der betreffende Ort gehörig geschützt sei und ein mildes Klima habe, da eine wesentlich tonische und reizende Luft die Anlage zur Entzündung zurückrufen könnte, um so mehr, da dieselbe zu den charakteristischen Zügen des „alpestren" Klima's gehöre, wir sagen des „alpestren Klima's", ein etwas eigenthümlicher, von Lombard eingeführter Ausdruck zur Bezeichnung derjenigen (mittleren und unteren) Alpengegenden, die unter 2000 Metern (6156 Par. Fuss) absoluter Erhebung liegen, während er die über dieser Grenze gelegenen Punkte zu den „alpinen" Klimaten zählt. In einem späteren Abschnitte, wo er die Gebirgskurorte in drei Klassen theilt, nämlich Orte mit mässiger absoluter Erhebung, südlicher oder östlicher Lage und folglich mildem und doch bis zu einem gewissen Grade stärkendem Klima (etwa 1200 bis 2500 P. Fuss = Hügelregion), Orte mit stärkendem und wahrhaft „alpestrem" Klima ohne wesentlich reizende Eigenschaften (2500' bis 4000' = Bergregion) und Orte oder *Stationen*, die in der Nähe der „alpinen" Region (im Sinne Lombard's), der Gletscher und Alpengipfel liegen und ein wesentlich tonisches und reizendes Klima haben (über 4000′ oder dicht unterhalb dieser Grenze = alpine und zum Theil noch subnivale Region im gewöhnlichen physikalisch-geographischen Sinne), lässt er die beginnenden Phthisiker, die *Asthmatiker* mit oder ohne chronischen Katarrh nach Kurorten der ersten dieser 3 Klassen gehen, während er die Orte der zweiten Klasse bei „confirmirter", von Fieber begleiteter Phthise, besonders bei Anlage zu Lungenblutungen u. s. w. für contraindicirt hält.

Das ist nun Lombard's Standpunkt.

Diesen Ansichten und Erfahrungen stehen aber andere Ansichten und Erfahrungen von Aerzten gegenüber, die sich nicht scheuen, Schwindsüchtige nach zum Theil viel höher gelegenen Gegenden zu senden. So sagt z. B. J. Dietl: „Unseren Erfahrungen zufolge heilt oder beschränkt sich der tuberkulöse Prozess weit eher unter den Einflüssen einer duftigen Alpenluft, als unter dem einer feuchten und heissen Atmosphäre. Wir finden für diese Behauptung alljährlich die schlagendsten Beweise. Tuberkulöse, welche Monate lang husten, abmagern und fiebern, werden, in eine Alpengegend versetzt, sehr häufig mit Einem Male vom Husten befreit, bekommen Appetit, nähren sich gut und kommen in einem äusserst gebesserten Zustande zurück, in dem sie so lange verbleiben, bis nicht unter dem schädlichen Einflusse ihrer vorigen Verhältnisse neue Infiltrationen vor sich gehen. Seitdem wir unsere Tuberkelkranken in's Gebirge und nicht an das Meeresufer und unter die sengenden Sonnenstrahlen Italiens schicken, können wir uns viel glücklicherer, oft wahrhaft bewundernswerther Erfolge rühmen." — Und Niemeyer sagt: „Auch ein längerer Aufenthalt an hochgelegenen Plätzen, an welchen, ohne dass wir eine Erklärung für diese Erscheinung haben, die Lungenschwindsucht selten ist, empfiehlt sich für Kranke, welche an einer auf pneumonischen Prozessen (s. unten) beruhenden Form der Phthisis leiden. Wir können uns mit der verbreiteten Sitte, Phthisiker während des Sommers nach Gais (934 M. od. 2875′), Weissbad (820 M. od. 2524′), Heiden (811 bis 857 M. od. 2496′ bis 2638′), Kreuth (820 M. od. 2523′) u. s. w. zu senden, vollständig einverstanden erklären, wenn wir auch auf die dort gebrauchten Molkenkuren wenig Werth legen." Aber abgesehen von diesen Aussprüchen sehen wir auch die Waatländer Aerzte unter gehörigen Cautelen und mit Rücksichtnahme auf die individuellen Verhältnisse Schwindsüchtige im Sommer nach hochgelegenen Orten senden wie nach *Sepey* (1120 M. od. 3448′), *Plans des Isles* (1163 Met. od. 3580′), *Chateau d'Oex* (942 M. oder 2900′), *Rougemont* (1009 M. oder 3108′), *Grion* (oberhalb Bex; 1130 M. od. 3479′) (vgl. hierüber die zweite Aufl. meiner Heilquellen und Kurorte der Schweiz, Zürich 1867 S. 125 ff.); nicht minder sehen wir theils in den *hochgelegenen Pyrenäenbädern* (freilich liegen dieselben einige Breitengrade südlicher) Brustkranke häufig ihr Heil versuchen, theils will Dr. Spengler in *Davos am Platz* (1454 bis 1557 M. oder 4476—4793′) bei der Schwindsucht schon schöne Erfolge erzielt haben. Von *Görbersdorf* sehen wir hier ab, weil es sich dort mehr um eine relativ bedeutendere Höhe, als um eine absolut bedeutende Erhebung handelt.

Was hingegen die Pyrenäenkurorte betrifft, so ist namentlich Eaux bonnes (748 M. od. 2302′), das zwar seiner absoluten Höhe nach immer noch in die erste Klasse der Lombard'schen Eintheilung gehört, wegen der grossartigen Erfolge, die dort bei „Lungentuberkulose", granulöser Schlundentzündung, pleuritischen Exsudaten, „Asthma", „Lungenhepatisation" erzielt werden, berühmt. Nicht minder wird auch das noch ziemlich hochgelegene Cauterets (932 M. oder 2868') namentlich auch von Brustkranken besucht; besonders interessant aber ist in dieser Beziehung das viel höher (1616 bis 1779 Met. od. 4974' bis 5475') gelegene Panticosa am Südabhang der Pyrenäen im Thal de la Tena (Provinz Arragonien), 12 Stunden von Eaux-chaudes und einige Meilen von der französischen Grenze mit seinen 4 salinisch-muriatischen Thermen, wo Brustkranke täglich ihre 25—30 Gläser Wasser trinken, ohne irgend eine Aufregung und Reaction zu spüren, im Gegentheil mit *fortschreitender* Beruhigung des Gefässsystems. Freilich sagt Rotureau (s. oben): „Les malades, qui se rendent à Panticosa pour se guérir d'affections des voies aëriennes, doivent être prévenus, qu'à ce poste entouré de montagnes toujours couvertes de neige pendant huit mois de l'année au moins, ils ne peuvent trop se précautionner de vêtements chauds et épais, s'ils veulent se soustraire au froid et à l'humidité du commencement et du déclin du jour. Ils doivent savoir aussi, que des vêtements légers sont nécessaires pour supporter les rayons du soleil aux heures, où la chaleur est souvent intolérable." Man sieht daraus, dass Panticosa ungemein starke Temperaturextreme hat.

Panticosa liegt in einem Thalkessel (entonnoir) auf einem Kalkfelsen.

Rotureau gibt als mittlere Temperatur für die meteorologischen Sommer- (zugleich Saison-) Monate 15°,7 C. an.

Im Jahr 1862 waren die mittleren Temperaturen im

	Juni	Juli	August	Mittel
6 U. Morgens	5° C.	12°,12	11°,3	
Mittags	15°	20°	20°,1	
9 U. Abends	6°,25	11°,3	12°,5	
Mittel	8°,75	14°,47	14°,6	12°,67

Herr Dr. Gsell-Fels, der selbst in Panticosa war, hatte die Güte, mir aus seinen handschriftlichen Notizen folgende Temperaturangaben mitzutheilen.

Die höchste Sommertemperatur (Anfangs August) war im Thal 30° C., in Panticosa selbst 35° C., die niedrigste Sommertemperatur (Juli) war in Panticosa selbst 14° C. Vom 15. Juni bis 15. Sept. betrug die mittlere Tagesschwankung (vom Morgen bis Abend) 8° C.; die durchschnittliche Temperatur der 4 Monate Juni, Juli, August, September war 17° C., somit noch 2° höher, als die von Rotureau für Juni, Juli und August angegebene mittlere Temperatur, die übrigens ihrerseits wieder um ungefähr 3° höher ist, als das aus den einzelnen mittleren Temperaturen (Rotureau) gezogene arithmetische Mittel. Der vorherrschende Wind ist der Westwind. Der N.-O.- und N.-W.-Wind bringen Kälte.

Bei diesen abweichenden Mittheilungen in Betreff der mittleren Sommertemperatur können wir leider über das Klima von Panticosa kein entscheidendes Urtheil fällen; nehmen wir 12°,7 C. als mittlere Sommertemperatur an, so entspricht dieselbe den mittleren Sommertemperaturen schweizerischer Stationen von 1000 bis 1600 M. je nach den Jahrgängen. Bormio mit 1340 M. (neues) und 1448 M. (altes Bad) hat eine mittlere Sommer-Temperatur von 16°,14 (neues) und 15°,30 (altes Bad), was dann etwa der von Rotureau angegebenen Sommertemperatur von 15° C. entsprechen würde, die Temperatur von 17° würde hingegen um fast 2° hinter der mittleren Temperatur der entsprechenden Monate (d. h. vom 1. Juni bis 30. Sept.) von

Montreux (385 M.) (Durchschnitt der 3 Jahre 1863/67) zurückbleiben, die mittlere Tagesschwankung von 8° C. würde ebenfalls hinter der mittleren täglichen Schwankung der Herbstmonate (1863/66) in Bex (mit 9°,93) zurückbleiben, während Interlaken, Brienz, Beatenberg, Montreux vom 1. Juni bis 30. Sept. (s. unt.) im Mittel 5°,45, 5°,99, 4°,95 und 5°,88 hatten. Immerhin scheint das Klima Panticosa's ein etwas extremes zu sein, da Rotureau sagt: „il est exposé à toutes les rigueurs d'un climat froid." Und doch liegt Panticosa um fast 4° südlicher als unsere schweizerischen Alpenstationen.

Es ist höchst sonderbar, dass die Aerzte in Panticosa die Wirkungen ihrer 4 Quellen so sehr spezialisiren, obschon sie mit Ausnahme der fuente del Estomago (Magenquelle), die kohlensaures Natron und etwas Schwefelwasserstoff enthält, in den Bestandtheilen wenig von einander abweichen, wenn man nicht einen sehr geringen Eisengehalt bei der fuente purgante in Anschlag bringen will; diejenige Quelle, die wesentlich bei Brustleiden angewendet wird, ist die fuente del Higado (Leberquelle) mit schwefelsaurem Natron 0,072, Chlornatrium 0,019, festen Bestandtheilen 0,82 Gr. auf 1000 Gramme und Herrera (Memoria acerca de las aguas y Baños minerales de Panticosa 1861) präcisirt die Indikationen zu ihrer Anwendung bei Brustleiden näher und wir müssen — darum auch diese Exkursion auf die Quellen — jene Indikationen anführen, um zu zeigen, was für Brustkranke Herrera, der 16 Jahre in Panticosa Badearzt war und um das Jahr 1864 neuerdings mit der Direction der dortigen Bäder betraut wurde, überhaupt aufnehmen wollte. Er sagt: „Les effets thérapeutiques de l'eau de la source du Foie (fuente del Higado) en boisson et en inhalations (man hat 2 Salons für Stickstoffinhalationen) sont marqués dans la phthisie commençante, lorsque surtout les tubercules sont peu nombreux et circonscrits, qu'ils existent sur des sujets jeunes, d'un tempérament lymphatique ou nerveux, d'une constitution impressionable et délicate, d'une peau fine et d'un aspect agréable", und dann weiter: „Ces eaux donnent aussi de bons résultats dans les irritations hémorrhagipares des membranes muqueuses, dans *l'hémoptysie*, dans l'hématémèse, dans la metrorrhagie, dans la dysmenorrhoe, dans la *phthisie tuberculeuse du larynx et du poumon*, lorsqu'il n'y a pas encore destruction des tissus; *dans la pleurésie et la pneumonie chroniques*, dans l'asthme essentiel" etc. — Die fuente del estomago (Magenquelle) wird ebenfalls bei Katarrhen — gleichviel, welches ihr Sitz sei — empfohlen, wenn sie bei Greisen oder zarten Individuen vorkommen, ebenso beim Asthma humidum u. s. w. Weiter bemerkt Rotureau noch: „Les effets physiologico-pathologiques de la source du Foie en boisson sont de diminuer l'irritation, la vitalité même des différentes organes, mais surtout de ceux des *voies respiratoires*. Elle apaise la toux, facilite l'expectoration, améliore les crachats et augmente notablement les forces", welches letztere die natürliche Folge der ersteren Wirkungen ist. Wenn man die geringen Mengen fester Bestandtheile in diesen vier Quellen betrachtet, so lassen sich dieselben sehr den sogenannten indifferenten Quellen annähern.

Was dann das Davos betrifft, so habe ich schon im Jahr 1845 in meinem Berichte über die Verbreitung des Cretinismus in einer Anzahl von Schweizer Kantonen (Häsers Archiv für die gesammte Medizin, Bd. VII. Jena 1845) und namentlich in der Schweiz. Zeitschrift für Medizin, Chirurgie und Geburtshülfe, Jahrgang 1845. Zürich 1845. (S. 91—97) gestützt auf Mittheilung des Arztes Ruedi, damals Landschaftsarzt in Davos, auf die wohlthätige Einwirkung des Klima's von Davos auf scrofulöse Kinder[1]) aufmerksam gemacht; in der ersten Auflage meiner „Heilquellen und Kurorte der Schweiz“, Zürich, 1860 erinnerte ich, auf jene Mittheilungen Bezug nehmend, neuerdings an dieses interessante Alpenthal, kaum hoffend, dass nach wenigen Jahren schon bei Davos am Platz ein Hôtel (Hotel Strehla) zur Aufnahme von Kurgästen sich erheben würde, das diesen früher nur wenig bekannten Ort allmälig zu einem der besuchtesten Gebirgskurorte erhoben hat. Noch etwas später war es Dr. Spengler, nunmehriger Landschaftsarzt in Davos, der Davos durch seine Behandlung Schwindsüchtiger namentlich mittelst kalter Douchen als antifebrilem Mittel in einen neuen Kreis von Wirksamkeit zog und später in Verbindung mit Fopp und Comp. eine eigene Kuranstalt errichtete. Spengler behält sogar Phthisiker im Winter in Davos, obschon die mittlere Wintertemperatur im Winter 1866/67 —4⁰,18 C. betrug[2]) Ich will hier kurz anführen, was ich nach Spengler's eigener Mittheilung in die zweite Auflage meiner „Heilquellen und Kurorte der Schweiz“, (Zürich 1867) mit Bezug auf die Schwindsucht über Davos aufgenommen habe. Es heisst dort: „Auch die Tuberkulose kommt in Davos nicht vor, und wird bei Davosern, welche im Flachlande daran erkrankt waren, bei geregelter, zweckmässiger Diät ohne Medikamente geheilt. Noch mehr, fremde Kranke, welche unter den Erscheinungen akuter Phthisis mit Lungenblutungen erkrankten, finden im Davos Heilung und dürfen nicht fürchten, dass durch die hohe Lage die Blutungen begünstigt werden.“ Im August 1865 schrieb mir Dr. Spengler: „Unter vielen Lungenkranken, die ich Sommer wie Winter hier behandle, befinden sich etwa sechs Patienten aus Norddeutschland und Russland, welche sämmtlich an heftigen, sich oft wiederholenden Lungenblutungen erkrankt waren. Seit Februar befinden sie sich hier, erholen sich vortrefflich trotz bereits bestehender mehrfacher Cavernenbildung; bald liessen die hectischen Schweisse nach, Schlaf und Appetit wurden gut, das Fieber sank und die Waage zeigte stetsfort erfreuliche Gewichtszunahme. Blutungen sind nicht mehr eingetreten,“ — und auch im Sommer 1866 befanden sich trotz der ungünstigen Weltlage ziemlich viele Lungenkranke in Davos, bei denen schöne Erfolge erzielt wurden; fünfzehn Kranke entschlossen sich auch im Winter 1866/67 im Thale zu bleiben. Ein fremder Arzt, der in Folge akuter Phthisis an Lungenblutung leidend nach Davos kam, genas so vollkommen, dass er sich verheirathen konnte. Auch in einer neueren brieflichen Mittheilung (vom November 1868) versichert mich Spengler, dass Lungenkranke, die an Blutungen leiden, nicht nöthig haben, den Aufenthalt in hochgelegenen Gegenden zu fürchten, im Gegentheil zeige die Erfahrung, dass gerade im Hochgebirge die Hæmoptoen seltener werden und schliesslich oft vollständig verschwinden. — Leider ist uns über die sonstigen Erfahrungen, die Spengler in den letzten zwei Jahren gemacht hat, nichts Spezielleres

---

[1]) Nach dem fraglichen Arzte kam damals die Scrofelkrankheit bei Eingebornen und im Thale Erzogenen höchst selten und in solchem Grade, dass sie Gegenstand der ärztlichen Behandlung geworden wäre, niemals vor. Niemals beobachtete er sie im Laufe von etwa 17 Jahren, während welcher er als Landschaftsarzt in diesem Thale practizirte, bei einem Kinde von niemals ausser Landes gewesenen Eingebornen des Thales, obgleich ihm nicht Eine Familie, nicht Eine Person dieser Bevölkerung, die ganz allein auf ihn angewiesen war, unbekannt war. Ein grosser Theil der Bevölkerung (ein ganzer Drittheil) suchte sein Auskommen im Auslande; namentlich wanderten die Davoser als Zuckerbäcker nach Frankreich, Russland und Norddeutschland und diese Ausgewanderten kehrten dann früher oder später, gewöhnlich mit Familie, in ihre Heimat zurück. Bei solchen Heimgekehrten nun und den benachbarten Bewohnern des Prättigaus hatte Ruedi Gelegenheit, die Scrofelkrankheit in jeder Form, im Jünglings- wie im kindlichen Alter zu beobachten. Da sah er denn die merkwürdigsten Heilungen oft in unglaublich kurzer Zeit bloss unter dem Einfluss der Veränderung und Verbesserung diätetischer und klimatischer Verhältnisse erfolgen, wie wir in dem oben zitirten Aufsatze in der schweiz. Zeitschrift für Medicin etc. mitgetheilt haben.

[2]) Es stehen uns leider nur einjährige Beobachtungen (von Seite der Centralanstalt) zu Gebote.

bekannt geworden. Relata refero, ein eigenes Urtheil über die Erfolge von Davos kann ich nicht haben; wir werden aber bald durch einen Spezialisten, der Davos zu diesem Zwecke besucht hat, Näheres erfahren.

Wir könnten auch noch von Mexico (2277 Met. oder 7008′) sprechen, dessen Klima nach Jourdanet: „Les altitudes de l'Amérique tropicale comparées au niveau des mers au point de vue de la constitution médicale“, Paris 1861. so heilsam sein soll; allein die mittlere Sommertemperatur von 17⁰, die wir dort, aber auch an manchen in unserer Hügelregion gelegenen Orten finden, zeigt uns, dass hier trotz der bedeutenden absoluten Erhebung von einer wirklichen Vergleichung mit unseren hochgelegenen Kurorten nicht die Rede sein kann. Die untere Schneegrenze in Mexico ist 4502 Met. oder 13860 Par. Fuss, diejenige der Alpen 2709 M. oder 8340′, die mittlere Jahrestemperatur von Mexico ist nach A. v. Humboldt 17⁰ C., die mittlere Jahrestemperatur von Davos am Platz (1650 M. od. 5078′) war im Jahr 1866/67 nach den Beobachtungen der schweiz. meteor. Centralanstalt +2⁰,87 und ist, wie wir gesehen haben, im neuen Bad in Bormio (1340 Met.) +7⁰,34, im alten Bad (1448 Met.) +6⁰,50 C.

Aehnlich wie mit Mexico verhält es sich mit Peru und wenn Archibald Smith mittheilt, dass Lungenschwindsüchtige von Lima durch Aufenthalt an Orten von 5000—10000′ Erhebung (üb. d. M.) Heilung oder Erleichterung finden, so müssen wir daran erinnern, dass die Schneegrenze sich dort bei 15000′ findet.

Wir haben hier die uns bekannten Thatsachen zusammengestellt, welche für die Benutzung hochgelegener Kurorte für Schwindsüchtige im Allgemeinen zu sprechen scheinen, wir sagen scheinen, denn es gibt auch, wie wir wissen, ungünstige Erfahrungen. — Wenn wir uns nun fragen, wie man dazu gekommen sein möge, den Muth zu fassen, Schwindsüchtige an so hochgelegene Kurorte zu senden, so mag dazu ausser einigen günstigen Erfahrungen wohl hauptsächlich auch die Beobachtung veranlasst haben, dass die Schwindsucht in höher gelegenen Gegenden selten vorkommt und es dürfte hier am Platze sein, namentlich auch mit Bezug auf unsere schweizerischen Alpengegenden einige nähere Nachweise zu geben.

Hirsch hat in seiner historisch-geographischen Pathologie gestützt auf möglichst umfassende Forschungen dargethan, dass das von Gastaldi entwickelte Gesetz, „dass die in einer Höhe von über 600 bis 1000 Met. (1846′ bis 3078′) gelegenen Landschaften sich einer mehr oder weniger vollkommenen Immunität gegen Schwindsucht erfreuen, sich bestätige. Bezüglich der Verbreitung der Schwindsucht in der Schweiz, selbst, worüber die schweiz. naturf. Gesellschaft gegenwärtig Nachforschungen anstellen lässt, die jedoch noch nicht geschlossen sind, kann ich zur Stunde nur wenige Notizen mittheilen, die aber immerhin einiges Interesse gewähren werden und bei denen das Vorkommen der Scrofulose gleich mit berücksichtigt ist.

Betreffend die Gegend von St. Moritz (das Dorf 1855 M. od. 5710′) im Oberengadin, Kt. Graubünden, sagt Dr. Brügger, Badearzt in St. Moritz: „Scrofulose und Tuberkulose kennt man fast nur als „exotische Produkte“; während einer 15jährigen Praxis sah Dr. Brügger nur 2 Individuen aus dem Oberengadin im Engadin selbst von Tuberkeln ergriffen werden und zwar erkrankten sie erst 15—20 Jahre nach ihrer Rückkehr aus dem Auslande, wo sie sich während ihrer Jugendzeit aufgehalten hatten. Alle andern Fälle von Tuberkulose aber, die ihm vorkamen, waren im Auslande erworben worden. Die Scrofulose verschwindet nach diesem Arzte bei längerem Aufenthalt in dieser Alpenluft meistens und fast nie zeigt sie sich in ihren hochgradigen Formen. Die Anlage zur Tuberkulose wird durch den

Aufenthalt in diesen Hochgegenden in der Regel geschwächt und die Krankheit selbst in ihrem ersten Stadium sehr oft geheilt oder wenigstens für längere Zeit in ihrer Entwicklung aufgehalten; die schon weit vorgeschrittene Krankheit endigt gewöhnlich rasch mit dem Tode.

Was die Gegend von Schuls-Tarasp (Unterschuls 1210 M. od. 3725', Vulpera 1275 M. od. 3925', Tarasp 1401 M. od. 4313', Nayrs [wo das grosse Kurhaus] 1221 M. od. 3759') betrifft, so sagt der dortige Badearzt, Dr. Killias in Chur, das dortige Klima sei zwar immer noch ein Alpenklima mit allen seinen stärkenden Elementen, aber doch in so weit gemildert, dass die für zarte, schwächliche Naturen mitunter bedenklichen Temperatursprünge, unerwartete Schneefälle u. s. w. zu den Ausnahmsfällen gehören, und setzt dann noch hinzu: „Namentlich darf auf den milden Charakter der Luft mit besonderer Rücksicht auf Lungenkranke, anämische oder in hohem Grade nervöse Individuen aufmerksam gemacht werden."

Herr Dr. Berta in Schuls spricht sich in einer brieflichen Mittheilung an mich über das Vorkommen der Scrofulose und „Tuberculose" in der Gegend von Schuls, überhaupt im Unterengadin etwas weitläufiger aus. Nach ihm kommen die Scrofeln im Unterengadin und namentlich im Rayon seiner Praxis im Allgemeinen selten vor und die Verbreitung ist auch nicht annähernd eine gleichmässige; man findet im Gegentheil leicht heraus, dass jene Gemeinden, deren Einwohner zum grössten Theil im Lande selbst von Ackerbau, Viehzucht u. s. f. leben, das geringste, jene Gemeinden hingegen, deren Bürger als Kaffeesieder, Zuckerbäcker, Handelsleute u. s. w. ihren Lebensunterhalt in der Fremde, vornämlich in Italien suchen, das grösste Contingent zum Heere der Scrofulosen, Rhachitischen, an angeborner Syphilis Leidenden stellen. „Wenn ich", fährt Berta fort, „vom Heere dieser Unglücklichen spreche, so hat das eine allgemeine Bedeutung, denn für unsere Gegend, beziehungsweise das Unterengadin, allein wäre der Ausdruck falsch, indem man sich wundern muss, wie selten die Scrofulose unter den im Lande erzeugten und geborenen Kindern auftritt im Verhältniss zur Unzahl der durch Exzesse aller Art heruntergekommenen Eltern, namentlich Väter, indem man wirklich staunen muss, wie schnell aus der Fremde zurückgekehrte, mit allen Symptomen exquisitester Scrofulose behaftete Individuen sich erholen, wie schnell sie ihrer oft kolossalen Drüsenpakete, ihrer Geschwüre, ihrer Knochenkaries u. s. w. entledigt werden." — Wie mit der Scrofulose, so verhält es sich auch mit der Tuberkulose. Sie entwickelt sich nur äusserst selten im Lande selbst, nur in einzelnen sporadischen Fällen und da meistens sekundär, z. B. aus einer Hepatisation der Lunge nach Pneumonie, dagegen wird sie nicht selten aus der Fremde eingeschleppt. Das Klima des Unterengadins (Fettan und Guarda [F. 5070' od. 1650 M., G. 5079'], Martinsbruck [1019 M. od. 3197']) äussert sogar einen recht wohlthätigen Einfluss auf die in der Fremde acquirirte Tuberkulose, aber nach Berta's Erfahrung „nur auf die beginnende, im Entstehen begriffene Tuberkelbildung, während bei fortgeschrittener Erkrankung, wenn die Tuberkeln sich bereits im Stadium der Erweichung befinden, oder sich Cavernenbildung zeigt, der Verlauf ein um so rapiderer ist."

Die Materialien, welche die schweiz. naturforschende Gesellschaft zur Erstellung einer Statistik des Cretinismus sammelte und die ich am oben angeführten Orte zusammenstellte (1845), enthalten noch einige hieher gehörige Notizen, die ich hier beifügen will. Während in Bezug auf das Engadin der eine Berichterstatter bemerkt, Scrofeln und verwandte Formen seien äusserst selten und verlieren sich sogar bei angeborner Anlage von selbst, bemerkt ein anderer Berichterstatter, sie seien nicht selten, abortiren jedoch meist vor der Beendigung des Kindesalters, um im Mannesalter als Schwindsucht wiederzukehren. Im benachbarten Bergell (720 Met. oder 2217′ bis 1459 Met. oder 4490′) zeigten sich die Scrofeln sporadisch; in Oberhalbstein und Stalla (1082 M. od. 3331′ bis 1775 M. od. 5473′) waren sie gänzlich unbekannt; im obern Bezirk des Albulathales (Latsch 1608 M. od. 4950′, Filisur 1059 M. od. 3260′), in Wiesen (1454 M. od. 4476′), Schmitten (1325 M. oder 4079′), Alveneu (1324 M. od. 4076′) waren sie nicht häufig, im Savienthal waren sie selten, in den Berggegenden des Prättigaus ebenfalls. — Bezüglich des Urserenthales (Andermatt 1442 M. od. 4438′, Hospenthal 1459 M. oder 4492′, Realp 1542 M. oder 4746′) bemerkt Lusser, die Gegend eigne sich sehr zum Molkenkurort, sei aber für Phthisiker zu hoch gelegen. — In Grindelwald, Kt. Bern, (946 M. bis 1057 M. oder 2912′ bis 3254′) ist die Lungenschwindsucht selten.

Ebenso kommt sie nach Lombard unter den Mönchen auf dem Grossen St. Bernhard (2478 M. od. 7627′) fast nie vor. Nach demselben Berichterstatter ist sie im Rhonethal verbreiteter, als auf den benachbarten Höhen.

Was endlich das obere Veltlin betrifft, das uns hier zunächst interessirt, so theile ich hier noch einige Notizen mit, die ich der Gefälligkeit des Herrn Dr. Marchioli in Poschiavo verdanke. Von Grosio (ungefähr 2100′), d. h. von der Linie an, wo die Weinproduktion aufhört, 2 Stunden aufwärts, trifft man den schönsten Menschenschlag, den man sich denken kann: grosse, rüstige Männer, schlanke, hübsche Frauen. Noch weiter gegen Bormio hinauf sind die Formen nicht so vollkommen. Um das Städtchen Bormio (1222 M. oder 3761′) herum gleicht die Bevölkerung ziemlich derjenigen von Graubünden und hat ebenfalls eine dunkle Hautfärbung, ist aber gesund. Scrofulose und Tuberkulose sind Seltenheiten. Im Städtchen Bormio selbst sieht es nicht gerade so gut aus.

Bei dem Umstand, dass die frühere politische Lage und Bedeutung dieses Städtchens eine Kreuzung von Menschen graubündnerischer, italienischer und tyrolischer Abstammung herbeiführen musste, sollte man erwarten, hier einen schönen Menschenschlag zu finden; statt dessen findet man bei einem auffallend bunten Gemisch von Roth-, Blond- und Schwarzhaarigkeit ausdruckslose, leere Physiognomieen; auch findet man hier viele Taubstumme mit dem Gepräge des Cretinismus (Cretinismus im weiteren Sinne mihi); die scrofulose Diathese kommt aber dabei hier doch auch nicht gerade auf. Immerhin sind Schmutz und Unreinlichkeit an der Tagesordnung[1].

Wir haben bis jetzt keinen Unterschied gemacht zwischen Schwindsucht und Tuberkulose, was bei dem Umstande, dass noch die meisten Aerzte die Lungenschwindsucht als den Ausgang einer specifischen Krankheit, der Tuberkulose, betrachten, bei der Verarbeitung statistischer Notizen nicht anders möglich ist; doch hat die Schwindsuchtsfrage in neuester Zeit eine andere Stellung eingenommen, welche namentlich durch den Connex, in den die neue Lehre die Schwindsucht mit katarrhalischen und pneumonischen Prozessen bringt, für unsere Untersuchung wichtig wird. Die neuere Pathologie nimmt an, dass die Lungenschwindsucht in der Regel das Produkt chronischer Entzündungsprozesse in der Lunge sei, dass die früher so genannten tuberkulosen Infiltrationen oder infiltrirten Tuberkel weder auf einer Infiltration der Gewebe mit Tuberkelmasse noch auf einer diffusen Tuberkelwucherung, sondern auf einer sogenannten käsigen Umwandlung der

[1]) Die Bemerkungen des H. Dr. Marchioli sind für die Seitenthäler des Addathales, insbesondere von Bormio, nicht massgebend.

durch die Entzündung gesetzten Produkte beruhe und dass es nur Eine Art Tuberkeln, nur Eine Art Tuberkulose, nämlich Miliartuberkeln und Miliartuberkulose gebe, dass aber, wenn auch wirkliche Tuberkulose sich mit Schwindsucht (im Sinn der neueren Pathologie) complicire, jene in der grossen Mehrzahl der Fälle nicht primär aufgetreten sei, sondern sich als secundärer Vorgang zu entzündlichen Prozessen in der Lunge gesellt habe, und dass in den seltenen Fällen, in welchen Tuberkel in vorher gesunden Lungen auftreten, fast ausnahmslos in anderen Organen käsige Heerde vorhanden seien; ja Manche gehen so weit, dass sie gar keine specifische Tuberkulose annehmen, sondern die Tuberkeln auf Embolieen von umgewandelten Entzündungsprodukten oder Ablagerung vom Blute aufgenommener fein vertheilter Partikelchen von solchen zurückführen und somit als eine Resorptions- und Infectionskrankheit betrachten.

Sei dem, wie da wolle, so scheint die Erfahrung zu lehren, dass die Anlage zu Lungenentzündungen mit dem Ausgang in die sogenannte käsige Infiltration sich vorzugsweise bei Individuen mit einer schwachen und vulnerablen Constitution findet und dass Individuen, die zu Entzündungen mit solchem Ausgang geneigt sind, zugleich auch am häufigsten an der primären Lungentuberkulose erkranken. Jene schwache, vulnerable Constitution nun aber kann angeboren oder erworben sein; sie kann auch anererbt sein, insofern die Eltern selbst eine solche schwache Constitution hatten; es ist somit die schwache Constitution, die vererbt wird, nicht die Schwindsucht, selbst wenn die Eltern zur Zeit der Zeugung wirklich an Schwindsucht gelitten haben sollten, sei nun die schwache Constitution der Eltern prædisponirende Ursache oder Folge ihrer Schwindsucht gewesen. Die Einflüsse aber, durch welche die Anlage zur Schwindsucht erworben oder die vorhandene Anlage gesteigert werden kann, sind namentlich ungenügende, unzweckmässige Nahrung, Mangel an frischer Luft, Krankheiten, welche die Aufnahme oder Assimilation der Nahrung hindern oder sonst die Constitution zerrütten, und verschiedene andere Momente, wie Säfteverluste, oft wiederkehrende Wochenbetten, deprimirende, aufreibende psychische Einflüsse. Die Scrofulose wurzelt wie die Anlage zur Schwindsucht im bezeichneten Sinne ebenfalls in einer schwachen, vulnerablen Constitution; die Anlage dazu kann in ähnlicher Weise angeboren und anererbt und auch erworben werden und die Einflüsse, durch welche sie erworben wird, fallen zum Theil mit den zur Schwindsucht prædisponirenden Einflüssen zusammen. Scrofulöse Individuen sind daher zu jener Zeit, zu welcher die Lungen vorzugsweise von Krankheiten heimgesucht werden, ebenfalls sehr zu den fraglichen entzündlichen Prozessen prædisponirt. Um jedoch diese entzündlichen Prozesse und in ihrem Gefolge die Schwindsucht hervorzurufen, bedarf es noch gewisser Gelegenheitsursachen und diese sind keine anderen, als jene allbekannten, welche Bronchialkatarrhe und Hyperämie der Lunge hervorrufen, und unter den letzteren sind besonders die atmosphärischen Schädlichkeiten für uns von Interesse, welche bei Anlage zur Schwindsucht duch Hervorrufung von Katarrhen zur Schwindsucht selbst führen oder Recidive pneumonischer Prozesse herbei- und dadurch ebenfalls zu endlichem Ausgang in Schwindsucht führen können.

Der Erfahrung entsprechend, dass eine schwache oder geschwächte Constitution zum Ausgang pneumonischer Prozesse in Schwindsucht führt, hat Hirsch auf statistischem Wege nachgewiesen, dass ein wesentlicher ätiologischer Factor bei der Genese der Lungenschwindsucht fehlerhafte Hygieine bildet, indem die Schwindsucht nicht nur vorzugsweise häufig in Gegenden mit gedrängt lebender Bevölkerung vorkommt, die Häufigkeit der Krankheit ceteris paribus in einem geraden Verhältniss zur Dichtigkeit der Bevölkerung steht und ihr Maximum in den grossen, stark bevölkerten Städten findet, im Gegensatz zum flachen Lande, wo sie viel spärlicher auftritt, und noch mehr zu den nomadenartig oder gar wild lebenden Völkerschaften, unter denen sie früher äusserst selten vorkam, und auch jetzt erst diejenigen in ausgedehnterem Massstabe heimsucht, welche durch europäische Colonisation aus ihren Wohnsitzen verdrängt, auf engere Kreise angewiesen, europäische Sitten angenommen haben, u. s. w.; sondern auch ausserordentlich häufig da vorkommt, wo viele Individuen in verhältnissmässig beschränkten Räumen mehr oder minder anhaltend zusammengedrängt sind, so in Kasernen, Gefängnissen, Klöstern, Seminaren, dann auch unter der Bevölkerung der Fabriken, wenn auch bei den Gefangenen sowohl als den Fabrikarbeitern die ganze Schuld nicht auf den Aufenthalt in geschlossenen, mit allerhand schädlichen Ausdünstungen erfüllten Räumen, mangelhafte Bewegung in frischer Luft als constitutionsschwächende Momente, sondern auch auf das Einathmen fein vertheilter, in der Luft suspendirter Partikel, die mehr als Gelegenheitsursache wirken, fallen mag.

Wenn es nun auch durch die Statistik erwiesen ist, dass Menschen mit schwächlicher Constitution, mit schlecht ernährtem Körper mit Einem Wort „kränkliche" Menschen, sei diese schwache Constitution, diese Kränklichkeit nun angeboren, ererbt oder erworben, besonders zur Schwindsucht geneigt sind, so fordert die Prophylaxis vor Allem, dass wir Menschen, bei denen wir eine solche Anlage erkennen oder vermuthen, unter Einflüsse versetzen, von denen man eine Kräftigung der Constitution erwarten darf. — Die Erfahrung lehrt nun, wie ausserordentlich wohlthätig auf Kinder mit scrofulöser Anlage der Aufenthalt in geschützten, hochgelegenen Gegenden wirkt; jene Momente aber, welche zur Scrofulose und jene, welche zur Schwindsucht disponiren, fallen im Wesentlichen zusammen, wie dieses aus den Untersuchungen von Hirsch ebenfalls hervorgeht. Es scheint zwar dem angeblichen wohlthätigen Eifluss höher gelegener Gegenden auf die Tilgung scrofulöser Anlage zu widersprechen, wenn wir lesen (Lombard), die scrofulösen Krankheiten finden sich allenthalben in unseren Alpen und es gebe keine Form von Scrofulose, die unter den Gebirgsbewohnern nicht häufig sei; ferner, wenn man die Landschaften der Ebene, wie die Ufer des Genfersee's mit den am Fusse des Berges gelegenen Gegenden in den Seitenthälern des Jura und der Alpen vergleiche, so gehe mit Evidenz hervor, dass die Scrofelkrankheit in der mittleren Bergregion verbreiteter sei als in den verschiedenen Theilen der unteren Thalgegenden, wesswegen fast alle den Genfer Aerzten zur Behandlung kommenden Scrofelkranken von den Abhängen des Jura und den „alpestren" Gegenden der Schweiz kommen; dass in Einsiedeln (909 M. oder 2803') die Scrofulose unter den Kindern ebenso verbreitet sei, als der Rheumatismus unter den Erwachsenen, dass es im Kanton Uri sehr viele Scrofulöse gebe, die Krankheit im Rhonethal vom Oberwallis bis nach St. Maurice hinunter ausserordentlich verbreitet sei; allein das Räthsel löst sich bald, wenn man sich näher mit der Configuration des Bodens der fraglichen Gegenden und den hygieinischen Verhältnissen ihrer Bewohner vertraut macht; doch wir können hier nicht tiefer auf diese Verhältnisse eintreten, die Lombard in seinen „Climats des montagnes" Genève, 1858; p. 101 sehr gut entwickelt hat. Nein, es ist Thatsache — und jene in besonderen lokalen Verhältnissen begründeten Ausnahmen stürzen dieselbe nicht um — dass, wenn auch die Scrofulose in hochgelegenen Gegenden nicht ganz unbekannt ist, sie daselbst doch unendlich seltener wird, die Formen um so milder werden, je mehr man sich erhebt. Das stimmt nun freilich nicht mit den Resultaten, die Hirsch erhalten hat, allein wenn wir bezüglich der Ursache des Vorkommens der Scrofulose auf dem Hochplateau von Kastilien und Mysore, in Andreasberg im Harze, Oberwiesenthal im Erzgebirge, an vielen Punkten im Riesengebirge, im Odenwalde, in den gebirgigen Distrikten Böhmens, Oberösterreichs, den peruanischen Anden, den höchsten Pässen im Himalaya u. s. w. klar sehen sollten, so müssten wir die lokalen Verhältnisse genauer kennen; so viel wenigstens erfahren wir von Hirsch selbst, dass bezüglich des Odenwaldes und der bömischen und österreichischen Gegenden unpassende Ernährungsweise als Ursache der in den betreffenden Gegenden vorkommenden Scrofulose nachgewiesen ist. Das versteht sich doch wohl von selbst, dass, wenn die Kinder an einem Orte fast durchweg schlecht genährt werden, womit ja, da Armuth hier meistens mit im Spiele ist, noch andere antihygioinische Momente verbunden sind, wenn zudem die Configuration des Bodens, Thalgestaltung, Bepflanzung u. s. w. derart sind, dass die Bewegung der Luft gehemmt ist, heisse Winde vorherrschen u. s. f., die wohlthätige Wirkung der absoluten Erhebung durch solche Einflüsse paralysirt werden muss. Damit ist aber nicht gesagt, dass die absolute Erhebung ohne Einfluss auf die Tilgung der Anlage sei, selbst wenn die Scrofulose an einem gegebenen hochgelegenen Orte unter den Einheimischen verbreitet wäre; denn der Fremde, welcher der Heilung wegen an einen solchen Ort kommt — sei es für kürzere oder längere Zeit — wird sich da unter ganz anderen Verhältnissen finden, als der Einheimische, und wo in einer hochgelegenen Gegend nicht die Configuration des Bodens u. s. w., sondern sonstige schlechte hygieinische Verhältnisse der Bevölkerung Schuld an der Verbreitung der Scrofulose tragen, da kann sich eine Familie mit scrofulösen Kindern, wenn ihre eigenen äussern Verhältnisse sonst günstig sind, gewiss mit Vortheil bleibend niederlassen.

Wir müssen nicht vergessen, dass es neben Mangel an Bewegung und Entbehrung frischer Luft namentlich schlechte Ernährung ist, welche jene Schwäche der Constitution bedingt, die den scrofulösen Boden bildet, und selbst, wenn sie anererbt ist, so ist es eben nicht die Scrofulose, sondern die schwache Constitution, die ererbt wird. Nun ist aber ein wichtiges Moment zur Hebung der Ernährung und damit zur Stärkung der Constitution, dass wir die Leidenden in Verhältnisse setzen, die einen wohlthätigen Einfluss auf die Verrichtungen der Verdauungsorgane üben, in Verhältnisse, wo sie frische Luft geniessen, sich Bewegung in freier Luft geben können; das letztere kann allerdings auch in tiefer gelegenen Gegenden geschehen und wir werden bald darüber sprechen, dass eine Versetzung des kranken Individuums in andere Verhältnisse an sich schon einen ausserordentlichen Einfluss üben kann; allein, das scheint doch die Erfahrung zu beweisen, dass die Verrichtungen der Verdauungsorgane — und damit die ganze Ernährung, wenn auch in letzterer Beziehung noch andere Momente mitwirken mögen — durch den Aufenthalt in hochgelegenen Gegenden wesentlich gefördert werde.

Da nun wesentlich dasselbe Moment, welches die Anlage zur Scrofulose bedingt, auch die Anlage zu jenem Ausgang pneumonischer Prozesse in Schwindsucht bedingt, nämlich eine schwächliche, vulnerable Constitution, so werden wir uns veranlasst finden, Individuen mit *solcher* Anlage ebenfalls an Orte zu senden, wo die Ernährung im weitesten Sinne des Wortes gefördert wird, und dazu können wir in vielen Fällen ebenfalls mit Vortheil während der Sommermonate hochgelegene Orte benutzen; allein wir müssen hier, wo es sich um die Anlage zur Schwindsucht handelt, gewisse Kautelen beobachten, da die hier zunächst in Frage kommenden

Organe den atmosphärischen Einflüssen unmittelbar ausgesetzt sind und leicht darauf reagiren, mit anderen Worten, wir müssen die Einwirkung der Gelegenheitsursachen zu verhüten suchen, die zu katarrhalischen und pneumonischen Prozessen führen.

Doch bevor wir uns mit dieser Frage weiter beschäftigen, müssen wir uns einige allgemeine Bemerkungen über die Versetzung von Kranken und namentlich von Personen mit Anlage zur Schwindsucht in andere klimatische Verhältnisse erlauben.

Wir haben schon bemerkt, dass es sich, wo es darauf ankommt, eine schwache Constitution zu bessern, aus dem kränklichen einen gesunden Menschen zu machen, nicht nur um bessere Ernährung im engeren Sinne, sondern auch um Genuss frischer Luft, Körperbewegung in freier Luft handle und dass man diesen Zweck auch in tiefer gelegenen Orten erreichen könne; aber auch die bessere Ernährung im engeren Sinne kann unter Umständen in weniger hochgelegenen Gegenden gefördert werden; in letzterer Beziehung ist namentlich die Erfahrung Lombard's anzuführen, der mit vollständig gestörter Verdauung von Genf (378 Meter oder 1165 Fuss) auf den Genf benachbarten Mont Salève (Mornex 497 bis 566 Meter oder 1529'—1742'; Monetier 721 Meter oder 2220') ging und schon nach einigen Tagen den Appetit und zugleich das Vermögen, Speisen ohne Beschwerden zu ertragen, wiederkehren sah. Es kann also oft eine nur mässige Erhebung über den gewöhnlichen Wohnort genügen, um eine vortheilhafte Veränderung im Befinden zu erzielen. Wir hören so oft von den wohlthätigen Einwirkungen der Landluft, von „Luftveränderung" reden; diese Einwirkungen beruhen eben einfach in der Versetzung in andere Verhältnisse, als jene sind, durch welche die Krankheit herbeigeführt oder unter welchen sie genährt wurde, sowohl bezüglich der Ernährung, des Raumes, Klimas als auch der Beschäftigung, des Umgangs u. s. w. und jeder Arzt weiss, dass ohne solche Veränderungen die rationellste therapeutische Behandlung oft fruchtlos bleiben müsste und dass so viele Mineralquellen den veränderten Verhältnissen, in welche der Kurist gebracht wird, wesentlich ihren Ruf verdanken. Allerdings kann bei solchen Versetzungen die absolute Erhebung des neuen *temporären* Wohnortes auch in Betracht kommen; allein es braucht dieselbe nicht immer — wenigstens nicht von Anfang an — eine beträchtliche zu sein, denn es hängt wesentlich von dem Verhältniss der absoluten Erhebung des gewohnten Wohnortes und der Erhebung des zur Erholungsstation gewählten neuen *temporären* Wohnortes und der individuellen Impressionabilität ab, ob der Kranke schon auf eine geringe Erhebung reagire, oder ob es einer beträchtlicheren Erhebung bedarf, um wesentliche Veränderungen in seinem Befinden herbeizuführen.

Bei Bewohnern der Tiefebenen und Küstengegenden kann schon die Versetzung nach irgend einem auf der schweizerischen Hochebene gelegenen Orte einen wesentlichen Einfluss auf die Constitution üben, und was die Impressionabilität betrifft, so sind gewisse Personen in fraglicher Beziehung wahre Sensitive, so dass oft eine Versetzung aus der Stadt auf's Land genügt, um in kurzer Zeit eine merkliche Besserung in ihrem Zustand herbeizuführen. Wieder andere Kranke reagiren auf eine scheinbar ganz unbeträchtliche Veränderung in der absoluten Erhebung, so zwar, dass ihr Zustand eine wahre Umwandlung erfährt.

Wir haben bereits die Erfahrung mitgetheilt, die Lombard auf dem Mont Salève an sich selbst machte, und so weiss man in Genf überhaupt ganz wohl, dass es

Menschen gibt, die impressionabel genug sind, auf Höhenveränderungen von nur 30—40 Meter (1 M. = 3,078 P. F.) mit merklichen Veränderungen in ihrem Zustand zu antworten. Ein ähnliches Verhältniss wie zwischen den angedeuteten Höhen wird zwischen beträchtlicheren Höhen Statt finden müssen, d. h. wir werden Bewohner bedeutenderer Höhen noch höher hinauf schicken müssen, um die gewünschte Reaction zu erhalten.

Wenn es nun nach dem Gesagten auch viele Fälle geben kann, wo eine Versetzung des Kranken auf bedeutendere Höhen entbehrt werden kann, ja eine solche oft gar nicht rathsam ist, so kann es doch Fälle geben, wo eine durchgreifendere Wirkung nöthig ist oder wo es sich, wie wir bereits angedeutet haben, um Kranke handelt, die bereits hoch wohnen, an diese Höhe bereits acclimatisirt sind, und endlich gewöhnt sich der Organismus schnell an eine gewisse Erhebung, der Kranke macht wieder Rückschritte und man muss einen höher gelegenen Ort suchen, um den Kranken von Neuem vorwärts zu bringen; freilich kann das Maass der gewünschten Erregung auch überschritten werden, es entstehen Schlaflosigkeit, Herzklopfen, der Puls wird beschleunigt, das Nervensystem aufgeregt, und man muss wieder hinuntersteigen. — Wir wissen wohl, dass nur reiche Leute im Stande sind, je nach der momentan vorhandenen Indikation mit der Kurstation zu wechseln, von Kurstation zu Kurstation zu reisen und dass leider die meisten Leute ihre Erholung oder Kur auf so wenige Wochen beschränken müssen, dass sie sich schon von vorneherein zu einem bestimmten Ort entschliessen müssen; wer aber zu ersterem die Mittel besitzt, wird wohl thun, unsern Wink zu befolgen, und kaum bietet sich irgendwo so bequem Gelegenheit hiezu, als in der Schweiz und besonders im Kanton Graubünden, dem Lande, durch das man nach Bormio reisen muss, wenn man vom Westen, von Deutschland oder der Schweiz herkommt, wie wir dieses in der Einleitung näher angedeutet haben.

Dafür, dass oft schon mässige Veränderungen in der absoluten Erhebung einen wesentlichen Einfluss auf den Organismus üben, zeugen auch gewisse physiologische Veränderungen, die sich durch Zahlen ausdrücken lassen. — So hat Brehmer in Görbersdorf (1730 Preuss. F. [= 542,9 Met. od. 1671 Par. F.]) beobachtet, dass sich seine Pulsschläge, wenn er von Breslau (360 Preuss. F.) nach Görbersdorf übersiedelte, um 9—10 in der Minute vermehrten, und dass sich die Energie seines Stoffwechsels derart steigerte, dass er in Görbersdorf durchschnittlich 5 Pfd. Nahrungsmittel mehr zur Deckung der Stoffausgaben bedurfte als in Breslau, und dass er in 21 Tagen stets sein ganzes Körpergewicht verbraucht hatte, während er dasselbe in Breslau erst in 28—30 Tagen verbrauchte. Natürlich wird sich Niemand beifallen lassen, zu glauben, dass, wenn die Pulsfrequenz bei einer gewissen Erhebung grösser wird, dieselbe mit steigender Erhebung progressiv zunehmen müsse; die Vermehrung kann jedenfalls nur eine relative sein, was sowohl die folgenden Beobachtungen zeigen, deren Mittheilung ich der Gefälligkeit des Hrn. Brügger verdanke, als auch die unten mitzutheilenden Beobachtungen anderer Gelehrter. Die mittlere Zahl der Pulsschläge für einen Mann von 31 Jahren (das Alter H. Brüggers zur Zeit der Beobachtung) beträgt ungefähr 71 Schläge in der Minute, und doch hatte Brügger bei 4000′ absoluter Erhebung bloss 66 Schläge; bei weiterem Ansteigen vermehrte sich zwar allerdings die Anzahl der Schläge, doch zeigte das Steigen keine irgendwie regelmässige Progression.

Ort.	Höhe Meter	Höhe Par. Fuss	Tag	Tageszeit	Lufttemp. In d. Sonne	Lufttemp. Im Schatten	Puls Min.	Puls Max.	Puls Mittel	Puls Nur eine Best.	Beobachter
Churwalden Brüggershaus	1300	4001	23. Spt. 64.	7 h. p. m.		.	.	.	.	66	Brügger
id. (im Bette)	„	„	6. Oct. 64.	10 h. p. m.		.	.	.	.	60	„
Klimsenh. Pilat. Hotel „Pilat." (im Bette) . .	1869	5760	3. Juli 64.	2 h. a. m.	.	.	68	78	73	.	„
Hotel Bellevue Pilatus	2088	6430	3. Juli 64.	8 h. a. m.		.	.	.	77	.	„
Grat beim Rund-Tschugg. (b. Churwald.)	4260	7387	24. Spt. 64.	1 h. p. m.	+24°5	+5°2	78	100	89	.	„
Churwald.-Grat zw. Rd.-Tschugg. u. Gürgeletsch	2420	7450	6. Oct. 64.	5 h. p. m.	.		.	.	.	80-82	„
Churwalden Brüggershaus (im Bette) . .	1300	4001	„	10 h. p. m.		.	.	.	.	60	„
Stätzerhorn bei Churwald. beim Signal .	2570	7926	26. Spt. 64.	3 h. 30 p. m.	+9°4	+5°7	76	84	80	.	„
Schwarzh.-Gipf. über Churwald.	2690	8285	4. Oct. 64.	3-4 h. p. m.	+10°5	+0°5	90	106	100	.	„
Piz-Ot (Gipfel)	3249	10000	6. Spt. 63.	12³⁰ h. p. m.	.	.	.	.	.	112	„
„	.	.	.	.	.	.	.	.	.	128	Ing. G. S. in M.
„	.	.	.	.	.	.	.	.	.	120	18-jähr. Tochter des H. O.
„					.	.	.	.	.	140	18-jähr. Tochter des H. O.
„				2³⁰ h. p. m. (also 2 St. später)	.	.	.	.	.	90	Brügger
. . . .	.			.		.	.	.	.	100	S.

(Randbemerkung zu den Piz-Ot-Messungen: unmittelbar nach d. Ersteigen d. Berges)

Lebert sah seine Pulsschläge auf einer Höhe von 9000—10,000′ üb. d. M. um 16 vermehrt; er sagt freilich nicht, wie lange er geruht hatte, als er die Messung vornahm.

Parrot hatte auf der Maladetta in den Pyrenäen

				bei einer Höhe von			
				10722′	und 70 Schl.	in d. Tiefe	193
Brunner	„	auf dem Aetna		9000′	„ 65	„ „	80
de Saussure	„	auf dem Montblanc		14309′	„ 72	„ „	100
Gay-Lussac	„	b. d. Luftschiffahrt 1804		8354′	„ 62	„ „	80
Biot	„	„	„	„	„ 88	„ „	111.

Wie schon oben angedeutet wurde, handelt es sich bei Versetzungen von Kranken, deren Constitution gebessert werden soll, nicht nur um Translokation an einen höher oder hoch gelegenen Ort, sondern überhaupt auch um Entfernung von den gewohnten schädlichen Einflüssen, aus der eingeschlossenen verdorbenen Luft, von den anstrengenden, Körper und Geist erschöpfenden Geschäften, um Zerstreuung oder Sammlung, um Bewegung in frischer Luft, und es ist anzunehmen, dass, je impressionabler, je sensitiver ein Mensch ist, um so eingreifender und nachhaltiger diese Veränderungen auf denselben wirken werden. Man weiss zwar noch nicht in welcher besonderen Weise die in der Luft mit Menschen erfüllter Räume enthaltenen Zersetzungsprodukte organischer Körper und die Gasarten in dem mehr oder minder diluirten Zustande, in dem sie in der fraglichen Luft enthalten sind, ihren schädlichen Einfluss äussern; allein so viel ist gewiss, dass ein längerer Aufenthalt in Räumen, in denen diese Zersetzungsprodukte und Gase sich finden, ein Unwohlsein und allmälig ein Siechthum erzeugen, das theils aus der Erschwerung des Athmungsprozesses, theils aus Blutvergiftung erklärt werden muss. Wahrscheinlich ist ein bedeutender Theil des anämischen Siechthums der Bewohner solcher mit Menschen dicht erfüllter Räume organischen Zersetzungsprodukten zuzuschreiben. Dass es nicht die in solchen Räumen enthaltene Kohlensäure ist, welche durch Behinderung der Ausscheidung der Kohlensäure aus dem Blute das Unwohlsein hervorruft, scheint der Umstand zu beweisen, dass in Dunstbädern eine Luft, die nur mit Wasserdampf gesättigt ist und öfters 3 bis 4 und mehr Prozent Kohlensäure enthält, das Allgemeinbefinden unberührt lässt, während die Luft mit Menschen erfüllter Räume schon mit einem Kohlensäuregehalt von 2 bis 3 ‰ unerträglich werden kann. Wenn man nun die Kohlensäurebestimmungen liest, die man (Baring) in verschiedenen Räumen, die für öffentliche Versammlungen bestimmt sind, wie in Schwurgerichtssälen, Schulzimmern u. s. f. vorgenommen hat, und liest, dass man sogar noch im Treppenhause einer Schule 0,8 bis 1 bis 3 ‰, in den Volksschulen zu Celle bis zu 12 ‰ Kohlensäure gefunden hat[1]) und dazu noch die Gase und den Rauch addirt, welche durch die Verbrennung von Gas, Petroleum, (Kohlenoxydgas, schweflichte Säure) entstehen, so kann man wohl begreifen, wie namentlich Fabrikarbeiter, aber auch Lehrer, Kanzleibeamte so leicht in ein Siechthum verfallen, das in mangelhafter Ernährung und Blutbildung, in verkümmerter Entwicklung des Brustkastens und der Athmungsorgane die Quelle für so viele chronische Leiden und namentlich auch für die Schwindsucht bildet. Und so lässt sich denn auch, ganz abgesehen von der Veränderung der absoluten Erhebung, die merkliche Wirkung auf den Gesundheitszustand recht wohl begreifen, welche schon eine mässige Versetzung, eine mässige Luftveränderung, wenn ich mich so ausdrücken darf, hervorbringen, wie sie von Lombard und Andern beobachtet worden ist.

Die Differenzen im Kohlensäuregehalt, welche die Untersuchung von Stadt- und Landluft, Luft der Ebenen und Gebirgsluft (hier das Maximum 0,095 %, Strassenluft der Städte 0,06—0,09 %) ergeben hat, entfernen sich so wenig von der mittleren Norm, dass sie in keiner Weise eine Differenz in der Einwirkung von Stadt- und Landluft erklären können. Die Differenz zwischen Stadt- und Landluft und Gebirgsluft liegt also mit Bezug auf den Gehalt der Luft an Kohlensäure und anderen irrespirabeln Gasen und schädlichen organischen Effluvien so wesentlich in den individuellen Lebens- und Berufsverhältnissen der Menschen, dass eine Versetzung eines von früh bis spät in schlechter Lokalität auf dem Lande beschäftigten Mannes in eine gesunde Wohnung in gesundem, luftigem Stadtquartier, bei im Uebrigen günstiger Veränderung der äusseren Lebensverhältnisse desselben, denselben Zweck erreichen könnte,

[1]) Der mittlere Kohlensäuregehalt der atmosph. Luft ist 0,4—0,5 ‰. Pettenkofer fand in einem behaglichen Wohnzimmer 0,54 -0,7 ‰, in übelriechenden, schlecht ventilirten Krankenzimmern 2,4 ‰, in überfüllten Hörsälen 3,2 in Kneipen 4,9, in Schulzimmern 7,2 ‰ Kohlensäure.

wie die Versetzung eines abgeplagten, abgematteten Schullehrers oder Kanzleibeamten u. s. w. aus der Stadt auf's Land oder selbst auf die Berge. Aber es kommt unter Umständen auf dem Lande und im Gebirge noch ein Moment zu den anderen günstigen Lebensbedingungen hinzu und das ist der Einfluss der üppigen Vegetation, namentlich der Nadelhölzer. Die Chemie hat die Momente, auf denen dieser Einfluss beruht, noch nicht genauer nachgewiesen; wir müssen uns einstweilen mit der Erfahrung begnügen, und es ist wesentlich das Geruchsorgan, das uns kund gibt, dass es da auf den blumigen Wiesen, im Schatten der mit ihren goldenen Früchten belasteten Obstbäume, im Schatten der prächtigen Nussbäume, unter den säuselnden Wipfeln der ihr herrliches Aroma freigebig ausströmenden Tannen und Lärchen und dort wieder auf den sonnigen, mit aromatischen Kräutern bekleideten Alpenweiden, im Schatten der Arven sich doch ganz anders athmet und lebt, die Brust sich freier hebt, freier athmet, der ganze Mensch ein anderer ist, als da drinnen und da drunten in seinen übervölkerten Wohnsitzen, und in der That zeigt es auch im Allgemeinen der kräftigere Habitus, die grössere Körperkraft, die grössere Ausdauer der Land- und Gebirgsbewohner, dass sie gegenüber den Bewohnern grösserer Städte im Vortheil stehen; ich sage im Allgemeinen, denn der Ausnahmen gibt es sehr viele, und die Vortheile, welche das isolirtere Wohnen, die reichlichere Vegetation u. s. w. der Land- und Gebirgsbewohner bieten, werden oft durch Berufsart (z. B. Weben in Kellern), vieles Sitzen bei gewissen Berufsarten, wie z. B. der Uhrmacher im Jura, enges Zusammenwohnen mit seinen physischen und namentlich auch moralischen Folgen, schlechte und nachtheilige Lebensmittel und Getränke, Unreinlichkeit u. s. w. nur zu sehr compensirt, und man findet oft in Berggegenden, ja in hochgelegenen Gebirgsgegenden Krankheitsdispositionen, die man a priori dort gewiss am allerwenigsten zu finden erwartet hätte. Es geht dieses schon aus dem hervor, was wir früher in Bezug auf das Vorkommen der Scrofulose erwähnt haben; wir können aber nicht umhin, hier noch einen interessanten Beleg zu diesen Thatsachen anzuführen, der uns besonders interessirt, weil er ein dem Veltlin parallellaufendes Hochthal betrifft.

Man sollte nämlich glauben, dass die Bleichsucht in Gegenden mit einer niedrigeren mittleren Temperatur, in hochgelegenen Gegenden nur ausnahmsweise vorkommen würde[1]) und doch ist dieses nicht der Fall. Abgesehen davon, dass in den letzten Jahrzehnden die Bleichsucht in Schweden ihre grösste Verbreitung auf europäischem Boden erlangt hat, während Island und das nördliche europäische Russland mehr oder weniger davon verschont sind, finden wir sie z. B. auch im mittleren Theil des Unterengadins, wenn sie auch nach dem Zeugniss des dortigen Arztes Berta daselbst weit seltener vorkommt, als im Flachlande und in den Städten, und zwar finden wir sie hier ungleich vertheilt, so dass Schuls (1210 M. od. 3725') auf der Häufigkeitsscala zu unterst zu stehen kommt (mit keiner Chlorotischen), die Gemeinden Fettan (1647 M. od. 5070') und Remüs (1226 M. od. 3774') auf die zweite Stufe mit verhältmässig wenigen, Sins (1433 M. od. 4411') auf die dritte

---

[1]) Lombard sagt, wo er von dem wohlthätigen Einfluss der Gebirgsluft auf die Blutbildung spricht: „C'est par la même cause, que les chlorotiques et les anémiques voient leur état améliorer et qu'ils reprennent leurs couleurs, alors même que les ferrugineux et l'alimentation la plus soignée avaient été jusque-là inefficaces. Les effets bienfaisants du changement d'air se font aussi sentir d'une manière très-prononcée dans cette forme de la chlorose, qui est accompagnée de fièvre et d'une toux incessante, et dont la ressemblance avec la phthisie aiguë est si frappante, que les praticiens les plus attentifs s'y sont souvent trompés. Rien ne peut remplacer pour cette classe de malades l'influence à la fois sédative et vivifiante de l'atmosphère des montagnes."

Stufe mit mehr, und Steinsberg oder Ardetz (1470 M. od. 4525') auf die vierte Stufe mit verhältnissmässig sehr vielen Chlorotischen, und doch sind Fettan und Steinsberg unter den genannten Orten klimatisch am besten gestellt. Den Grund des Vorkommens der Bleichsucht an den genannten Orten sucht Berta in der Lebensweise der betreffenden jungen Frauenzimmer, namentlich darin, dass die Einheimischen statt einer kräftigen, animalischen Kost, namentlich zur Zeit anstrengender Feldarbeit, ein elendes Zichoriengebräu mit Butterbrot und höchstens etwas saurem Käse als Hauptnahrung geniessen und daneben die Mädchen von Kindheit auf fortwährend leidenschaftlich Zimmt, Nelken u. s. f. naschen, in Folge dessen sich eine chronische Dyspepsie heranbildet. Dass Schuls exemt ist, schreibt Berta den dortigen Säuerlingen (Schuls-Tarasp) zu.

Die hier mitgetheilten Thatsachen scheinen einen neuen Beleg dazu zu liefern, dass das Vorkommen gewisser Krankheiten in einer Gegend, die man zu klimatischen Kuren geeignet hält, keine Contraindikation bildet, insofern nachgewiesen ist, dass jene Krankheiten in den individuellen Lebensverhältnissen der Einheimischen und nicht in klimatischen Verhältnissen wurzeln. Auf der andern Seite scheint im ersten Augenblick eine Thatsache, die F l o r a in seinen soeben erschienenen „ärztlichen Mittheilungen aus Egypten" (Wien 1869) erzählt, dafür zu sprechen, dass das Klima hochgelegener Gegenden keinen günstigen Einfluss auf die Chlorose übe. Er erzählt nämlich, es sei in Bozen (896 Met. oder 2756') Sitte, im Hochsommer zwei Monate lang auf den Bergen zu wohnen (3700' hoch, aber etwas feucht); „das sei gesund", sage man, Alles fühle sich gekräftigt und gedeihe, nur drei Menschenklassen nicht: Kleine Kinder in Convalescenz von einer schweren Krankheit, zur Chlorose neigende Mädchen (Fräulein sowohl als Mägde) und brustwassersüchtige Alte; für geschwächte Herzen sei es zu kalt, sie vermögen nicht die Blutvertheilung zu bewerkstelligen.

Ich glaube jedoch, dass diese Thatsache, wenn sie wirklich richtig ist, doch keine allgemeine Beweiskraft hat; vermuthlich wird sie nur eine lokale Bedeutung haben; um hierüber sich ein einigermassen sicheres Urtheil bilden zu können, müsste man die relativen Temperaturverhältnisse, auf die Flora namentlich Bezug nimmt, genauer kennen. Der Umstand, dass man die Chlorose in Gegenden, wo man sie a priori, d. h. mit Bezug auf das Klima nicht vermuthen sollte, sich erst in neuerer Zeit verbreiten sah, wie das Lebert auch mit Bezug auf gesunde Bergdistrikte im Waatlande beobachtete, scheint im Allgemeinen entschieden zu Gunsten der betreffenden Klimate zu sprechen und man muss die Ursachen der grösseren Verbreitung der Chlorose in den Gebirgsgegenden und in gewissen nordischen Gegenden im Laufe der letzten Jahrzehende gewiss in veränderten Lebensverhältnissen der Einwohner suchen.

Doch kehren wir zu unserem Hauptthema, der Verwendung hochgelegener Kurorte als klimatischer Stationen für Schwindsüchtige zurück. Ueber die Frage, ob hochgelegene Orte mit rauherem Klima wie Davos zu diesem Zwecke empfohlen werden dürfen, kann ich mir kein Urtheil erlauben: was Bormio betrifft, so müssen wir, um ein Urtheil fällen zu können, uns zuerst genauer mit seinen klimatischen Verhältnissen bekannt machen.

Mein Freund Brügger hat mit ausserordentlichem Fleisse und grosser Mühe, aber auch eben so grosser Umsicht, alle Daten zusammengestellt, welche erforderlich sind, um uns ein klares Bild nicht nur von dem Klima der beiden Bäder zu Bormio selbst, sondern auch von dem Verhältnisse zu geben, in dem dieses Klima zu den Klimaten der verschiedenen Regionen der Alpen steht, und in der zweiten Abtheilung dieser Schrift wird er selbst diese Verhältnisse genauer auseinandersetzen und mit Zahlen beleuchten. Es wäre daher überflüssig, hier schon tiefer in diesen Gegenstand einzutreten; allein es gehört immerhin zu meiner Aufgabe, auf einige Hauptpunkte aufmerksam zu machen, welche zu der Frage, in wie weit das Klima von Bormio die Verwendung dieser Bäder zu klimatischen Kuren, besonders aber bei Anlage zur Schwindsucht, zu Katarrhen, Erkältungskrankheiten überhaupt geeignet mache, in näherer Beziehung stehen.

Und so sind es dann namentlich die Sommertemperatur, die mittleren täglichen Schwankungen, die uns hier interessiren, und die relative Feuchtigkeit.

Was nun für's Erste die Temperatur überhaupt betrifft, so ersehen wir aus den sich auf die Schlagintweit'schen Untersuchungen gründenden Berechnungen Brüggers vor Allem, dass, wenn wir die mittleren Jahrestemperaturen der Bäder von Bormio (6°,8 a. B. und 7°,0 n. B.) durch das ganze Alpengebiet verfolgen, wir Isothermlinien erhalten, die für die mittlere Temperatur des a. Bades (a. B. 4460') a) den Südrand und die südlichen Vorberge der Alpenkette bei 4400', b) die Gruppe des Montblanc bei 3685', c) die Zentralalpen bei 3175', d) den Nordrand der Alpenkette (Kalkalpenzug und Vorberge) bei 2975'; für die mittlere Jahrestemperatur des neuen Bades (neues Bad 4125 F.) a) bei 4100 F., b) bei 3410 F., c) bei 2900 F., d) bei 2700' treffen. Wir sehen schon daraus, in welch' günstigem Verhältniss die Region, in welcher die Bäder von Bormio liegen, zu den übrigen Theilen des Alpengebietes steht; es lehren uns diese Zahlen aber auch bereits schon, dass man nie und nimmer aus der absoluten Erhebung einen Schluss auf das Klima eines Ortes ziehen kann und dass unter allen Umständen einer rationellen Beurtheilung des Klima's einer sanitarischen Station die genauesten meteorologischen Beobachtungen zu Grunde gelegt werden müssen.

Wir sehen aber ferner, dass wir klimatische Sommerstationen und Alpenkurorte mit entsprechenden oder ähnlichen Mitteltemperaturen wie Bormio in anderen Regionen des Alpengebietes (sei es in der Schweiz oder im Tyrol, in Baiern, Salzburg, Kärnthen, Steiermark), nicht in der absoluten Höhe von Bormio zu suchen haben, sondern ungefähr um 1000' tiefer, und es erhellt weiter aus den Untersuchungen Herrn Brüggers, dass man erst in den südlichen Wallisthälern und den Pyrenäen Analoga von Bormio in gleicher Höhenlage erwarten darf, wodurch unsere Parallelisirung der Pyrenäenbäder in der Einleitung gerechtfertigt wird; ja die mittlere Temperatur von Barèges, das noch dazu 340' tiefer liegt als Bormio und 3½ Grad südlicher, was zusammen einem Temperaturunterschied von 2°,72 bis 3° C. entspricht, übersteigt dessen Mittel nur um ein paar Zehntel eines Grades.

Dass wir, wenn wir die Sommertemperatur der Bäder von Bormio mit den Sommertemperaturen anderer Gegenden in den Alpen und Pyrenäen vergleichen werden, ganz ähnliche Verhältnisse finden werden, ist nach dem Mitgetheilten zu erwarten und wird durch die Untersuchungen Hrn. Brüggers auf's Glänzendste bewiesen. Keine einzige Alpen- oder Pyrenäenstation zwischen 4000' und 4900' erreicht die Sommertemperatur der Bäder von Bormio (16°,14 neues Bad, 15°,30 altes Bad); der Sommertemperatur von Bormio steht am nächsten die Sommertemperatur von Barèges, obgleich doch Barèges 670' tiefer liegt als das alte Bad von Bormio. Andermatt im Ktn. Uri (1442 M. od. 4438') hat mit 11°,62 eine um 3°,68 niedrigere Sommertemperatur als das alte Bad Bormio. Erst bei 3000' finden wir eine der Sommertemperatur des *alten Bades* von Bormio (15°,30) entsprechende Sommertemperatur. St. Gallen (679 Met. od. 2089′) hat fast dieselbe Sommertemperatur (16°,12) wie das neue Bad Bormio, Saanen (westliche Schweizeralpen; 1023 M. od. 3150′) dagegen eine um 1°,72 höhere Sommertemperatur.

Was die mittleren täglichen Temperaturschwankungen betrifft (im alten Bad zu Bormio 6°,07) so ist dieselbe nur in Soglio (Bergell, Kt, Graubünden) ein wenig kleiner, ja z. B. in Saanen um 4° grösser, und in Madeira beträgt die tägliche Schwankung in den 3 Wintermonaten (nach 2jähriger Beobachtung von Mittermaier) im Durchschnitt ebenfalls 6°,16 und stieg im April 1852 bis auf 7°,1, so dass also das alte Bad Bormio im Sommer ganz dieselbe tägliche Schwankung zeigt, wie Madeira im Winter.

An vielen Winterstationen, wie Gersau, Bex, Sion, Pisa, Cairo, ist die mittlere tägliche Schwankung im Winter grösser als im Sommer in Bormio.

Da es für unsere Frage hauptsächlich auf die Sommertemperatur und mittlere tägliche Schwankung ankommt, so will ich hier noch einige schweizerische Kurorte in den fraglichen Beziehungen mit Bormio etwas specieller vergleichen und wähle hiezu Gersau im Kt. Schwyz, das mit Recht als Winterstation empfohlen wird, Interlaken, den berühmten klimatischen Kurort im Kt. Bern, Rathhausen (1 Std. von Luzern), als Repräsentanten der Kurorte am Vierwaldstättersee, Trogen — gewissermassen als Repräsentanten der Appenzellerkurorte, da uns spezielle Daten für diese Kurorte mangeln —, Remüs im Unterengadin als Repräsentanten für Tarasp-Schuls, — Saanen, Beatenberg und Davos als Repräsentanten der höher gelegenen Alpenkurorte und endlich Montreux, Bex und Vevey im Kt. Waat.

Ort.	Vevey [1]	Montreux [2]	Gersau [10]	Bex [11]	Rathhausen [11]	Interlaken [12]	Trogen [8]	Saanen [8]	Beatenbg. [4]	Remüs [8]	Bormio neu. B.	Bormio alt. B.	Davos [8]
Höhe Meter . .	375	385	433	437	440	571	885	1023	1150	1215	1366	1436	1556
Höhe Fuss . .	1154	1184	1333	1345	1244	1757	2730	3150	3540	3833	4128	4460	4790
Jahrestemp. .	9,78	10,64	10,43	9,71	8,81	9,12	7,09	7,39	6,79	5,98	7,31[5]	6,50[6]	2,87
Sommertemp.	18,31	18,88	17,64	17,77	17,61	17,54	15,84	17,86	13,25	15,06	16,14[7]	15,30[9]	11,04
Mittlere tägl. Schwankung im Sommer .	.	5,88	5,47	10,92	6,71	5,15	3,80	.	4,05	8,27	.	6,0[7]	7,27

1) Durchschnitt der Jahre 1855 bis 1859 nach den Beobachtungen von Dr. Doret (Essai sur la cure des raisins par H. Curchod, Vevey 1860.

2) Durchschnitt der Jahre 1863 bis 1867 (Schweiz. meteorol. Beobachtungen herausgeg. von der meteorol. Zentralanstalt der schweiz. naturf. Gesellschaft).

3) Mittlere Jahrestemperatur corrigirt. – (1858 6°,96 beobachtet).

4) 1860/61 6°,87 beobachtet.

5) 1856 (Brügger nach den Beobachtungen der österreichischen Zentralanstalt).

6) 1861 (Brügger nach den Beobachtungen des H. Hauptmann Magani)

7) 1860/61 (Wie oben).

8) Mittel des Jahres 1868/67 (Schweiz. meteorol. Beobachtungen).

9) Mittel der Jahre 1856 und 1859 (wahrscheinlich zu hoch).

10) Mittel des Jahres 1866/67; die 10jährigen Beobachtungen des Hrn. Müller in Gersau ergeben viel höhere Temperaturen als die schweizer. Beobachtungen, wie dieses auch bei den 5jähr. Beobachtungen des H. Ober in Interlaken der Fall ist, worüber wir uns in einer gleichzeitig mit dieser Schrift erscheinenden Schrift über Interlaken weitläufiger aussprechen werden, hier wollen wir nur beifügen, dass nach den Müller'schen Beobachtungen Gersau als mittlere Jahrestemperatur hat 13°,4, als Sommertemp. 22°,1.

11) Durchschnitt der Jahre 1863/66 (Schweiz. Beob.).

12) Durchschnitt der Jahre 1864/68 (Schweiz. Beob.).

Aus dieser Tabelle ergeben sich einige merkwürdige Resultate; wir sehen, dass Bex und Interlaken eine nur um etwa 1° und einige Zehntel höhere Sommertemperatur haben als das neue Bad Bormio, die mittlere tägliche Schwankung ist im Bad Bormio nur um einige Zehntel eines Grades höher als in Montreux und Interlaken.

Vergleichen wir die Frühlings- und Herbsttemperaturen Bormio's mit den Frühlings- und Herbsttemperaturen einiger schweizerischer Stationen, so erhalten wir folgende Zusammenstellung:

	Vevey	Montreux	Gersau	Bex	Rathhausen	Interlaken	Beatenberg	Bormio neues B.	Bormio altes B.	Davos
Höhe in Meter	375	385	433	437	440	571	1150	1366	1436	1556
Frühling .	8_{81}	10_{30}	9_{96}	10_{04}	9_{07}	9_{21}	6_{09}	5_{63}	5_{17}	3_{18}
Herbst . .	10_{80}	10_{91}	9_{78}	10_{50}	9_{23}	9_{31}	7_{17}	6_{24}	7_{68}	2_{30}

Doch es sei genug hievon; das Weitere mag der Leser sich aus der ausführlichen Schilderung Herren Brüggers und seinen schönen Vergleichungstabellen entnehmen. Das Resultat ist, *dass Bormio trotz seiner so bedeutenden absoluten Erhebung ein verhältnissmässig sehr mildes Klima hat, sich in Beziehung auf Temperatur sogar nahe an das soviel tiefer liegende Bex reiht,* und in Beziehung auf die mittlere tägliche Temperaturschwankung noch viel günstigere Verhältnisse zeigt als Bex, aber durchaus nicht etwa mit dem um weniges höher gelegenen Davos zusammen gestellt werden darf, das ein viel rauheres Klima hat. Wollen wir Remüs als Repräsentanten von Schuls-Tarasp und Trogen als Repräsentanten der Appenzellerkurorte anerkennen, bis wir aus diesen Orten speziellere Beobachtungen erhalten haben werden, so stellt sich wiederum das Verhältniss für Bormio im Allgemeinen wesentlich günstiger.

Was nun die *relative Feuchtigkeit* betrifft, so ist dieselbe ein Moment, über das sich vom physiologischen und medizinischen Standpunkte sehr wenig sagen lässt; mir ist wenigstens nicht bekannt, dass die Wirkung der relativen Feuchtigkeit irgendwo genauer studirt, dass darüber exactere Versuche angestellt worden wären, so dass man sagen könnte, dass so und soviel Prozent die und die Wirkung auf den Organismus hätten.

Die Thätigkeit der Physiker ist auch hier der ärztlichen Beobachtung vorangeschritten. Uebrigens ist das Material, das wir hinsichtlich der relativen Feuchtigkeit und der Niederschläge über Bormio besitzen, äusserst sparsam; doch ist es immer interessant, einige Vergleichungen anzustellen und ohne den einlässlicheren Bemerkungen meines Freundes Brügger, die im zweiten Theil dieser Schrift folgen werden, vorzugreifen, will ich hier die für Bormio gefundenen Mittel aufzeichnen, und dann die Mittel einiger anderer Orte zusammenstellen, in allem Uebrigen auf Herrn Brüggers Arbeit verweisend.

3 Sommermonate (Juni, Juli, August).							
	Relative Feuchtigkeit in %		Regenmenge (Sommer 66) in mm.	Regentage	Trübe Tage	Klare Tage	Höhe
Bormio neu. Bad 1856	.	.	202_8	23	.	.	4128
Bormio alt. Bad 1861 (20. Sept. bis 10. Oct.)	67_3	30_6	.	24	7	43	4460

Vergleichen wir mit der mittleren Feuchtigkeit im alten Bade in erster Linie *Castasegna* im Bergell (720 Met. od. 2216'), so betrug in derselben Periode vom 20. Sept. bis 10. Oct. 1861 die mittlere Feuchtigkeit in Castasegna 74,3%.

Folgende Tabelle zeigt die mittlere Feuchtigkeit und die Niederschläge an einigen anderen Kurorten der Schweiz.

		Mai	Juni	Juli	Aug.	Sept.	Oct.	Nov.	Höhe
Interlaken . . .	Feuchtigkeit %	79_3	77_2	77_1	86_2	83_4	87_3	87_5	567
	Niederschläge mm.	109_6	74_6	107_1	190_8	61_4	87_1	75_9	
Brienz	F.	78_8	79_5	78_9	84_7	87_6	80_6	79_0	586
	N.	80_2	94_2	110_2	189_2	64_5	79_4	74_8	
Beatenberg . .	F.	73_6	72_9	75_5	83_5	80_6	84_2	80_4	1150
	N.	140_9	130_8	153_0	228_2	76_1	117_7	107_4	
Bex	F.	77_8	78_4	.	87_1	84_7	86_8	86_8	437
	N.	89_9	62_1	.	149_3	47_5	88_1	68_1	
Montreux . . .	F.	74_9	71_8	72_9	80_8	83_9	85_7	82_9	385
	N.	143_4	87_5	98_4	139_4	105_8	81_3	72_2	

In Bezug auf auswärtige Orte verweisen wir auf J. Brüggers Mittheilungen.

Was die Winde betrifft, so herrschen N.-W. und N.-O. vor; auf 100 südliche Winde fielen im Jahr 1860/61 162% nördliche Winde. Im Frühling (1. März bis 31. Mai) fielen auf 100 südliche Winde 82%, im Sommer (1. Juni bis 31. August) 276%. nördliche Winde.

Wichtig für uns sind vor Allem die regelmässigen Thalwinde; es findet nämlich in den meisten Thälern am Nord- und Südrande, ja selbst im Zentrum des Alpenlandes ein regelmässiger Wechsel zwischen periodischen Berg- und Thalwinden Statt, „wodurch daselbst", wie Brügger in seinen ostrhätischen Studien zur Geschichte des Badelebens insbesondere der Kurorte Bormio und St. Moritz (Zürich 1863) sich ausdrückt, „gewissermassen ein Athmungsprozess des Gebirges im Grossen entsteht, dessen belebteres Spiel von dem Aelpler, wie dem Alpenmeteorologen allemal als sicherstes Zeichen für den Sieg der schönen Jahreszeit und das Andauern schöner beständiger Witterung begrüsst wird". Dieses belebtere Spiel tritt namentlich in den Monaten Juli und August ein und ist von P. P. Paravicini, einem Arzt aus Como, der im XVI. Jahrhundert über die Bäder des Veltlins schrieb, wie Brügger meint, wohl mit zu grellen Farben geschildert worden. Immerhin mag dieses stärkere Hervortreten der periodischen Thal- und Bergwinde (eine Erscheinung, der wir jedoch auch in anderen Alpenthälern, z. B. im Oberengadin und bei Ragaz begegnen) in den Monaten Juli und August neben anderen gleich zu erwähnenden Momenten wohl mit der Grund sein, warum in älteren Zeiten Bormio hauptsächlich zu Frühlingskuren verwendet wurde. Ich will hier meinem Freunde Brügger, der die Geschichte Bormio's schildern wird, nicht vorgreifen, muss aber doch kurz bemerken, dass die Sitte der Frühlingskuren von Italien ausging, denn schon im „regimen sanitatis salernitanum" heisst es z. B.: „Zur Frühlingszeit soll der Mensch sich Bewegung schaffen, schwitzen und Bäder nehmen, im Sommer ist's gewöhnlich zu heiss, da meid' die Bäder er mit Fleiss," und so empfahlen denn auch die deutschen Schriftsteller, die klimatischen Differenzen der beiden Länder ausser Acht lassend, namentlich Maibäder und legten den Juli in Acht und Bann.

Und diese Sitte, im Frühling Badekuren zu machen, scheint sich bei den Umwohnern von Bormio bis auf die neuere Zeit erhalten zu haben, wie denn z. B. im Jahr 1861 die ersten warmen, sonnigen Frühlingstage schon zu Ende des Januars und zu Anfang des Februars zahlreiche Schaaren von Thalbewohnern nach Bormio lockten, um ihre energischen Frühlings-, Bad- und Schröpfkuren zu beginnen. Auch Petrus de Tussignano machte seine Badekur im Jahr 1336 im März und so empfiehlt denn auch jener schon erwähnte P. P. Paravicini ganz besonders den Maimonat als den allergünstigsten für den Besuch dieser Thermen, indem er sagt: „Im Mai, da sind sie der Wunder voll und weit heilkräftiger als zu anderen Zeiten"; allerdings waren es zum Theil die periodischen Lokalwinde, die ihn zu dieser Empfehlung veranlassten, doch schwebte ihm dabei auch noch der alte Glaube an den Schwefelgehalt der Thermen vor, indem er glaubte, dass bei zunehmender äusserer Temperatur die (vermeintlichen) schwefligen Theile verdunsten, wie sie sich bei niedrigeren äusseren Temperaturen niederschlagen sollten.

Vergleichen wir nun die Mai- und Junitemperaturen Bormio's mit den entsprechenden Temperaturen einiger der oben erwähnten schweizerischen Orte, so erhalten wir für

	Gersau[1])	Interlaken[2])	Brienz[5])	Beatenberg[6])	Vevey[3])	Bex[7])	Rathhausen[7])	Bormio a. B.[4])
Mai	14,08	14,96	13,58	10,41	12,25	14,42	13,82	8,96
Juni	16,79	17,63	16,96	13,28	17,53	17,50	17,25	13,29

[1]) Mittel d. J. 1866/67 (schweiz. Beobachtungen); das Mittel der 10jährigen Beobachtung Müllers in Gersau ist für den Mai 18⁰,0, für den Juni 21⁰,5

[2]) Schweiz. meteorol. Beobachtung. Mittel der 3 Jahre 1864/66.

[3]) Mittel der Beobachtung der Jahre 1855 bis 1859.

[4]) 1861.

[5]) Mittel der Jahre 1866/67.

[6]) Mittel der Jahre 1863/66.

[7]) Mittel der Jahre 1863/66.

Wir haben somit im alten Bad Bormio im Juni die Maitemperatur von Brienz und Rathhausen.

Wenn es sich nun um die Frage handelt, ob wir Personen mit *Anlage* zur Schwindsucht und zu Katarrhen nach Bormio senden sollen, so glauben wir, ohne damit dem Urtheil Anderer vorgreifen zu wollen, dass dieselbe im Allgemeinen bejaht werden dürfe; doch sind dabei Cautelen zu beobachten. Für's Erste dürfte wohl am besten der Juni zu wählen sein, da z. B. die grösste tägliche Temperaturschwankung im a. Bade im Juni nur 9⁰, im Mai 11⁰,2, im Juli 14⁰ beträgt, oder wenn man einen späteren Zeitpunkt wählen muss, der Aufenthalt im a. Bade, das vor den periodischen Winden weit geschützter ist als das neue Bad, vorgezogen werden, um so eher, da, wie wir in der Einleitung gesehen haben, das alte Bad bedeutend erweitert worden ist und sehr comfortable Zimmer hat. Dann aber haben solche Kuristen unter allen Umständen warme Kleider mitzunehmen, sich namentlich mit Flanellhemden, Flanelljacken, Mänteln u. s. f. zu versehen, wie wir dieses bereits in den allgemeinen Kurregeln auseinandergesetzt haben, und werden wohl thun, bei schlechtem Wetter, bei und nach Witterungswechseln im Innern der Anstalten zu bleiben, beziehungsweise das Zimmer zu hüten.

Ob, wie Bruni und Marchioli empfehlen, auch Personen mit wirklicher Phthisis nach Bormio geschickt werden sollen, darüber kann ich mir kein Urtheil erlauben; grosse Vorsicht dürfte jedenfalls zu empfehlen sein; bei grösserer Entfernung des Wohnortes wird man wohlthun, an passenden Stationen längere Ruhepausen zu machen und es werden bei grösserer Entfernung des Wohnortes namentlich die Receptivität und der Kräftezustand des Kranken wohl zu berücksichtigen sein.

Nach diesen Bemerkungen bleibt uns nur noch übrig, auf die weitern Krankheiten, bei denen Bormio als klimatische Station verwendet werden kann, in Kürze einige Blicke zu werfen, und hier stellen wir oben an

die Scrofulose.

Die Erfahrung lehrt, dass, wenn sie nicht von aussen (durch z. B. aus grossen Städten heimkommende Einheimische oder Fremde) eingeschleppt wird, sie in den hochgelegenen Gegenden selten oder gar nicht gefunden und wo sie eingeschleppt wurde, leicht geheilt wird. Ein besonders interessantes Beispiel liefert Davos (s. oben), und bezüglich Leysin (1269 Met. od. 3609') einem südwestlich von Sepey (im waatländischen Ormonds-dessous) auf einer Bergterrasse oder einem Bergplateau gelegenen Dorfe hat Bezencenet in Aigle ähnliche merkwürdige Erfahrungen gemacht, die ich in der zweiten Auflage meiner „Heilquellen und Kurorte der Schweiz" (Zürich 1867) S. 126 erzählt habe, und so glaube ich, dass ich Bormio zu einem Sommeraufenthalt für scrofulose Kinder sehr wohl empfehlen darf. Wenn namentlich Eltern von scrofulösen Kindern oder Kinder mit scrofulöser Anlage in Bormio eine Kur zu machen im Falle sein sollten, so werden sie ihre Kinder gewiss mit grossem Nutzen für dieselben mitnehmen.

Was die *Bleichsucht* betrifft, so muss ich wiederholt darauf aufmerksam machen, dass wenn wir hören, dass in einer Gebirgsgegend die Bleichsucht erst in neuerer Zeit häufiger geworden sei, dieses mit Entschiedenheit auf die Schuldlosigkeit des Klima's und auf veränderte Lebensverhältnisse der Einwohner als Ursache hinweist und dass ich trotz der Mittheilung von Flora bezüglich der Höhen um Bozen die Ansicht hege, dass hochgelegene Gegenden wie Bormio sich sehr wohl zu einem Sommeraufenthalt für Bleichsüchtige eignen, vorausgesetzt natürlich, dass sie den wärmeren Theil der Saison daselbst zubringen und bei kühler werdender Witterung sich in tiefergelegene Gegenden zurückziehen.

Ganz dasselbe gilt von der

Anämie, dem anämischen Siechthum, sei sie nun die Folge ungenügender Ernährung, beständigen Arbeitens in mit Menschen erfüllten Räumen (Schullehrer, Beamte), Mangel an Bewegung in frischer Luft, oder von schweren Krankheiten, Blut- und Säfteverlusten u. s. w. Allein man wird hier sehr zu individualisiren, sehr darauf Rücksicht zu nehmen haben, welches die Ursache des anämischen Zustandes, welches der Zustand des Kranken sei in jenem Momente, wo er nach dem Kurorte abreisen soll; man wird namentlich auch die Entfernung des Wohnortes vom Kurorte zu berücksichtigen haben und es wird hievon, sowie vom Zustande des Kranken abhängen, ob man ihn ohne Weiteres nach dem Kurorte reisen oder ihn kürzere oder längere Zeit auf Zwischenstationen zubringen oder auch nur einen tiefer gelegenen Kurort wählen lassen wird. Friert der Kranke, sinkt die Lufttemperatur anhaltend, so lasse man ihn einen tiefer gelegenen Ort aufsuchen. — Ganz besonders aber ist der Aufenthalt an hochgelegenen Orten bei *jenen Formen von Anämie* angezeigt, *wie sie in Folge der tropischen Leberentzündungen und Ruhren*, oder auch ohne eigentliche Organerkrankung in *Folge längeren Aufenthaltes in Tropengegenden auftritt* und bei jener *Anämie und Hydrämie*, bei jenen *Milzanschwellungen*, wie sie *Folge des Wechselfiebers* sind. Wir haben im zweiten Abschnitt des zweiten Kapitels gesehen, dass die Thermen von Bormio bei Leber- und Milzanschwellungen in Folge der Malaria gerühmt werden; die Erfahrungen, die man in anderen Ländern und Gegenden, bei uns z. B. auch in la Comballaz im waatländischen Oberormondsthal (1364 M. od. 4199′) (s. mein mehr angeführtes Werk, zweite Auflage S. 167), bezüglich des wohlthätigen Einflusses der Versetzung derartiger Kranker in hochgelegene Gegenden gemacht hat, lassen annehmen, dass ein guter Antheil, wo nicht der wesentlichste Antheil an jenen Kurerfolgen auf Rechnung des blossen Aufenthaltes in Bormio zu setzen gewesen sein dürfte.

Was die *Nervenleiden* betrifft, so passt nach Lombard der Aufenthalt an sehr hochgelegenen Orten nicht, wo die Sensibilität sehr erhöht, das Gefässsystem sehr aufgeregt ist, während er ihn empfiehlt bei hysterischen Damen, die lange das Bett gehütet haben und deren Muskelkraft dadurch geschwächt ist, vorausgesetzt nämlich eben, dass Hyperästhesie und erhöhte Reizbarkeit der Schwäche Platz gemacht haben, ebenso bei hypochondrischen Männern, die an Dyspepsie leiden, gewissen Formen der Migräne, Schlaflosigkeit in Folge sitzender Lebensweise. Wir haben gesehen, dass de Picchi den Gebrauch der Thermen von Bormio gerade bei erhöhter Sensibilität empfiehlt, und bei dem ungemein milden Klima von Bormio dürfen wir de Picchi's Empfehlung Vertrauen schenken.

Unter den Indikationen zum Aufenthalt in hochgelegenen Gegenden können wir ferner die

Dyspepsie aufstellen, nämlich jene Formen von Verdauungsstörungen, die nicht auf einer nachweisbaren Structurveränderung des Magens beruhen und welche man zum Theil als „chronische Verdauungsschwäche" bezeichnet hat. Solche Kranke haben sich aber zu hüten, dass sie, wenn der Appetit wiederzukehren beginnt, des Guten nicht zu viel thun, da die Verdauungskraft mit dem wiederkehrenden Appetit nicht immer Schritt hält. Lombard macht ferner darauf aufmerksam, dass in hochgelegenen Gegenden leicht Verstopfung eintrete. Es versteht sich von selbst, dass die absolute Höhe hier nicht als Ursache zu beschuldigen ist, sondern die veränderte Lebensweise, stärkere Resorption im Darmkanal, mitunter auch vermehrte Transpiration in Folge fleissigerer Körperbewegung und der relativ grösseren Trockenheit der Luft.

Ferner kann der Aufenthalt an hochgelegenen Orten bei jener Form des

chronischen Bronchialkatarrhs empfohlen werden, den man oft mit dem Namen Blenorrhoe der Bronchialschleimhaut bezeichnet; doch dürften hier Kuranstalten, die unmittelbar von ausgedehnten Waldanlagen umgeben sind, vorzuziehen sein; unter diesen steht der neue Kurort *Axenstein* (beim Dorfe Morschach oberhalb Brunnen Kt. Schwyz, [435 M. od. 1341′]) obenan; an ihn schliessen sich *Seelisberg* (845 M. od. 2601′), *Interlaken* (568 Met. oder 1749′), Gurnigel (1155 M. oder 3554′). Solche Kranke haben aber ganz besonders darauf zu achten, dass sie sich vor kalten Luftzügen, raschen Temperaturwechseln hüten.

Endlich ist der Aufenthalt an hochgelegenen Orten wie Bormio in einer grossen Zahl von Fällen zu empfehlen, wo, auch ohne dass sich gerade ein anämisches Siechthum ausgebildet hat, die *Kräfte* — namentlich auch die *Muskelkraft* — durch übermässige Arbeit — geistige oder körperliche —, Nachtwachen, deprimirende Gemüthsaffecte u. s. w. *erschöpft sind*, sowie in der Reconvalescenz von Krankheiten.

Es dürfte mitunter Fälle geben, wo man Personen, die sich einige Zeit in den Thermen von Bormio aufgehalten haben, noch etwas höher hinaufschicken möchte, ohne sie deshalb eine weite Reise machen zu lassen. Für solche Fälle könnte man die IV Cantoniera „S. Maria“ auf dem Wormserjoch benutzen, welche auf dem Punkte (ein breites Plateau) liegt, wo sich der von S. Maria im Münsterthal auf das Wormserjoch führende Bergweg mit der Stilfserjochstrasse kreuzt. Diese IV Cantoniera ist ein ziemlich grosses Gebäude, in dem eine Wirthschaft betrieben wird, welche allerdings, wenn man da länger wohnen wollte, noch einer etwas bessern Einrichtung bedürfte. Die absolute Höhe beträgt 2483 M. od. 7643′; die mittlere Jahrestemperatur war im Jahr 1856 —2°,75 C., das Jahresmittel von 15 Jahren (1842—1857) beträgt —2°,578; die mittlere Sommertemperatur war 1856 +6°,64, das Mittel von 8 Jahren (1842—1849) beträgt +7°,50; die Temperatur des wärmsten Monats (August) 1856 war +7°,89, das Mittel von 8 Jahren (1842—1849) beträgt (Juli) +9°,4. Die grösste Wärme war im August 1856 +16°,5 und im August 1857 +19°,2.

Anhang.

Eine so eben erschienene Abhandlung von Dr. Steinlin in St. Gallen (in den Verhandlungen der St. Gallischen naturforschenden Gesellschaft 1867/68) über klimatische Kuren und Kurorte macht es mir zur Pflicht, hier noch ein meteorologisches Moment zur Sprache zu bringen, das bisher sowohl von der Physiologie als allgemeinen Pathologie sehr stiefmütterlich behandelt worden ist, — es ist dieses die Einwirkung des Lichtes. Wohl weiss man im Allgemeinen, dass das Licht auf die Entwicklung der Pflanzen von grossem Einfluss ist; man weiss, dass die Assimilation der Nährstoffe bei denjenigen Pflanzen, die ihre Nahrung aus der unorganischen Welt ziehen, nur unter Einwirkung des Lichtes auf das Chlorophyll möglich ist, während die Neubildung der Zellen aus den assimilirten Stoffen auch ohne Licht Statt finden kann, ja man kennt den Einfluss gewisser Theile des Spektrums auf gewisse bei den Pflanzen vorkommende chemische Prozesse, worauf ich zurück kommen werde; allein wir haben noch gar keine genaueren Nachweise über den direkten Einfluss des Lichtes auf die physiologischen Erscheinungen im thierischen, im menschlichen Organismus. Dr. Steinlin hat das Verdienst, in dem oben erwähnten Aufsatz meines Wissens zum ersten Mal diesen Gegenstand wissenschaftlich, d. h. mit Rücksicht auf den jetzigen Stand der Lehre vom Licht — namentlich gestützt auf die Untersuchungen von Bunsen und Roscoe — zur Sprache gebracht zu haben und zwar zunächst mit Beziehung auf den Einfluss des Lichtes in verschiedenen Breiten, bei verschiedener Bewölkung und Luftfeuchtigkeit, somit auch mit Beziehung auf den Einfluss des Lichtes bei klimatischen Kuren. Wir entnehmen aus dieser Mittheilung zunächst, dass der chemische (aus Chlor und Wasserstoff Chlorwasserstoffsäure bildende) Effect des Lichtes bei reiner, klarer Atmosphäre mit der Erhebung der Sonne bis Mittag wächst, mit der Breite zu- und abnimmt, dass die chemische Kraft der Sonne mit dem Grade ihrer Erhebung über den Horizont steigt, dass der chemische Effect der Sonne am stärksten ist, wenn ihre Strahlen senkrecht fallen, Mittags, im Sommer und in der Nähe des Aequators, und umgekehrt. Es geht jedoch weiter aus diesen Mittheilungen hervor, dass dessen ungeachtet die thermometrischen Messungen das Verhältniss der chemischen Wirkung des Lichtes nicht anzeigen können, da die Wärmestrahlen und die chemischen Strahlen auf ihrem Wege durch die Atmosphäre und darin enthaltene Dünste, Gase, Staub u. s. f. *verschieden* starke Hindernisse oder Absorption erfahren, so dass wir von keinem der beiden Effecte den Gesammtwerth und von jedem einen *verschieden* grossen Bruchtheil erhalten; wir finden ferner, dass die Absorption der leuchtenden und sogenannten chemischen Strahlen mit dem Sinken der Sonne gegen den Horizont, dass die Absorption der chemischen Strahlen im Winter und im Norden wächst, dass die Feuchtigkeit der Luft und in derselben schwebende Wasserdünste wesentlich auf die Absorption der chemischen Strahlen wirken, dass helle Wolken die Wirkung der chemischen Strahlen des diffusen Lichtes steigern, dunklere Schichten der Sturmeswolken und dichte Nebel einen sehr beträchtlichen Theil der chemischen Strahlen absorbiren, dass ferner die chemische Wirkung manchmal plötzlich von einem Tag auf den andern, selbst innerhalb einer Stunde wechselt, ohne dass sich eine entsprechende Aenderung in der Heiterkeit des Tages zeigte, wahrscheinlich in Folge der Einwirkung dem Auge unsichtbarer Dünste, indem ein leichter, kaum sichtbarer Nebel schon eine sehr starke Absorption auf die chemischen Strahlen übt; dass in der grossen Mehrzahl der Fälle die chemische Action einem entsprechenden Marsch mit dem Zustande des Gewölkes zu folgen scheint, das über die Sonnenscheibe passirt und dass endlich die Variationen der chemischen Intensität des Lichtes in unserem Klima von einer Saison zur anderen besonders fühlbar sind, indem die Beobachtungszahlen vom Dezember bis Iuni im Verhältniss von 1 : 20 variiren. Wie die chemische Kraft der Sonne mit der Breite abnimmt, ist sie dagegen stärker auf den Bergen, auf Hochplateaux. Verschiedene Thatsachen scheinen zu beweisen, dass die Vegetation dieser mehr oder minder stärkern Einwirkung der chemischen Strahlen folgt, so die Verschiedenheit der Vegetation an Orten von fast gleichem thermometrischem Klima, das Vorkommen von Pflanzen in absoluten Erhebungen, deren niedrige Temperatur sie zu verbannen scheinen sollte; auf der andern Seite aber zeigen die Untersuchungen von Iulius Sachs (Handbuch der physiologischen Botanik, Leipzig, 1865), dass die blauen, violetten und ultravioletten Strahlen auf den wichtigsten Theil des Pflanzenlebens, die Sauerstoffabscheidung und somit die Assimilation einen höchst unbedeutenden, vielleicht gar keinen Effect üben, dass also die sog. chemischen Strahlen, welche Silbersalze sehr energisch zersetzen, für die Sauerstoffabscheidung der Pflanzen wenig zu bedeuten haben und dass dagegen die gelben und benachbarten Strahlen (gemischt) eine beinahe eben so grosse Wirkung üben wie das weisse Sonnenlicht, dass mit Einem Wort die hellleuchtenden Strahlen in dieser Beziehung eine enorme Wirkung üben. Damit ist aber noch keineswegs gesagt, dass die hochbrechbaren Strahlen (blaue, violette, ultraviolette) nicht dennoch bei den chemischen Prozessen thätig sein können, welche durch die hellleuchtenden Strahlen in den chlorophyllhaltigen Zellen eingeleitet werden.

Sind wir über die Stellung, welche die chemischen Strahlen zu bestimmten chemischen Prozessen im Pflanzenleben einnehmen, noch im Unklaren, so sind wir es noch viel mehr mit Bezug auf ihre Wirkung auf den thierischen Organismus; dennoch können wir uns nicht enthalten zu glauben, dass das Licht im Allgemeinen einen grossen Antheil an den wohlthätigen Einwirkungen hochgelegener Orte auf den menschlichen Organismus, besonders, wenn er aus tiefgelegenen Gegenden kommt, habe, und möchten desshalb zu einem weiteren Studium dieses Gegenstandes anregen und namentlich zu den von Steinlin vorgeschlagenen Beobachtungen der Einwirkung des Lichtes auf hiezu eigens hergestelltes photographisches Papier.

Hiezu dürfte sich besonders Vogel's neues chemisches Photometer eignen, wo das Licht nicht auf gesilbertes Papier, sondern auf mit doppelt chromsaurem Kali imprägnirtes photographisches Rohpapier wirkt. Die Beschreibung dieses Photometers findet man theils in Poggendorf's Annalen der Physik und Chemie 1868, Nr. 5, theils im Lehrbuch der Photographie von Dr. H. Vogel. Berlin 1868, S. 213 ff.

Viele Patienten sprechen von „nervösem" Klima und Steinlin, der drei Winter in Palermo, Cannes und Barcelona zubrachte und noch andere Winterstationen besucht hat, fand diese Bezeichnung von grösserer Trockenheit und Bewegung der Luft begleitet. Ob nun die Feuchtigkeit der Luft *als solche* beruhigend wirkt oder mehr indirecte, indem sie die chemische Wirkung des Lichtes durch Absorption abschwächt, oder ob sie, wie Steinlin meint, auf beide Seiten hin als *Feuchtigkeit an sich*, namentlich auch durch Regulirung der Verdunstungsprozesse des Körpers und damit mehr oder weniger direct auf die Respirationsschleimhaut und zugleich als *Regulativ des Lichtes* mehr auf die Nerven wirkt, wollen wir dahin gestellt sein lassen. Starke chemische Einwirkung des Lichtes würde also mit den tonisirenden Climaten (im Sinne Lombard's) zusammenfallen.

Zweite Abtheilung.

Die Thermen von Bormio

in

klimatologischer und geschichtlicher Beziehung.

Von

Chr. G. Brügger.

Erster Theil.

Klimatische Skizze der Gegend von Bormio.

Einleitung.

Das Klima von Bormio interessirt uns nach zweierlei Richtungen. Das erste und uns hier am nächsten liegende Interesse ist dasjenige des Arztes und Balneologen, welcher bei einem rationellen Heilverfahren die überall und so mächtig eingreifenden klimatischen Faktoren heutzutage nicht mehr unberücksichtigt lassen darf. Schon die einfache Thatsache, dass wir es in Bòrmio mit den höchstgelegenen Thermalbädern[1]) unsers Continents zu thun haben, fordert zu einer genaueren Prüfung der klimatischen Verhältnisse auf, wenn es sich um therapeutische Combination und Berechnung handelt. Dazu kommt noch, dass Bormio als klimatische Sommerstation für Brustleidende und sonstige Erholung-Bedürftige immer mehr an Bedeutung gewinnt. Und es dürfte sich überhaupt noch fragen, ob von jener unbestrittenen grossen Wirksamkeit und von jenen ausgezeichneten Kurerfolgen, deren Bormio sich jederzeit zu rühmen hatte und denen es seinen uralten wohlbegründeten Ruf verdankt, namentlich im Bereiche chronisch-rheumatischer und chirurgischer Leiden, gewisser Dyskrasieen, Neuralgieen und Frauenkrankheiten, nicht ein wesentlicher Theil mit auf Rechnung seines *Gebirgsklima's* zu setzen sei, dessen wunderbare Salubrität schon im 16. Jahrhundert vom grossen Theophrastus Paracelsus[2]) erkannt und in emphatischen Worten gepriesen wurde, und dessen heilsamer Einfluss bei vielen derartigen Leiden im Allgemeinen heutzutage wohl von keinem Sachkundigen mehr bestritten wird.

Ein anderes Interesse ist dasjenige des Naturforschers und Geographen. In der Flora und Fauna der Landschaft Bormio treten ihm eine Reihe von Thatsachen, ein seltener Reichthum und eine selbst im Alpenlande ungewöhnliche Mannigfaltigkeit von Lebensformen, sowie eine Menge eigenthümlicher Verhältnisse derselben entgegen, für deren näheres Verständniss eine genauere Kenntniss des Klima's und Bodens unerlässlich ist. Wo die Beschaffenheit der Bodenunterlage und der geologische Aufbau des Gebirges zur Erklärung solcher Thatsachen, wie z. B. der Verbreitungsverhältnisse gewisser Thier- oder Pflanzenformen, nicht mehr oder nur theilweise ausreichen, da sucht er zunächst in den klimatischen Faktoren den Schlüssel zur

---

[1]) Die Thermen von Gastein liegen 3050' ü. d. M., die Thermen von Leuk 4356', Valdieri 3525', Barèges 3792', Cauterets 2868'.

[2]) Paracelsus spricht zwar an der bezüglichen Stelle, deren Wortlaut wir im historischen Theile dieser Schrift vollständig mittheilen werden, allerdings nur vom „Landt Veltlin" im Allgemeinen: „desgleichen hat weder Germania, weder Italia, weder Francia, weder der Occident noch Orient in Europa" . . . . „und so ein gesundts Landt, dass nicht viel gesunder Ort gefunden mögen werden, soweit mir das wanderen geben hatt"; allein dem Sinne nach und im ganzen Zusammenhange kann dies nur auf das *Obere Veltlin* (wozu Bormio auch gehört) bezogen werden, da bekanntlich der untere Theil, namentlich um die Ausmündung der Adda in den Comer See, leider in grosser Ausdehnung von fiebererzeugenden Sümpfen bedeckt ist und daher schwerlich jenes Lob für sich beanspruchen mag.

Lösung des Räthsels. So erwartet er von letzterer Seite zunächst Aufschluss über das Aufreten einer Anzahl von südlichen Thier- und Planzenarten in der Gegend von Bormio, in einer Breite und einer Meereshöhe, welche sie sonst nur selten oder auch nirgends mehr im Alpengebiete erreichen. Es kann hier nicht unsere Aufgabe sein, auf diese und andere derartige Thatsachen und Probleme, welche der Leser aus dem naturwissenschaftlichen Theil dieses Werkes kennen lernt, näher einzutreten. Doch möchte es am Platze sein, hier wenigstens auf eine der interessantesten pflanzengeographischen Eigenthümlichkeiten von Bormio nochmals und insbesondere aufmerksam zu machen, weil sie der Beobachtung und dem Verständnisse jedes Laien so nahe liegt und zugleich mit den Resultaten unserer vergleichenden klimatologischen Untersuchungen über Bormio, welche weiter unten folgen, in ausgezeichneter Weise harmonirt. Wir meinen die ausserordentliche Elevation der Cultur- und Vegetationsgrenzen, namentlich der Baumgrenzen und der Grenze des Ackerbaues, welche bei Bormio zum Theil ihre höchsten bekannten (gemessenen!) Maxima für das ganze Alpengebiet erreichen, oder den höchsten bekannten Vorkommnissen (in den Gruppen des Bernina, Monte Rosa und Montblanc) sich doch am meisten nähern.

Der *Nussbaum* (Juglans regia) gedeiht in der Umgebung der Stadt Bormio noch bei 3800′ Höhe, während er nach Schlagintweit u. A. in den nördlichen Kalkalpen schon bei 2500′, in den östlichen Central-Alpen im Mittel bei 2700′ (Maximum 3550—3600′), in Graubünden bei 3200′, in den Venetianer Alpen bei 3500′, im Berner-Oberland im Mittel bei 2700′ (Maximum 3600′), im Wallis und am Montblanc bei 3500—3700′ seine obere Grenze erreicht. — Der *Kirschbaum* (Prunus avium) reift am Berge von Oga (Bormio) bei 4500′ Höhe, als freistehender Baum noch Mitte August seine Früchte, während er in den Glarner Alpen schon bei 4000′ selten reife Früchte trägt und in den Algäuer Alpen (Südbayern) bei 4650′ in südlicher Exposition dessen Kultur ohne Erfolg versucht wurde; seine obere Grenze wird in den nördlichen Kalkalpen und Vorbergen zu 3500′, in den östlichen Central-Alpen zu 4000′, im Berner-Oberland zu 3900′ im Wallis zu 4164′, in Graubünden zu 4500′ angenommen. — Für die äusserste Grenze des *Ackerbaus* (Roggen und Gerste) in den Seitenthälern von Bormio (V. Furva, V. di Dentro, V. Livigno) ergibt sich aus unsern Messungen als Mittel 5500′, als Maximum 6000′ (Livigno), während sie in Niederösterreich nur 3200′, in Südbayern und der Nordschweiz kaum 3600′, in Nordtyrol und Steyermark nur 3800′, im Salzburgischen 4300′ und im Venetianischen 4400′ erreicht, in den östlichen Central-Alpen, in den Veroneser Alpen, am Comer See, in den Urner- und Berner-Alpen 4700′ nicht übersteigt, dagegen in Graubünden (Engadin und Münsterthal) und am Südabfalle des Monte Rosa schon um 6000′ oscillirt, in der Provence sogar bis 6770′ sich erhebt (nach de Candolle), dafür aber in den Pyrenäen selbst an der Südseite nicht über 5200′ hinausgeht und am Nordabhange schon bei 4900′ zurückbleibt. — Die obere Grenze der *Fichte* oder *Rothtanne* (Pinus Abies) wurde in V. Muranza am Umbrail von Heer bei 6531′, am Fascagno-Pass in südöstlicher Exposition von mir bei 6500′ gemessen; dieselbe ist aber in Nieder-Oesterreich im Mittel bloss 4200′, in Steyermark 4800′ (Maximum 5218′), in Salzburg 5000′ (Max. 5500′), Südbayern 5311′ (Max. 5603′), Nordtyrol 5200′, Nord- und Centralschweiz 5500′ (Max. 5800′; am Säntisstock und im Wäggithal jedoch ein Minimum von kaum über 4000′), im Jura 4600′, in den Centralalpen Oesterreichs und der Schweiz 6000′, in den südlichen Kalkalpen 5500′ (Max. 6300′), am Südabhange der Central-Pyrenäen aber kaum

5000', und einzig im Wallis und Chamounix-Thal erreicht sie 6350—6500'. — Ebenso erreichen *Arve* (Pinus Cembra) und *Lärche* (Larix europaea) in den Gebirgen von Bormio das Maximum ihrer Erhebung. Für die *Arvengrenze* ergibt sich aus Heer's und meinen eigenen Messungen als Mittel 6835' (Max. 7280' an Südabhängen oberhalb Trafoi am Stelvio nach Heer), für die *Lärchengrenze* 6870' (Max. 7150' Südabhang Münsterthal am Scarljoch nach Heer, am Foscagnopass fand ich selbst 7080' bei S. O. Exposition), während das Maximum für beide in Salzburg, Bayern und der nördl. Schweiz bloss 6000', in den Berner- und östlichen Central-Alpen 6300—6500', das Mittel hier bloss 6000—6100', in Graubünden und am Monte Rosa aber 6500' beträgt. — Dürfen wir uns nach Obigem wundern, wenn in diesen Gebirgen mit der Pflanzen- und Thierwelt auch der Mensch in höhern Regionen als anderswo sich angesiedelt hat? In der That gehören die Seitenthäler von Bormio zu den höchst gelegenen Culturthälern Europa's. Die drei Kirchen der weit zerstreuten Gemeinde Livigno (5600—5765' ü. d. M.) rivalisiren an Höhe mit den höchst gelegenen des Engadins, zu dessen Flussgebiet das Seitenthal von Livigno gehört. Die Kapelle des Seitenthälchens V. Federia am Casannapass liegt nach Heer 6040' ü. M., und ebenso hoch diejenige von S. Giacomo di Fraële, auf der merkwürdigen Wasserscheide zwischen Inn und Adda, wo im 17. Jahrhundert (nach des Chronisten Guler v. Wyneck Bericht) neben „einer ziemlichen Anzahl Häuser", „ein mächtiger Eisenhandel mit gewaltigen Schmelzhütten und Schmitten" bestand, — beide somit in gleicher Höhe mit der Kapelle von V. Fex bei Sils im Oberengadin (6031') und mit der Pfarrkirche zu Cresta in Avers (6055'), welches in der Alpenliteratur gewöhnlich als „das höchste in Dörfern bewohnte europäische Thal" bezeichnet wird. Allein noch höher liegt die S. Annakirche der zerstreuten Berggemeinde *Trepalle* (im gleichnamigen Seitenthälchen zwischen Livigno und dem Foscagnopass) mit nebenangebautem Pfarrhause, in dessen Gaststube wir am 28. Sept. 1860 unser Barometer aufgeflanzt und, nach zwei mit St. Moritz correspondirenden Beobachtungen, eine absolute Höhe von 6465' (2100 Met.) gefunden haben. Es ist dies somit wohl die höchstgelegene Dorf- und Pfarrkirche Europa's; denn auch in der Monte Rosa- und Montblanc-Gruppe kennen die Herren Schlagintweit keine Alpendörfchen über 6100—6300', und das von ihnen angeführte St. Veran am M. Viso liegt 6268', also trotz der südlichern Lage immerhin noch ungefähr 200' tiefer als S. Anna di Trepalle. — Aber auch die Cantoniera IV zu S. Maria am Wormserjoch gehört, neben dem ungefähr gleich hoch gelegenen S. Bernhard-Hospiz der penninischen Alpen, zu den höchsten menschlichen Wohnstätten Europa's, sowie denn auch das Stilfserjoch als der höchste fahrbare Gebirgspass der Welt schon lange berühmt ist.

Alle diese Thatsachen weisen übereinstimmend auf besondere klimatische Begünstigungen, namentlich verhältnissmässig hohe Jahres- und Sommertemperaturen hin, welche für Bormio und Umgebung nachzuweisen Aufgabe der folgenden Abschnitte sein wird.

Erster Abschnitt.

Uebersicht und Resultate der meteorologischen Beobachtungen zu Bormio und am Wormserjoch.

Von fünf verschiedenen Punkten der Landschaft Bormio sind uns regelmässige meteorologische Beobachtungen bekannt geworden, auf welche sich unsere Kenntniss der klimatischen Verhältnisse dieses Gebietes stützt. Die drei untern derselben liegen noch in der Cultur- und Waldregion zwischen 4100—5600′, während die beiden obersten Punkte in der bedeutenden Höhe von 7600—8700′ schon hoch über der Waldgrenze liegen und als Repräsentanten der obern Alpen- und untern Schneeregion zu gelten haben. Im Ganzen also eine Höhenzone von ca. 4500′ umfassend sind es, in der Reihenfolge von unten nach oben, folgende Stationen:

I. *Neues Bad* (wir bezeichnen diese Station als *Bormio I*) 4125′ ü. d. M., N. Breite 46° 27′, O. L. v. F. 29° 2′. Hier wurden in den Jahren 1856—1859, auf Veranlassung und nach dem Plane der k. k. Central-Anstalt für Meteorologie und Erdmagnetismus, durch Fr. Catharina Manfredi tägliche, jedoch öfters unterbrochene Beobachtungen über Lufttemperatur, Niederschläge und Windrichtung angestellt, wovon zuerst successive in den „Witterungsübersichten" genannter Central-Anstalt die Monatsmittel, später in den von Karl Kreil herausgegebenen „Wiener Jahrbüchern" vollständigere Auszüge publicirt worden sind. Beobachtungsstunden: 7 U. Morg., 2 U. und 9 U. Abends. Wir haben davon den einzigen ziemlich vollständigen Jahrgang 1856 benutzt; die Monatsmittel haben wir den „Witterungsübersichten", die Mittel der Tageszeiten dem VIII. Bande der „Jahrbücher" entnommen, die Temperaturangaben in *C.*-Grade verwandelt, die mittlere tägliche Oscillation aus den Morgen- und Mittagbeobachtungen, die absolute (der Monate und Jahreszeiten) aus den Extremen und die Temperatur der Jahreszeiten aus den Monatsmitteln berechnet, die Mitteltemperatur des Januar und Februar aber, wo direkte Beobachtungen fehlen, aus den gleichzeitigen der 1470′ höher gelegenen, kaum 1 Stunde entfernten Station Cantoniera I oder Stelvio I interpolirt. Die Beobachtungen der Jahrgänge 1857 und 1859 sind in Bezug auf die Sommer- und Herbstsaison zu lückenhaft, um hier weiter berücksichtigt werden zu können, und diejenigen von 1858 fehlen gänzlich.

II. Altes Bad (wir bezeichnen diese Station als *Bormio II*) 4460′. Hier haben wir selbst im October 1860 zwei zu einem August'schen Psychrometer verbundene Thermometer C. von Greiner aufgestellt und den damaligen Badewirth, Herrn Hauptmann B. Magani, zu regelmässigen meteorologischen Aufzeichnungen veranlasst, welche nach demselben Plane wie an den zahlreichen damals im benachbarten Canton Graubünden von uns eingerichteten Stationen angestellt und ohne Unterbrechung mit verdankenswerther Ausdauer und Genauigkeit bis Ende October 1861 fortgeführt, dann aber wegen Abreise des Beobachters eingestellt wurden. Wir haben diese, einen vollständigen Jahrgang umfassende Beobachtungsreihe schon früher nach den mitgetheilten Originaltabellen bearbeitet und die Hauptresultate in tabellarischem Auszuge im XII. Jahresbericht der Naturforschenden Gesellschaft Graubündens für 1866/67 publizirt. Beobachtungszeit: Morgens bei Sonnenaufgang (annäherndes Temperatur-Minimum), Mittags 1—2 Uhr (annäherndes Temperatur-Maximum), Abends 9 Uhr.

Das arithmetische Mittel aus diesen 3 Beobachtungen steht dem wahren Tagesmittel so nahe, dass wir es nicht für nöthig fanden, daran weitere Correctionen anzubringen.

III. Prima Cantoniera an der Stelvio-Strasse (wir bezeichnen sie daher als *Stelvio I*), 5604′ ü. M. Gleichzeitige Beobachtungen mit Bormio I und Stelvio II, ebenfalls von der Wiener Centralanstalt für Meteorologie veranlasst und publizirt, die Jahre 1855—1859 umfassend, jedoch ebenso lückenhaft wie erstere, einziger vollständiger Jahrgang 1856, welchen wir hier allein benutzt haben. Beobachter: Aufseher Leon. Manfredi. Beobachtungszeit und Alles Uebrige wie bei Bormio I; jedoch liegen von dieser, wie von der folgenden Station, noch einige Beobachtungen über den Ozongehalt der Luft vor, welche wir, trotz ihrer Lückenhaftigkeit und der problematischen Zuverlässigkeit des Ozonometers, wegen ihres hohen physiologischen Interesses dennoch in unsere Tabellen aufgenommen haben (s. Taf. III).

IV. Quarta Cantoniera an der Stelvio-Strasse oder S. Maria am Wormserjoch (wir bezeichnen sie als *Stelvio II*) 7643′ ü. M. N. Breite 46°32′, O. L. v. F. 28°5′. Von dieser Station besitzen wir das reichste und vollständigste Beobachtungsmaterial, welches namentlich auch über die Schneeverhältnisse der Ortler-Gruppe höchst interessante Aufschlüsse liefert. Die Höhe von S. Maria bezeichnet zugleich die untere Gletschergrenze in diesem Theile der Alpen (sie wurde von Prof. O. Heer im Sommer 1834 östlich von Spondalunga in der V. Vitelli zu 7678′ barometrisch bestimmt), während die eigentliche Schneelinie hier und im Oberengadin noch beinahe 2000′ höher hinaufrückt, also mindestens ebenso hoch als am Monte Rosa und Montblanc, wo sie zu 8800—9500′, und weit höher als in den Pyrenäen, wo sie schwankend zu 7500—8670′ (am Mont Perdu der Central-Pyrenäen nach Ramond schon bei 2435 M. od. 7497′) angegeben wird. Für die Meteorologie und Klimatologie der rhätischen Ostalpen hat daher die IV Cantoniera oder S. Maria am Wormserjoch dieselbe hohe Bedeutung wie das Hospiz auf dem Gr. S. Bernhard für die penninischen Westalpen erlangt. Die Beobachtungen über Temperatur und Witterung wurden zu S. Maria schon im Jahr 1824, gleich nach Erbauung des Riesenwerkes der Stelvio-Strasse (deren Section Bormio-Stilfserjoch in der Periode vom Juni 1820 bis September 1824 vollendet wurde), begonnen und mit kurzen Unterbrechungen bis April 1859 fortgesetzt. Leider fehlt es hier aber noch sehr an einer Zusammenstellung und gleichmässigen Bearbeitung des zerstreuten Gesammtmaterials, um es für die Wissenschaft so recht verwerthen zu können. Von der ersten 10-jährigen Beobachtungsreihe (1824—1833) hat Ingenieur Giov. Donegani, der berühmte Erbauer der Stilfserjoch-Strasse in seinem „Guida allo Stelvio“ (1842) ein kurzes Résumé gegeben, nämlich eine tabellarische Uebersicht der jährlichen Temperatur-Extreme und der jährlichen Anzahl der klaren, Regen-, Schnee- und Nebeltage. Mittelwerthe oder weiteres Detail werden leider nicht mitgetheilt. Später hat Herman v. Schlagintweit für seine meteorologischen Untersuchungen (in der von ihm und seinem Bruder bearbeiteten physikalischen Geographie der Alpen. 1850) eine 8-jährige, mit Mailand correspondirende Beobachtungsreihe benutzt, welche er Dove's grossen Sammelwerken entnommen. Endlich finden sich die Jahrgänge 1854—1859 in den Publikationen der Wiener meteorologischen Central-Anstalt: Die Monats- und Jahresmittel und Extreme in den „Witterungsübersichten“, dieselben nebst den Stunden- und Tagesmitteln in vollständigem Auszuge in den

„Wiener Jahrbüchern". Es gebricht uns jedoch hier an Raum, auch liegt es ausser der Aufgabe dieser Schrift, diese höchst interessante Station so einlässlich und ausführlich zu behandeln, als sie es wegen dieses grossen Reichthums an Beobachtungen wirklich verdiente. Wir müssen uns für unsern Zweck darauf beschränken, aus jenem Schatze einzig den Jahrgang 1856, wegen der mit Bormio I correspondirenden Beobachtungen, herauszuheben und demselben, zur Vergleichung, noch die 8-jährigen Temperatur-Mittel nach v. Schlagintweit beizufügen. Beobachter im Jahr 1856 war Herr David Corbetta; Beobachtungsstunden: 6 U., 2 U., 10 U., das Uebrige wie bei Bormio I und Stelvio I, jedoch wurden in S. Maria auch Barometer, Psychrometer und Ozonometer regelmässig beobachtet und die Höhe der Schneegrenze für jeden Monat notirt.

V. Stilfserjoch oder *„Ferdinandshöhe"* (wir bezeichnen sie mit *Stelvio III*) 8663′ ü. M. Auf der Uebergangshöhe des Stelvio wurden seit Juli 1856 ebenfalls mit Bormio und S. Maria correspondirende täglich zweimalige Temperatur-Beobachtungen (7 U. Morgens und 7 U. Abends) angestellt und an die Wiener Central-Anstalt eingesandt, in deren Publikationen sich 6 Monate von 1856, nebst ein paar Monaten (Febr., März, Juni) der beiden folgenden Jahrgänge, vorfinden. Es war dies bis vor Kurzem der höchstgelegene Punkt in Europa, an welchem solche Beobachtungen in fortlaufender Reihe angestellt wurden[1]).

Leider gestatten uns aber weder Umfang noch Zweck gegenwärtiger Schrift, die für den Naturforscher so interessanten Beobachtungen an dieser obersten Station unseres Gebiets hier weiter zu berücksichtigen.

Wir wenden uns nun zur Zusammenstellung der direkten Beobachtungsresultate unserer vier Stationen, nach den obengenannten Aufzeichnungen aus den Jahren 1856 (Bormio I, Stelvio I und II) und 1860/61 (Bormio II). Ueber die Temperaturverhältnisse der nächsten Umgebungen der Bäder[2]) von Bormio gibt Taf. I., über diejenigen der Region zwischen 5600–7600′ am Wormserjoch Taf. II., und über Wind, Bewölkung, Feuchtigkeitsverhältnisse, Gewitter und Niederschläge in unserem Gebiete gibt Taf. III Aufschluss in möglichst übersichtlicher Form.

---

[1]) Der Gipfel des Faulhorns im Berner-Oberland, wo Kämtz selbst während 4 Sommermonaten Beobachtungen anstellte, und die Goldzeche auf der Fleuss in Kärnthen, woher v. Schlagintweit durch den Bergwerksbeamten M. Altmann Beobachtungen erhielt, liegen nur je 8250 und 8590 Fuss ü. M. Erst seit Erbauung der Dollfusshütte und Etablirung einer meteorol. Station auf dem 10315 Fuss hohen Matterjoch am Monte Rosa im Jahr 1865, wo unser Freund H. Wettstein während zwei Sommermonaten sich meteorologischen Beobachtungen unterzogen und auf dem sehr beschränkten Raume jener Firninsel noch 13 Arten von Blüthenpflanzen (worunter eine neue *Saxifraga Dollfussii* Nob., neben S. exarata und S. planifolia, deren hybride? Mittelform sie ist) gesammelt hat, — ist das Stilfserjoch um die Ehre gekommen, die höchste wissenschaftliche Station Europa's zu besitzen. Eine 42tägige Beobachtungsreihe (25. Juli bis 5. Sept.), welche im Jahr 1858 Maler W. Georgy auf dem Piz-Languard im Ober-Engadin in einer Höhe von 9800 F. angestellt und uns gütigst mitgetheilt hatte, bis dahin wohl die längste Reihe aus solcher Höhe, findet sich im III. Band (S. 328) der Publikationen der Schweiz. Meteor. Central-Anstalt abgedruckt.

[2]) Nach den Oesterreich. Vermessungen, deren Resultate an den wichtigsten Punkten der Stelviostrasse in Granitplatten eingegraben sind, beträgt die Meereshöhe des Hofes des neuen Bades 1340 Meter = 4125 Par., diejenige der Stadt Bormio 644 Klafter = 1223 M. = 3764′. Da nun die Oesterr. „Witterungsübersichten" für 1856, übereinstimmend mit dem „Wiener Jahrbuche" (VIII), die Höhe der Station Bormio I zu 688 Toisen = 4128 Par. berechnen, so folgt daraus nothwendig, dass die betreffende Beobachtungsstation im *neuen Bad* und keineswegs in der ½ St. entfernten und 364′ tiefer gelegenen *Stadt* Bormio etablirt war, wie übrigens schon die Temperaturmittel und deren geringe Differenzen gegenüber dem *alten Bad* erwarten lassen. Für das St. Martinskirchlein bei letzterem gibt die Eidgen. Generalstabskarte die Höhe von 1435 M. = 4417′ an; nun liegt aber der Speisesaal des alten Bades (nach unserer direkten Messung) 43′ höher als jenes, somit *1449 M. = 4460′* ü. M.; Thermometer und Psychrometer waren 5 M. = 15′ über dem Speisesaal, somit 1454 M. ü. M. aufgestellt. Aus 5 mit St. Moritz correspondirenden Beobachtungen (20.—28. Sept. 1860) berechneten wir für das alte Bad die Höhe von 1446 M. = 4450′.

Taf. I.

Temperatur-Verhältnisse zu Bormio.

1836	Bormio I (Neubad), 4125 ü. M.									Bormio II (Altbad), 4460 ü. M.									1860/61
	Mittlere Temperatur C.				Temp.-Extreme		Temp.-Oscillation			Mittlere Temperatur C.				Temp.-Extreme		Temp.-Oscillation			
	des Tages	Morgens	Mittags	Abends	Maxim.	Minim.	mittlere tägliche	grösste tägliche	absolute	des Tages	Morgens	Mittags	Abends	Maxim.	Minim.	mittlere tägliche	grösste tägliche	absolute	
Januar	+1.04	—	—	—	—	—	—	—	—	+0.21	−1.04	+2.40	−0.70	10.5	−9.7	3.44	8.1	20.2	Januar
Februar	+1.46	—	—	—	—	—	—	—	—	+1.46	−0.47	+3.93	+0.92	9.3	−6.7	4.40	7.1	16.0	Februar
März	+2.08	+0.20	+3.77	+2.29	+8.7	−6.2	3.57	—	14.9	+1.40	−0.90	+4.74	+0.36	9.8	−6.6	5.64	10.5	16.4	März
April	+7.40	+4.64	+11.81	+5.77	+16.2	0.0	7.17	—	16.2	+5.04	+2.08	+9.27	+3.77	13.5	−0.8	7.19	10.5	14.3	April
Mai	+7.40	—	—	—	+21.2	0.0	—	—	21.2	+8.96	+5.97	+12.84	+8.07	21.6	−4.0	6.87	11.2	25.6	Mai
Juni	+15.77	—	—	—	+26.2	+7.7	—	—	18.5	+13.29	+11.46	+16.25	+12.16	25.4	+7.0	4.79	9.0	18.4	Juni
Juli	+16.20	+13.85	+16.07	+14.92	+23.4	+5.0	2.22	—	18.0	+14.38	+11.97	+17.20	+13.85	27.2	+9.0	5.23	14.4	18.2	Juli
August	+16.47	+12.81	+21.20	+15.40	+20.9	+10.2	8.39	—	16.7	+18.27	+14.72	+22.91	+17.17	28.7	+9.0	8.19	10.9	19.7	August
September	+11.25	+9.06	+14.02	+10.04	+22.9	+2.5	4.96	—	20.1	+12.49	+9.74	+10.36	+11.37	24.8	+4.4	6.62	9.5	20.4	September
October	+8.98	+6.82	+11.62	+8.42	+15.0	−1.6	4.80	—	16.6	+9.72	+7.58	+13.01	+8.80	21.9	+2.6	5.45	9.5	19.3	October
November	−1.30	−1.97	+0.47	−2.96	+8.7	−7.5	2.44	—	16.2	+0.83	−0.35	+2.75	+0.11	7.7	−6.6	3.10	7.4	14.3	November
December	−3.05	−3.90	+2.25	−3.11	+3.7	−11.2	6.05	—	14.9	−3.51	−4.56	−1.91	−4.06	3.4	−14.6	2.45	7.8	18.0	December
Frühling	+5.63	—	—	—	21.2	−6.2	—	—	27.4	+5.17	+2.38	+8.95	+4.07	21.6	−6.6	6.47	11.2	29.2	Frühling
Sommer	+16.14	—	—	—	26.9	+5.0	—	—	21.9	+15.30	+12.72	+18.79	+14.30	28.7	+7.0	6.07	14.4	21.7	*Sommer*
Herbst	+6.24	+4.64	+8.70	+5.17	22.9	−7.5	4.08	—	30.1	+7.66	+5.86	+10.70	+6.69	24.8	−6.8	5.05	9.5	31.4	Herbst
Winter	−0.18	—	—	—	—	—	—	—	—	−0.61	−2.02	+2.75	−1.28	10.5	−14.6	4.77	8.1	25.1	Winter
Jahr	+6.96	—	—	—	26.9	−11.2	—	—	38.1	+6.87	+4.64	+9.94	+5.97	28.7	−14.6	5.30	14.4	43.3	*Jahr*

Taf. II.

Temperatur-Verhältnisse am Stelvio oder Wormserjoch.

1856	Stelvio I (Cantoniera I) 5604' ü. M.							
	Mittlere Temperatur C.				Temp.-Extreme		Temp.-Oscillation	
	des Tages	Morgens 7 Uhr	Mittags 2 Uhr	Abends 9 Uhr	Maxim.	Minim.	mittlere tägliche	absolute
Januar . .	−3.31	−4.71	1.75	3.46	+4.1	−12.5	2.96	16.9
Februar . .	−3.07	4.28	−1.41	−3.51	+2.8	−10.6	2.83	12.5
März . . .	1.60	−3.09	−0.11	−1.85	+5.0	8.7	2.09	13.7
April . . .	+4.26	+3.31	+5.19	+3.95	+13.0	0.0	2.15	13.0
Mai	+4.90	+3.22	+5.27	+4.12	+10.0	−5.0	2.05	15.0
Juni . . .	+9.64	+9.95	+10.27	+8.85	+16.2	+2.5	1.62	13.7
Juli	+10.15	+9.10	+12.56	+8.80	+17.5	+1.2	3.76	16.3
August . .	+11.75	+10.30	+14.25	+10.70	+20.0	+8.2	3.35	13.8
September	+5.43	+4.56	+6.75	+5.00	+13.7	−2.5	2.19	16.2
October . .	+5.04	+3.44	+7.17	+4.51	+12.5	0.0	3.73	12.5
November .	−6.06	6.08	−4.29	6.95	+7.5	13.7	2.68	21.2
December .	−9.21	9.61	−7.92	10.14	−3.7	−15.8	2.22	11.9
Frühling .	+2.28	+1.18	+3.55	+2.07	+13.0	8.7	2.39	21.7
Sommer . .	+10.53	+9.78	+12.36	+9.45	+20.0	+1.2	2.91	18.8
Herbst . .	+1.47	+0.35	+3.21	+1.19	+13.7	−13.7	2.86	27.4
Winter . .	−5.21	−6.30	−8.70	5.71	+4.1	−15.6	2.50	20.0
Jahr . . .	+2.26	+1.27	+3.85	+1.68	+20.0	−15.6	2.54	35.6

Stelvio II (Cantoniera IV S. Maria) 7643' ü. M.									1856
Mittlere Temperatur C.					Temp.-Extreme		Temp.-Oscillation		
des Tages 5jähr. M.	des Tages 1856	Morgens 6 Uhr	Mittags 2 Uhr	Abends 10 Uhr	Maxim.	Minim.	mittlere tägliche	absolute	
−12.5	8.52	9.61	−7.27	8.65	4.0	16.1	2.37	12.1	Januar
10.1	8.70	10.91	6.50	8.66	1.9	−18.0	4.41	16.1	Februar
−9.2	8.31	10.61	6.32	8.44	−2.6	16.7	3.19	14.1	März
−5.2	7.00	−8.61	−5.33	−7.16	2.5	−13.0	3.26	10.5	April
+0.9	2.41	4.90	+0.70	3.72	+6.6	10.6	4.30	17.2	Mai
+5.2	+5.17	+4.16	+7.50	+3.88	+14.0	5.0	3.62	19.0	Juni
+9.4	+6.88	+4.96	+9.97	+5.71	+16.0	−1.7	5.01	17.7	Juli
+7.9	+7.49	+6.21	+11.27	+6.18	+16.5	+2.0	5.09	14.5	August
+1.6	+3.86	+0.78	+6.04	+4.81	+8.5	4.0	5.26	12.5	September
−1.6	−0.66	3.45	+2.09	−0.61	+6.6	10.5	5.54	17.1	October
9.0	9.76	10.84	9.04	10.60	4.7	16.9	2.80	12.2	November
9.5	13.71	15.21	−11.28	14.65	8.4	−19.2	3.95	10.8	December
4.5	−5.92	−7.68	3.73	6.40	+6.6	−16.7	3.89	23.3	Frühling
+7.5	+6.64	+5.12	+9.65	+5.25	+16.5	−5.0	4.16	21.5	*Sommer*
−3.0	−2.18	−4.50	+0.08	2.16	+8.5	16.9	4.53	25.4	Herbst
−10.7	−10.31	11.95	−8.34	10.65	−1.9	19.2	3.50	17.3	Winter
−2.7	−2.91	1.72	−0.62	−9.46	+16.5	−19.2	4.10	35.7	*Jahr*

Taf. III.

Hydrometeore, Windrichtung, Gewitter und Ozongehalt.

	Bormio II. (1860/61)							Bormio I. (1856)			Stelvio I. (1856)					Stelvio II. (S. Maria am Wormserjoch) (1856)													
	Tage					Schneemasse	Herrschender Wind	Niederschläge		Herrschender Wind	Niederschläge		Herrschender Wind	Ozon		Mittlere Bewölkung	Relative Feuchtigkeit		Menge		Tage mit					Herrschender Wind	Ozon	
	Klare	trübe	Nebel	Regen	Schnee	(Par. Zoll)		Menge (Par. Linien)	Tage		Menge	Tage		Tag	Nacht		mittl.	Min.	der sammtl. Niederschläge	des Schnees	Niederschlag	Regen	Schnee	Nebel	Gewitter		Tag	Nacht
Januar . .	18	2	—		2	$3''_{32}$	N.		—		—		W.N.	7_2	7_0	4_{72}	73_8	60	$122'''_0$	?	11	–	11	–	–	W.O.	7_4	7_6
Februar .	5	4	3	2	5	$14''_{40}$	N.				$22'''_0$	—	N.W.	6_8	6_8	2_{63}	67_8	43	$47'''_6$	$47'''_6$	7	—	7	—	—	S.W.	7_2	7_0
März . .	5	2	5	4	7	$5''_{54}$	N.			W.	$20'''_0$	—	N.O.	6_2	6_8	5_{44}	80_1	47	$65'''_3$	$65'''_3$	10	—	10	5	—	W.	7_3	7_5
April . .	9	—	—	1	1	—	N.	—		W.	$114'''_9$	—	N.	6_7	6_9	4_{29}	74_0	43	$47'''_7$	$47'''_7$	10	—	10	1	—	W.O.	7_8	7_3
Mai . . .	8	2	—	5	2	—	N.	—	7	N.	$48'''_6$	12	W.	—	—	6_{94}	76_5	46	$172'''_4$	$147'''_0$	12	3	10	2	—	W.N.	8_2	8_0
Juni . . .	3	4	—	17	—	—	N.	$25'''_{95}$	7	N.	$6'''_8$	3	N.	—	—	4_{18}	76_7	52	$89'''_8$	$60'''_0$	12	5	8	—	1	W.O.	7_9	7_4
Juli . . .	15	3	—	6	—	—	S.	$22'''_{64}$	7	N.W.S.	$44'''_0$	11	N.	—	—	6_{36}	77_4	53	$170'''_2$	$45'''_0$	22	18	7		8	W.N.	8_0	7_8
August . .	25	—	—	1	—	—	S.	$41'''_{34}$	9	N.	$51'''_7$	8	W.	—	—	5_{02}	67_5	48	$47'''_1$	$9'''_0$	10	9	1	2	1	W.N.O.	7_7	7_8
September	15	4	—	7	—	—	N.	$91'''_{36}$	13	W.N.S.	$80'''_4$	11	N.	—		7_{24}	74_7	44	$157'''_8$	$100'''_0$	21	11	13	2	—	W.N.	8_4	8_2
October .	19	3	—	3	1	–	N.	$41'''_{95}$	3	N.	$30'''_7$	5	N.S.	—	—	2_{75}	70_6	36	$44'''_9$	$41'''_9$	8	—	8	1	1	W.O.N.	8_1	8_0
November	4	8	6	5	5	$19''_{91}$	S.	$13'''_{86}$	3	N.	$23'''_8$	?	N.	—	—	4_{07}	51_4	19	$67'''_9$	$67'''_9$	9	—	10	1	—	W.N.O.	8_2	8_3
December	8	6	3	1	4	$2''_{53}$	N.	$12'''_{08}$	5	N.	$22'''_0$	3	N.	—	—	5_{36}	42_6	14	$79'''_2$	$79'''_2$	14	—	14	6	—	W.N.	7_8	7_7
Frühling .	22	4	5	10	10	$5''_{54}$	N.	—	—	W.	$183'''_5$	?	N.W.	—	—	5_{56}	76_9	43	$285'''_4$	$260'''_0$	32	3	30	8	—	W.	7_5	7_6
Sommer .	43	7	—	24	—	—	S.	$89'''_{93}$	23	N.	$102'''_5$	22	N.W.	—	—	5_{19}	73_9	48	$307'''_2$	$114'''_0$	44	32	16	2	10	W.N.	7_9	7_7
Herbst . .	38	15	6	15	6	$19''_{91}$	N.S.	$146'''_{37}$	19	N.	$134'''_9$	?	N.	—		4_{64}	65_6	19	$270'''_6$	$212'''_8$	38	11	31	4	1	W.N.	8_2	8_1
Winter .	31	12	6	3	11	$20''_{27}$	N.	—	—	—	$177'''_1$	—	N.W.	—	—	4_{20}	61_4	14	$248'''_8$	$126'''_8$	32	—	32	6	—	W.	7_3	7_4
Jahr . . .	134	38	17	52	27	$45''_{75}$	N.	$37''_4$ (Par. Zoll.)	—	N.	$49''_8$ (Par. Zoll.)	—	N.W.	—	—	4_{50}	69_7	14	$92''_7$ (Par. Zoll.)	$59''_5$	146	46	109	20	11	W.	7_8	7_7

Wir haben diesen Tabellen noch einige ergänzende Notizen beizufügen. Im *neuen Bad (Bormio I)* wurden in den 3 Jahren 1863—1865 während 2 Sommermonaten von den Badeärzten G. G. Bruni und Emilio Marturano noch einige Beobachtungen über Temperatur und Feuchtigkeit angestellt, wovon uns nur ein kurzer handschriftlicher Auszug des erstgenannten Arztes zur Verfügung gestellt wurde. Da derselbe über Instrumente, Aufstellung, Beobachtungsplan und Berechnungsart keine näheren Aufschlüsse gibt, so lassen wir die mitgetheilten Daten hier gerade so folgen, wie sie uns zugekommen, ohne dafür eine weitere Verantwortlichkeit zu übernehmen.

Bormio I.

	Juli	August
Mittlere Temperatur	+17,0 C.	+16,3 C.
Höchste „	+22,6 „	+23,2 „
Niederste „	+10,0 „	+ 9,5 „
Mittlere Feuchtigkeit . . .	68,4	68,3
Geringste „ . . .	30,3	30,0
Grösste „ . . .	83,3	83,3
Klare Tage (giorni sereni) . .	21,8	23,5
Vermischte Tage (giorni misti) .	4,1	5,2
Bewölkte Tage (giorni nuvolosi) .	5,3	2,3
Regnerische T. (giorni piovosi) .	2,6	1,5

Da in unsern Tabellen der Mangel an längeren Beobachtungen über Dunstdruck und relative Feuchtigkeit zu Bormio im therapeutischen wie naturwissenschaftlichen Interesse so sehr zu bedauern ist, so erlauben wir uns noch eine wenn auch noch so kurze Reihe von Beobachtungen, welche wir selbst während unseres Aufenthaltes zu *Bormio* vom 20. Septbr. bis 10. Octbr. 1860 an einem genauen August'schen Psychrometer täglich drei Mal angestellt haben, und die zur Controle obiger Angaben dienen können, gleich hier anzufügen. Unsere Beobachtungen umfassen im Ganzen bloss 14 Tage, da wir die übrigen 7 Tage zu Gebirgstouren in der Umgebung verwendet hatten.

Psychrometer-Beobachtungen zu Bormio II (20. Sept. bis 10. Oct. 1860).

	Vormittags	Nachmittags	Abends	im Tage
Mittlerer Dunstdruck (Par. Lin.) .	2,38‴	2,53‴	2,08‴	2,33‴
Mittlere relative Feuchtigkeit .	74,03	53,51	74,40	67,31
Geringste Feuchtigkeit . . .	62,4	30,6	60,4	30,6
Grösste Feuchtigkeit . . .	97,4	90,7	88,5	97,4

Gleichzeitige Beobachtungen des Eidg. Zolleinnehmers A. Garbald zu *Castasegna* (2155′), in der Kastanienregion des benachbarten Mairathales bei Chiavenna, ergaben für die gleiche Periode: mittl. Feuchtigkeit für Morgens 7 U.: 73,6, Nachm. 2 U.: 71,6, Abends 9 U.: 77,6, Tagesmittel 74,3, Minimum 43,1, während im September (1860) das Mittel 80,8, das Minimum 39,0, im October das Mittel 71,3, das Minimum 35,0 betrug.

Der *mittlere Luftdruck* (Barometer auf 0 reduzirt) zu *Bormio II* (in der 3. Etage, 15,3′ über dem Vorhofe des alten Bades) betrug während dieser Periode (20. Sept. bis 10. Oct. 1860), im Tagesdurchschnitt 285,85‴ oder 644,81ᵐᵐ, nämlich Morgens 287,05‴, Nachmittags 285,17‴, die mittlere tägliche Oscillation

0,98‴, oder 2,21mm, das Maximum den 7. Oct. Morgens 288,05‴, das Minimum den 9. October Abends 281,25‴. Die mittlere Lufttemperatur dieser Periode war 10,16° C.

Zu *S. Maria* am Wormserjoch *(Stelvio II)* stellte sich das Jahresmittel des *Luftdruckes* für 1856 zu *247,56‴* od. 558,44mm heraus, im September betrug das Mittel 248,32‴ (Morg. 248,31‴, Nachm. 248,39‴, Ab. 248,28‴), im Oct. 250,34‴ (Morgens 250,66‴, Nachmittags 250,18‴, Abends 250,17‴), das Maximum im Jahr 253,98‴ (den 21. August), im October 251,29‴, das Minimum im Jahr 239,62‴ (den 7. Dezember), im October 248,79‴. Die *monatliche Oscillation* des Barometers für den October betrug hier somit bloss 2,5‴, zu Bormio II (1860) aber 6,8‴, zu Botzen (1856) sogar 7,3‴, ja im Dezember war sie hier unten 17,0‴, aber am Stelvio II bloss 10,1‴; hier oben betrug sie im September 3,3‴, im August 5,2‴, zu Botzen im September 5,5‴, im August 9,1‴, zu Sondrio (Veltlin) im September 2,06‴, im August 4,09‴.

Der *mittlere Dunstdruck* (Dampfmenge) betrug 1856 für *Stelvio II* im Jahresmittel 2,13‴, im August 4,54‴ (Morgens 4,33‴, Nachm. 4,87‴, Abends 4,41‴), im September 3,68‴ (Morgens 3,39‴, Nachmittags 3,98‴, Abends 3,67‴), im October 2,13‴ (Morgens 2,01‴, Nachmittags 2,27‴, Abends 2,10‴); für *Botzen* gleichzeitig im Jahr 2,93‴, im October 3,67‴, September 4,26‴, August 5,84‴; für *Venedig* im Jahr 3,83‴, October 4,56‴, September 5,51‴, August 7,05‴; für *Mailand* im Jahr 3,69‴, October 4,25‴, September 4,61‴, August 6,11‴; für *Innichen* (3588′ ü. M., Ost-Tyrol) im Jahr 1,29‴, im October 2,52‴, September 2,88‴, August 3,73‴.

Während der 10jährigen Periode 1824—1833 wurden bei der IV Cantoniera am Wormserjoch, *(Stelvio II)* folgende *Temperatur-Extreme* beobachtet: grösste Wärme +21°,2 C. (17° R.) am 30. Juli 1829, grösste Kälte —32°,5 C. (26° R.) am 17. Januar 1826. (Auf dem Gr. S. Bernhard während einer 14jährigen Periode beobachtetes Maximum +19°,7, Minimum —30°,2; auf dem St. Gotthard nach 14jährigen Beobachtungen +21°,8 und —30°,0; auf dem St. Bernhardin nach 10jährigen Beobachtungen +21°,2 und —31°,2; auf dem Julier nach 10jährigen Beobachtungen +26°,2 und —29°,0; zu Bevers im Oberengadin nach 16jährigen Beobachtungen +31°,6 und —32°,1; zu Innsbruck nach 55jährigen Beobachtungen +37°,5 und —31°,2).

Für dieselbe Periode ergaben sich im 10jährigen Durchschnitt zu S. Maria oder *Stelvio II* jährlich 122,5 klare, 158,8 bewölkte und nebelige Tage, 48,2 *Schnee-* und 35,8 *Regen*-Tage, zusammen also 84 nasse Tage, während der Gr. St. Bernhard deren 100,6, der St. Gotthard 161,1 nasse und 277 Nebeltage zählt (im 12jährigen Durchschnitt nach Kämtz und De Gasparin), der bloss 3050′ hohe Peissenberg in Südbayern aber 163,4 nasse, 58,7 Schnee- und 132 Nebeltage, und das bloss 2250′ hoch gelegene Tegernsee in den bayerischen Alpen sogar 170 nasse, 70,7 Schnee- und 134,6 Nebeltage (im vieljährigen Durchschnitt nach Lamont und Sendtner.) — Zu Anfang November bedeckt sich die Stelviostrasse mit einer 3—7½′ hohen Schneeschicht und bleibt gewöhnlich bis in den Mai hinein für Räderfuhrwerke geschlossen. Dann wird, wie auf andern Alpenstrassen, die angesammelte und abgelagerte Schneemasse, welche dannzumal (nach Donegani's Angaben) auf der lombardischen Seite durchschnittlich noch eine Schicht von 4½′, auf der Tyroler Seite von über 5′ bildet, in einer Breite von 2 Meter (6′) ausgeschaufelt und die Strasse wieder für das Rad geöffnet. In dem ausserordentlich schneereichen Winter 1825/26 lag jedoch auf der Tyroler Seite des Stilfserjochs an einzelnen Stellen eine Schneeschicht von 12¹/₃′, und da, wo der Schnee durch Winde und Lauinen zusammengehäuft worden, musste er sogar bis zu einer Höhe von 21¹/₂′ ausgeschaufelt werden. Im schneearmen Winter 1855/56 fuhr man dagegen noch im Dezember (wo vom 3.—24. gar kein Schnee fiel) mit Wagen bis zur Höhe von 1800 Met. (5540′, bei der I Cantoniera). Im Februar reichte der Schnee bei Bormio nur bis 1500 M. (ob dem alten Bad), auf der Tyroler Seite sogar nur bis 2450 M. (7545′) hinab. Ende März war die Schneegrenze bis 1600 M. (4925′) und im April schon bis 1900 M. (5850′) hinauf gerückt; aber in den drei folgenden Monaten fiel wiederholt neuer Schnee, welcher wieder bis 1900 M. und 1850 M. herabreichte; am 25. August schneite es nicht über 2500 M. (7700′) herab, am 2./3. September jedoch schon bis 1800 M. (Südseite) und 1550 M. (Nordseite); am 2. October lag Schnee bis 1600 M., am 16. bis 2000 M., am 21. bis 2500 M., am 28. wieder bis 1850 M. herab. Am 2. und 5. November war die Schneegrenze bei 2000 M., und man fuhr noch am 10. November mit Wagen bis zur Passhöhe (2800 M.); schon am 12. jedoch rückte der Schnee bis 300 M. hinab und am 14. fuhr man schon von 850 M. an mit Schlitten; am 9. Dezember endlich reichte die Schneedecke bis zur Isohypse von 124 M. (380′) hinab.

Ueber die am *Stelvio* herrschenden *Winde* bemerkt Donegani Folgendes: „Obwohl man sie nicht eigentlich periodisch nennen kann, so sind diese Winde doch ziemlich regelmässig, weil ihre Richtung constant ist und sie bloss an Dauer und Stärke oder Heftigkeit wechseln. Im Winter, vom November bis Ende April, sind die Winde viel häufiger, treten plötzlich auf und wehen bis 5 Tage hintereinander. Sie sind bei den Bewohnern dieser Gegend unter folgenden Namen bekannt: 1) Der *Wind von Santa Maria*, welcher nahezu die Richtung von Nord nach Süd hat, der heftigste und häufigste von Allen. 2) Der *Wind vom Braulio*, in der Richtung von Ost nach West. Diese beiden Winde bringen das schöne Wetter, sowohl im Sommer wie im Winter. 3) Der *Wind von Gavia*, seine Richtung ist ziemlich genau von Süd nach Nord. 4) *La Breva* wird endlich der Wind genannt, der in der Richtung von West nach Ost weht. Wenn die letzten beiden Winde regieren, giebt's im Winter Schnee, im Sommer meistens Regen oder bisweilen auch Schnee. Der Gavia-Wind tritt zu jeder Stunde ein, die Breva nach Mittag. Die Tyroler Seite des Stelvio, weil weniger von Seitenthälern durchschnitten, ist den Winden viel weniger ausgesetzt, was immer ein gemässigteres Klima zur Folge hat. Ueberhaupt sind am Stelvio nur zwei Jahreszeiten zu unterscheiden: nämlich ein strenger Winter, welchem in plötzlichem Uebergange ein milder Sommer folgt. Der *Winter* beginnt jedes Jahr zu beiden Seiten des Passes spätestens Mitte October und dauert 7 Monate, d. h. bis ungefähr Mitte Mai. Den *Sommer* kann man daher zu 5 Monaten rechnen, d. h. von Mitte Mai bis Mitte October."

Wir schliessen diesen Abschnitt mit einigen Notizen über das Erwachen der organischen Natur im Frühling nach den Beobachtungen über *periodische Erscheinungen* in der Thier- und Pflanzenwelt, welche Herr Hauptmann Magani in den Bädern von Bormio im Jahr 1861 aufgezeichnet hat. Am 31. *Januar* schon fand er schön blühendes Haidekraut (Erica carnea) hinter dem St. Martinskirchlein (4420′); am 20. *Februar* stand dasselbe in den Umgebungen der Bäder, wo es massenhaft die Kalkriesenen und Abhänge bekleidet, überall in schönster Blüthe.

Gleichzeitig stand die reiche Pernisenjagd (Perdix saxatilis) und die Saison der altberühmten Schafbäder zu Bormio auf ihrer Höhe. Am 26. Februar Schlüsselblumen (wahrscheinlich Primula officinalis, deren Blätter wir im October 1860 beim alten Bad bemerkten). Am 19. *März* blühendes Frühlings-Fingerkraut (Potentilla verna), am 21. Belaubung des Berberizenstrauchs (Berberis vulg.); am 28. blüht die Felsbirne (Aronia rotundifolia). Am 30. fliegen die Bienen aus. Am 3. *April* blüht der Seidelbast (Daphne Mezereum) und das Sandveilchen (Viola arenaria). Am 4. Ankunft der Rothkehlchen; die Thalsohle ist „aber" (schneefrei). Am 6. schwärmt ein Bienenstock in Premadio, der Hollunderstrauch treibt Blätter. Am 11. Ankunft der Lerchen, am 14. Schwalben in Bormio, am 21. Bachstelzen gesehen; am 22. blühen Berberize (Berberis vulg.), blauer Enzian (Gentiana verna) und Vergissmeinnicht (Myosotis). Zu Anfang April hatte zu Pedenosso in der Valle-di-Dentro auch „Herr Mutz" vorläufigen Besuch abgestattet. Am 4. *Mai* Grasmücken, am 9. Rauchschwalben beim alten Bad. Am 7. Begrünung der Lärchbäume (Larix europæa). Am 7. *Juni* ein „Petri Fischzug" im Fraële-See (in wenigen Stunden 20 Pfd. der schönsten Forellen geangelt), nachdem es am 6. bis in die Waldregion heruntergeschneit hatte. Am 19. Juni Hollunder- und Roggenblüthe beim alten Bad. (Hier sahen wir ein kräftiges altes Exemplar von Sambucus nigra Anfang October 1860 mit nahezu reifen Früchten beladen.[1])

Soviel über die zu Bormio und am Stelvio angestellten Witterungsbeobachtungen und deren Resultate. Im folgenden Abschnitt gedenken wir die Temperatur- und Feuchtigkeitsverhältnisse noch einer eingehendern vergleichenden Untersuchung zu unterstellen, wobei wir uns jedoch bloss auf die beiden untersten Stationen und den balneologisch-therapeutischen Gesichtspunkt beschränken müssen.

Zweiter Abschnitt.

Vergleichende Untersuchungen über das Klima von Bormio.

(Temperatur- und Feuchtigkeitsverhältnisse.)

Aus den Untersuchungen von Dove und v. Schlagintweit weiss man, dass in unsern Gegenden die mittlere Temperatur *desselben* Monats von einem Jahre zum andern um mehrere Grade, ja bis auf 11° (in den Wintermonaten), für ein und dieselbe Station differiren und dass selbst, wenn man die 12 Monate zusammennimmt, der Unterschied in der Mitteltemperatur (des Jahres) noch bis auf 3° gehen kann. Es genügen daher bloss 1—2jährige Beobachtungen keineswegs zur absolut richtigen Temperatur-Bestimmung eines Ortes; auch 5jährige Beob-

---

[1]) Zur Vergleichung mit obigen Daten fügen wir den mittleren Eintritt einiger der betreffenden Erscheinungen nach unseren mehrjährigen Beobachtungen für *Zürich* (1270') bei. Die eingeklammerten Zahlen bezeichnen die Anzahl der Jahrgänge, aus welchen wir den Durchschnitt berechnet haben. Ueberall, wo nichts anderes bemerkt wird, ist die erste Blüthe gemeint. Daphne Mezereum (8) 17. Februar; Erica carnea (5) 20. März; Primula officinalis (6) 31. März; Gentiana verna (6) 12 April; Begrünung von Larix europæa (5) 22. April; Berberizenblüthe von Berberis vulgaris (6) 7. Mai, Belaubung 14 Tage früher; Roggenblüthe (22) 20. Mai; Sambucus nigra Blüthe (5) 25. Mai, Belaubung 23 Tage früher, also am 2. Mai. Ankunft der Hausschwalbe in Zürich (8) 17. April (im Jahre 1861 am 20. April). Zu *Bevers* im Oberengadin (5270') erfolgt die Ankunft der Rauchschwalbe am 24. April, die Begrünung der Lärchen fällt auf den 21. Mai, die Roggenblüthe auf den 11. Juli, aber die ersten Blüthen von Gentiana verna erscheinen hier schon am 22. März.

achtungen können nach Lamont noch um 1°,1, 10jährige noch um 0°,8, ja sogar 20jährige noch um 0°,37 von der richtigen Bestimmung der wahren Mitteltemperatur abweichen. Wie klein ist aber nicht die Anzahl der Punkte in den Alpen, von denen man mehr als 10—20jährige Beobachtungen und demnach wahre Temperaturmittel besitzt! Wo absolute Genauigkeit nicht erreichbar ist, da muss man sich denn schon mit einer relativen begnügen, die jener möglichst nahe zu kommen sucht. Auch ist glücklicherweise erstere in der vergleichenden Klimatologie bei weitem nicht so absolutes Erforderniss, wie in der Astronomie und Meteorologie. Und können und müssen wir im praktischen Leben nicht oft genug Dinge und Verhältnisse mit einander vergleichen, obschon uns über dieselben auch nur unvollkommene Beobachtungen und lückenhafte Kenntnisse zu Gebote stehen. Es können auch bloss 1jährige klimatologische Beobachtungsreihen ganz gut vergleichbar sein, wenn sie nur für alle zu vergleichenden Orte *denselben* oder doch einen möglichst analogen Jahrgang betreffen. Und endlich bietet sich uns durch Vergleichung benachbarter Stationen von analogem Klimacharakter die Möglichkeit, unter Voraussetzung eines analogen Ganges und gleichartiger Anomalien in der Temperatur für alle betreffenden Stationen und dieselben Jahrgänge, kürzere Beobachtungsreihen nach längern vieljährigen zu corrigiren und somit auch bloss 1jährige Temperaturmittel auf wahre Mittel reduciren zu können. Dieses letztere, von meteorologischen Autoritäten wie Dove, Schouw, Schlagintweit u. A. schon längst angewandte und empfohlene Verfahren haben auch wir benutzt, um die aus bloss zwei Jahrgängen bekannten relativen Temperaturmittel von Bormio auf wahre oder doch möglichst vieljährige Mittel zurückzuführen und somit zur Vergleichung tauglicher zu machen.

Die Jahrestemperatur von 1856 zeigt in grossem Umkreise rings um Bormio, im Alpenlande von Genf bis Wien sowie in den Ebenen am Süd- und Nordrande desselben, übereinstimmend an mehr als 10 verglichenen Hauptstationen eine *negative* Anomalie von 0°,14 bis 1°,1 *unter* dem vieljährigen (wahren) Mittel. Für die Bormio zunächst gelegenen Stationen stellen wir die gefundene Abweichung hier zusammen; die eingeklammerten Zahlen bezeichnen die Anzahl der Beobachtungsjahre, aus denen das zur Grundlage dienende wahre Mittel berechnet wurde.

Stelvio II (15)	Meran (40)	Venedig (26)	Mailand (76)	Marschlins b. Chur (39)
—0°,16	—0°,32	—0°,15	—0°,87	—0°,72

Das Mittel aus diesen 5 Stationen beträgt —0°,44; wir hätten demnach zu der im vorigen Abschnitt mitgetheilten Jahrestemperatur (+6°,96) von *Bormio I* diese Grösse als Correction zu addiren, um das wahrscheinlich richtige Mittel zu erhalten, und wir bekämen dann 6°,96 + 0°,44 = *7°,40* als corrigirtes Jahresmittel. Im VIII. Bande der Wiener Jahrbücher wird aber nachträglich die Jahrestemperatur von 1856 für Bormio zu 5°,12 R. = 6°40 C. angegeben, ohne dass wir erfahren, auf welche Weise die paar fehlenden Monate ergänzt und das Mittel berechnet wurde. Da wir, wie oben bemerkt, diese Lücken durch Interpolation aus der sehr nahe gelegenen Station Stelvio I ergänzt haben, so kann diese Fehlerquelle — die Richtigkeit der letztern Beobachtungen vorausgesetzt — unmöglich so gross sein, um einen Unterschied von mehr als ½ Grad in der Jahrestemperatur hervorzurufen. Nehmen wir indessen an, das Jahresmittel von 6°,40 stütze sich auf ein uns unbekanntes vollständigeres Beobachtungsmaterial, so erhalten wir, mit Anwendung der oben gefundenen Correction: 6°,40 + 0°,44 = *6,84* als *corrigirtes Mittel für Bormio I*, welches wir auch aus unten zu entwickelnden Gründen für das *wahr-*

scheinlich richtigere halten müssen. Diese Zahl stimmt in überraschender Weise zu dem im Jahr 1860/61 für Bormio II erhaltenen Jahresmittel (6°,87). Unterwerfen wir jedoch das letztere vorerst einer ähnlichen Correction wie das erstere, wobei wir uns diessmal nebst Venedig (wegen mangelnden Materials über die andern vier obigen Stationen für diesen Jahrgang) noch dreier benachbarten Bündner-Stationen bedienen, von welchen uns gleichzeitig und zugleich 10—21jährige Beobachtungen vorliegen: nämlich Castasegna (2155' ü. M.) im Bergell, Scanfs (5080') und Bevers (5270') im Ober-Engadin. Es ergibt sich, dass das Temperaturmittel der 12 Monate von November 1860 bis October 1861 an allen diesen Stationen übereinstimmend um einige Zehntel eines C.-Grades *über* dem vieljährigen (wahren) Mittel steht: nämlich zu Venedig (26) +0°,40; Castasegna (10) +0°,38; Scanfs (10) +0°,21; Bevers (21) +0°,62. Das Mittel dieser positiven Anomalien beträgt 0°,40; subtrahiren wir diese Grösse als Correction von obigem Temperaturmittel pro 1860/61, so erhalten wir 6°,87 — 0°40 = *6°,47* als corrigirtes *wahres Mittel für Bormio II.* Vergleichen wir dieses mit dem ersten Mittel von Bormio I, so erhalten wir eine Temperatur-Differenz von 0°,93, mit dem zweiten eine Differenz von bloss 0°,37, während die Höhendifferenz dieser beiden Stationen 330' beträgt, und demnach (nach von Schlagintweit) in diesem Gebiete der Alpen eine Differenz von 0°,55 in der mittleren Jahrestemperatur erwarten liesse. Bedenken wir aber die verhältnissmässig geschütztere und sonnigere Lage des Alten Bades am südlichen Abhange des Monte Braulio gegenüber der offenen Lage des Neuen Bades als Momente, welche erhöhend auf die Temperatur von Bormio II und ausgleichend auf die Differenz gegenüber Bormio I wirken müssen, so werden wir wohl 0°,37 für den richtigeren Ausdruck der letztern anerkennen müssen. Wir kämen so, da sich das Mittel von Bormio II auf vollständigere Beobachtungen gründet und somit fester steht als jenes von Bormio I, ebenfalls zur Annahme von 6°,84 als des richtigeren Mittels für den letzteren Punkt. Es wird diese Annahme und die Richtigkeit unseres Raisonnements aber auch noch durch die folgenden Betrachtungen unterstützt.

Die Höhenisothermen von 6° bis 7°,5 zeigen nach H. v. Schlagintweit's Untersuchungen in den vier von ihm unterschiedenen Abtheilungen des Alpengebietes: a. Nordrand (Kalkalpenzug und Vorberge), b. Centralalpen, c. Montblanc-Gruppe, d. Südrand und südliche Vorberge, folgenden Verlauf:

Isothermen	Höhenlagen			
	a.	b.	c.	d.
6°,0 C.	3250'	3450'	3960'	4700'
6°,5 „	2975'	3175'	3685'	4400'
7°,0 „	2700'	2900'	3410'	4100'
7°,5 „	2400'	2600'	3135'	3800'

Darnach würde sich Bormio nach den Mitteln beider Beobachtungsreihen übereinstimmend unbedingt obiger vierten Gruppe (d), d. h. den Temperaturverhältnissen der südlichen Alpenthäler und Vorberge anschliessen, trotz seiner Lage im Innern der rhätischen Centralalpen, freilich der südlichen Abdachung. Wir sehen, dass hier die Isotherme 6°,5 nur um 60' tiefer liegt, als das *Alte Bad*, welcher Höhendifferenz ein Temperaturunterschied von 0°,1 entspräche. Nach dieser Rechnung erhielten wir für die Höhe von Bormio II (4460'), somit eine Mitteltemperatur von 6°,4, welche Zahl in ausgezeichneter Weise mit dem oben aus den Beobachtungen von 1860/61 von uns abgeleiteten corrigirten Jahresmittel (6°,47) zusammenstimmt. Der verschwindend kleine Ueberschuss von +0°,07 dürfte im Hinblick auf die besondere Lage dieser Station jedenfalls eher zu klein als zu gross sein und muss das gefundene Mittel der Wahrheit möglichst nahe stehen. *Wir können somit das auf 6°,5 abgerundete Jahresmittel für Bormio II mit aller Sicherheit zum Normal- und Ausgangspunkte für unsere künftigen Untersuchungen wählen.*

Für die Höhe von *Bormio I* (4130') entziffert sich nach gleicher Rechnung eine Jahrestemperatur von 6°,95, welche wiederum mit dem zweiten aus dem VIII. Bande der Wiener Jahrbücher für diese Station entnommenen und corrigirten Mittel (6°,84) sehr gut und noch besser mit dem von uns direct aus den Beobachtungen berechneten (6°,96) übereinstimmt, aber gegenüber dem ersten corrigirten Mittel (7°,40) schon eine Differenz von 0°,45 aufweist. Wir bleiben daher unbedingt bei dem Werthe von *6°,85* als dem richtigsten Ausdruck für die *Jahrestemperatur* von *Bormio I*, die wir zum Zwecke vergleichender Untersuchungen *bis auf 7°,0* abzurunden uns erlauben. *7°,5* dürfte aber annähernd die Jahrestemperatur für die bloss ½ Stunde entfernte und 360' tiefer gelegene *Stadt Bormio* (3770') oder die obere Grenze des Walnussbaumes im obern Veltlin bezeichnen.

Was die Temperatur der Jahreszeiten betrifft, so ist uns allein die mittlere *Sommertemperatur* von grösserer Wichtigkeit für die folgenden Zusammenstellungen. Wir haben es daher ebenfalls für nöthig gefunden, die früher für Bormio mitgetheilten Sommertemperaturen von 1856 und 1861 in obiger Weise zu corrigiren und auf vieljährige Mittel zu reduciren. Das Sommermittel von *1856* zeigte an 6 verglichenen Stationen des benachbarten Alpengebietes, von welchen uns hinlängliche Materialien zu Gebote standen, eine *negative Anomalie*, welche in Wien mehr als 1° C. (gegenüber dem 60jährigen Durchschnitt), in Meran und Bevers aber nur 0°,1 (nach 10-jährigen Beobachtungen) erreichte, und *im Mittel* aus Stelvio II (Differenz 0°,63), Mailand (Differenz 0°,59), St. Moritz (Differenz 0°,15), S. Jakob in Kärnthen (Differenz 0°,38), Meran — mit Hinweglassung des Extrems von Wien — *0°,37* beträgt. Wenden wir dieses Mittel als Correction auf die Sommertemperatur (1856) von *Bormio I* an, so erhalten wir 16°,14 + 0°,37 = *16°,51 als wahre Sommertemperatur* für das Neue Bad.

Im Jahre *1861* dagegen weist die Sommertemperatur eine *positive Anomalie* auf, indem sie in Castasegna (nach 10jährigen Beobachtungen) um 0°,21, in St. Moritz (nach 13jährigen Beobachtungen) ebenfalls 0°,21, in Scanfs (10jährige Beobachtungen) 0°,35, in Bevers (13jährige Beobachtungen) 0°,51, im Bad Gastein (9jährige Beobachtungen) 0°,25, in Churwalden ob Chur (11jährige Beobachtungen) 0°,80, und in Venedig sogar um 1°,85 *über* dem vieljährigen Mittel stand. (In Wien und S. Jakob zeigt sie dagegen eine negative Anomalie von 0°,83 und 0°,16). Mit Hinweglassung der Extreme von Venedig und Wien, ergibt sich nach obigen 7 Stationen eine mittlere Differenz oder Anomalie von +0°,31, und bloss nach den ersten 5 Stationen eine solche von +0°,33, welche wir als Correction auf die Sommertemperatur (1861) von *Bormio II* übertragen und somit 15°,30 − 0°,33 = *14°,97*, oder in runder Zahl *15°,0* als *wahre Sommertemperatur* für das Alte Bad betrachten können.

Nach Feststellung der wahren mittleren Temperaturwerthe für Bormio wenden wir uns nun zur vergleichenden Zusammenstellung und schlagen dabei folgenden Weg ein. Zuerst suchen wir in den Alpen und Pyrenäen eine möglichst grosse Anzahl von Punkten auf, deren absolute Höhe mit derjenigen der Bäder von Bormio mehr oder weniger übereinstimmt und von denen man zuverlässige mehrjährige Beobachtungen besitzt, um sie in Bezug auf Sommer- und Jahrestemperatur mit Bormio vergleichen zu können. Eine Zusammenstellung von 14 solchen Punkten annähernd gleicher Höhen (**Isohypsen**) zwischen 4—5000 Fuss geben wir in Taf. IV. Sodann suchen wir diejenigen Alpen- und Jurastationen auf, welche entweder in Bezug auf mittlere Jahres- oder Sommer-Temperatur oder beide Mittel zugleich Bormio am nächsten stehen, und vergleichen sie dann auch in Rücksicht auf die, in medizinischer Beziehung so wichtigen Temperaturschwankungen (Oscillationen) und Extreme. Eine hauptsächlich vom balneologisch-therapeutischen Gesichtspunkte aus getroffene Auswahl von 24 solchen Punkten mit annähernd gleicher Jahres- und Sommerwärme, d. h. der *Isotherme* (6°,5—7°,5) und *Isothere* (15°,0—16°,5) von *Bormio* angehörend, haben wir in Taf. V zusammengestellt. Endlich werden wir mit einem vergleichenden Blick auf die Feuchtigkeitsverhältnisse der mit Bormio in der Temperatur am meisten verwandten Stationen, nach unserer in Tafel VI versuchten Zusammenstellung, diese Untersuchung beschliessen.

Schon aus dem oben über die Lage der Höhen-Isothermen Gesagten geht hervor, dass wenn wir in den Alpen von Steiermark, Kärnten, Salzburg, Bayern, Tirol und der Schweiz nach Sommerstationen und Alpenkurorten von einer mit Bormio einigermassen analogen Mitteltemperatur suchen wollen, wir solche keineswegs in der Höhenregion der Bäder von Bormio d. h. zwischen 4000—4600′ zu erwarten haben, sondern erst etwa um 1000′ tiefer. Nur in den südlichen Walliser Thälern am Monte Rosa und wohl auch in den Pyrenäen werden wir in gleicher Höhe mit Bormio auch denselben entsprechende Temperaturmittel erwarten dürfen. Diese Voraussetzungen werden durch unsere Tabellen vollkommen bestätigt. Beim ersten Blick auf Taf. IV[1]) überzeugen wir uns, dass in der That *keine einzige* der dort aufgeführten 12 *Alpenstationen*, welche sich ziemlich gleichmässig über die *Centralalpenzone vom Gross-Glockner bis zum Monte Rosa* vertheilen, *das Jahresmittel von Bormio*, ja nicht einmal das niedrigere von Bormio II, *erreicht*, obwohl einige dieser Punkte, wie Heiligenblut, Prägraten, Reckigen, immerhin noch etwa 10′—130′ tiefer liegen als selbst

Taf. IV. **Stationen der Isohypsen von Bormio** (4000—5000′).

Stationen	Oesterreich. oder Ost-Alpen					Schweizer Central-Alpen					Monte-Rosa		Pyrenäen	
	Kärnten		Tirol			Graubünden			Uri u. Nord-Wallis		Nordabhang		Nordabhang	
	Heiligenblut	St. Lorenzen	Prägraten	Kalkstein	Haller Salzberg	Bergün	Splügen	Platta	Andermatt	Reckigen	Torbel	Saas	Mont-louis	Barèges
Höhe ü. M. (Par. Fuss)	4004	4535	4100	4500	4530	4275	4530	4245	4460	4120	4800	4930	4925	5790
Jahres-T. (C.)	5,18	3,91	5,12	3,12	4,41	5,75	3,76	5,67	3,69	4,65	5,94	5,19	6,47	7,50
Sommer-T. (C.)	12,70	13,40	13,87	11,62	11,70	13,16	12,66	13,33	11,62	14,01	15,70	15,80	13,92	14,87

[1]) Die Daten über die mit Bormio verglichenen Punkte haben wir einem grossen, gegen 200 Gebirgs- und andere klimatische Stationen Europa's umfassenden, vergleichenden Tabellenwerke entnommen, das wir zum Zweck pflanzengeographischer und balneologisch-klimatologischer Studien in den letzten Monaten angelegt haben und an geeignetem Orte vollständig nebst den ausführlichen Literaturnachweisen zu publiziren gedenken. Wir haben dabei überall aus den zuverlässigsten neuesten Quellen geschöpft, ausser den grossen Sammelwerken von Kämtz, Dove, v. Schlagintweit auch die periodischen Publikationen der Oesterreichischen, Schweizerischen und (seit 1866 bestehenden) Spanischen Centralanstalt für Meteorologie, sowie eine Reihe vorzüglicher klimato- und balneographischer Monographien mitbenutzt, bei Berechnung der Mittel immer möglichst viele Jahrgänge berücksichtigt, und wo solche noch nicht vorlagen, doch eine passende Auswahl versucht, sowie endlich alle Temperaturangaben auf C.-Grade, alle Maassangaben auf Pariserfuss und Linien, und die verschiedenen Darstellungsmethoden auf ein einheitliches consequent durchgeführtes Schema zurückgeführt. Statt aller speziellen Quellennachweise, auf die wir bei dem beschränkten Raume dieser Schrift hier unmöglich eintreten können, wollen wir daher ein- für allemal auf jene unsere umfassendere Tabellenarbeit verwiesen haben.

Taf. V. Stationen der Höhenisothermen (6,5° bis 7,5° C.) und Höhenisotheren (15,0° bis 16,5° C.) von Bormio.

Stationen	Oestliche Centralalpenzone					Schweizer Centralalpenzone				Bayerische Kalkalpen und Vorberge			
						Graubünden		Wallis					
	Gastein (Bad)	Heil. Blut b. Ulzerfeld	Ob. Vellach	Lienz	Innichen	Soglio	Bevers	Törbel	Saas (Ammatten)	Tegernsee	Schliersee	Mittenwald	Peissenberg
Höhe ü. M. (Par. Fuss)	3054	3770	2014	2314	3588	3350	5335	4800	4925	2250	2410	2830	3050
Jahres-T. (C.)	5.96	6.76	7.57	7.02	5.16	8.40	5.55	5.91	5.19	7.00	7.30	7.20	6.60
Sommer-T.	14.70	14.53	16.50	18.05	15.37	15.90	15.11	15.70	15.50	16.00	15.10	15.50	15.00
im Sommer: Maxim.	26.8	31.2	30.7	29.4	29.0		29.0		--	- -	—		—
im Sommer: Minim.	6.9		7.1	8.4	4.9		3.4					-	- -
im Sommer: Diff. der Extreme	20.0	-	23.6	21.0	24.1	-	25.6	--		—	-	-	-
Diff. Sommer-Winter-T. (C.)	16.20	16.23	18.31	20.7	21.7	15.4	20.2	19.5	21.2	17.7	15.8	16.3	16.1
		Sagri's Fragmt.											
Tägl. Oscillat. (im Sommer)		12.10	10.20	7.75	8.62	6.37	8.65			—		---	3.31

Stationen	Nördliche Kalkalpen und Molasse-Vorberge der Schweiz									Schweizer Jura	
	St. Gallen	Trogen	Wildhaus	Isny	Uetliberg	Beatenberg	Pfäfers Bad	Freiburg	Saanen	Chaux-de-Fonds	Ste-Croix
Höhe ü. M. (Par. Fuss)	2105	2730	3400	2580	2690	3540	2445	1950	3150	3020	3360
Jahres-T. (C.)	8.25	7.14	6.70	7.30	7.06	7.13	7.78	7.40	7.90	6.77	6.73
Sommer-T.	16.12	15.31	14.69	15.60	15.92	14.85	16.16	16.20	16.87	15.28	14.65
im Sommer: Maxim.	27.3	30.1	26.8	28.1	29.4	28.0	28.6	28.5		29.0	25.9
im Sommer: Minim.	7.4	3.2	5.0	4.5	3.1	6.0	8.0	8.6		6.0	4.3
im Sommer: Diff. d. Extrem.	19.9	26.9	21.8	23.2	26.3	22.0	20.6	19.9		23.0	21.6
Diff. zw. Sommer u. Winter-T. (C.)	18.0	17.3	17.4	17.4	16.23	15.0	18.6	18.2	21.16	18.97	16.4
Tägl. Oscillation (im Sommer)	4.37	4.60	3.52	5.62	6.27	4.57	5.40	4.21		5.12	4.02

Bormio I. Sämmtliche Jahrestemperaturen, mit einziger Ausnahme derjenigen von Törbel im Visperthal (welches trotz der um 340′ höhern Lage dennoch, mit einer Temperaturdifferenz von bloss ½ Grad, sich Bormio II am meisten nähert), bleiben um 1 bis 3⅓ Grad hinter dem Mittel von Bormio II (6°,5) zurück, und dasjenige von Bormio I (7°,0) übersteigt sie insgesammt, selbst mit Einschluss von Törbel und der (um mehr als 3½ Breitengrad südlicher gelegenen) Pyrenäenstation Montlouis, um ½ bis nahezu 4 C.-Grade. Unterschiede von 3°—4° C. in der Jahrestemperatur entsprechen aber in unsern Gegenden schon Höhendifferenzen von 1800′ bis 2400′ oder Unterschieden in der nördlichen Breite von mindestens 5—6 Graden [1]). Einzig die Jahrestemperatur von Barèges [2]) in den Pyrenäen, welches aber schon

[1]) Nach *Schouw* entspricht eine Differenz von 3½° in der Temperatur einer Differenz von 5 Graden in der Breite, nach *Lamont* (in Süddeutschland) 3⅔° Temperatur : 10° Breite.

[2]) Ueber Barèges besitzt man leider keine direkten Beobachtungen. Die hier benutzten Temperaturmittel für dasselbe sind nach dem Vorgange und den Angaben von De Candolle (Géogr. botan. I. 298) aus den Stationen Toulouse und Montlouis berechnet.

$3^1/_2$ Breitegrade südlicher und dazu auch noch 340′ tiefer liegt (was zusammen eine um $2^1/_2{}^0 - 3^0$ höhere Jahrestemperatur erwarten liesse) als Bormio I, übersteigt dessen Mittel um ein paar Zehntel eines C.-Grades.

Aus unserer Tafel V ergibt sich aber, dass das Analogon der *Jahrestemperatur* von *Bormio I* in Kärnthen und Ost-Tirol erst bei 2000—2320′, in Südbayern bei 2250—2830′, und in den nördlichen Kalkalpen der Schweiz bei 2530—3500′ auftritt, und dass der Jahrestemperatur von *Bormio II* in Kärnthen, Salzburg und Bayern eine Höhenlage von 3000—3800′, in der nördlichen Schweiz eine solche von 3400′, im Jura eine solche von 3000—3400′ entspricht. *Die Isotherme von 6°,5 steigt somit bei Bormio um 650—1450′, diejenige von 7°,0 hier um 630—2130′ höher hinan als in den übrigen damit verglichenen Revieren der Alpen und des Jura.* Es sind dies Höhenunterschiede, welche den oben gefundenen Temperaturdifferenzen recht gut entsprechen.

Ganz ähnlichen Verhältnissen begegnen wir bei Vergleichung der *Sommertemperaturen.* Aus Taf. IV ersehen wir, dass mit Ausnahme der beiden Monte Rosa-Stationen Törbel und Saas-Tammatten, deren Temperaturmittel nur aus 2—3jährigen von v. Schlagintweit corrigirten Beobachtungen bekannt sind, keine einzige Alpen- oder Pyrenäenstation von 4000—4900′ Höhe die Sommertemperatur von Bormio, weder die des Neuen noch des Alten Bades, erreicht. Am nächsten steht Bormio wiederum die Sommertemperatur des Pyrenäenkurortes Barèges, welcher dafür aber (wie schon bemerkt) um $3^1/_2{}^0$ südlicher und dazu noch 670′ tiefer liegt als das Alte Wormserbad. Dann folgt Reckigen im Obern Wallis, welches bei der Höhenlage von Bormio I doch eine um mehr als 2° kältere Sommertemperatur aufweist als dieses, sodann Montlouis in den Ost-Pyrenäen, welches, obwohl mehr als $3^1/_2{}^0$ südlicher und dabei nicht mehr als 475′ höher gelegen, dennoch im Sommer schon um mehr als 1° kälter ist als Bormio II. Dann kommen Prägraten und S. Lorenz in den Ost-Alpen, Platta und Bergün in den Bündner Alpen, letztere beiden Orte ungefähr 200′ tiefer als Bormio II, sämmtlich um 1° bis 2° kälter als letzteres. Endlich sind Heiligenblut, Kalkstein, Haller-Salzberg und Andermatt, obwohl gleich hoch oder bis um 450′ tiefer als Bormio II, dennoch um $2^1/_3{}^0$ bis $3^1/_2{}^0$ im Sommer kälter als letzteres, — eine Temperaturdifferenz, welche im Sommer schon einer Höhendifferez von 1000—1500′ entspricht. Demnach werden wir wohl erst in einer Höhenlage von ungefähr 3000′ im nördlichen und östlichen Alpengebiete Bormio II entsprechende Sommertemperaturen zu gewärtigen haben.

In der That finden wir in unserer Tafel V eine Reihe Stationen mit einer *Bormio II* nahestehenden *Sommertemperatur* aus den bayrischen Alpen bei einer Höhenlage von 2400—3050′, aus der nördlichen Schweiz bei 2500—2700′, aus dem Jura bei 3000′, aus den Ost- und Bündner-Alpen bei 3600—3800′, während in den östlichen Centralalpen schon zwei bei 3050′ und 3770′ (Gastein und Obir), in den nördlichen Kalk-Alpen und dem Jura der Schweiz schon drei bei bloss 3360—3540′ Höhe (Wildhaus, Beatenberg und S. Croix) um $^1/_3$ bis $^1/_2{}^0$ hinter Bormio II zurückbleiben. Mit *Bormio I* übereinstimmende Sommertemperaturen zeigen vier Stationen vom Nordrande der Alpen in Südbayern und der Schweiz bei 1950—2450′ Höhe (Tegernsee, S. Gallen, Affoltern, Freiburg), während zwei Punkte von 2000—2300′ (Ober-Vellach und Lienz) in den Ostalpen, und einer von 3150′ (Saanen) in den nordwestlichen Schweizeralpen dieselbe um $^1/_3$ bis $^1/_2{}^0$ übersteigen, und das um fast 800 Fuss tiefer gelegene Soglio im südlichen Graubünden, wie die beiden ungefähr ebensoviel höher gelegenen Wallisertationen Törbel und Saas, dieselbe nahezu erreichen.

Was die *Temperaturschwankungen*, die tägliche, monatliche und jährliche Aenderung der Wärme betrifft, so ist im medizinischen wie pflanzengeographischen Interesse sehr zu bedauern, dass dieses wichtige klimatologische Element von Seite vieler Meteorologen in den bisherigen Zusammenstellungen zu geringe Beachtung fand. Soweit unsere Tabellen reichen, ist die *mittlere tägliche* Oscillation im Sommer (aus der Morgen- und Nachmittagstemperatur berechnet) an allen östlichen Stationen der Centralalpen-Zone, mit Einschluss des Engadins, bedeutend grösser, an allen Stationen des Alpen-Nordrandes und des Jura kleiner, und nur beim Uetliberg (Zürich) und Soglio (Bergell) ungefähr gleich gross wie in Bormio II (6°,07). Grösser als in Bormio ist sie ausserdem auch noch in Poschiavo (8°,7), Marschlins (7°,5), Davos (6°,9), Grindelwald (6°,4), an den Pyrenäenkurorten Cauterets (7°,0) und Panticosa (8°,9), an vielen beliebten Winterstationen, wie Bex, Sion, Meran (im Sommer 7°,0), Pisa, Caïro, Palma, Valencia etc., sowie im ganzen nördlichen Spanien, wo sie im Sommer 1866 von 10°,0 (in Santiago) bis 17°,6 (in Valladolid) und 15°,8 (in Madrid) stieg. Aber zu Madeira, dessen Klima mit Recht vor allen andern zur Winterkur empfohlen wird, beträgt sie im Durchschnitte der 3 Wintermonate nach 2jährigen genauen Beobachtungen von Mittermaier ebenfalls 6°,16, ist also so gross wie im Sommer zu Bormio, und steigt im Monat April auch bis auf 7°,1 C. (gerade wie in Bormio, wo sie jedoch im August über 8° betragen kann).

Die extreme Oscillation oder die Differenz zwischen dem Temperatur-Minimum und -Maximum des Sommers, welche in Bormio II 21°,7 beträgt, ist nur in Freiburg, Affoltern, S. Gallen und Gastein etwas (1°,1 bis 1°,8) kleiner, in S. Croix, Wildhaus und Lienz ungefähr gleich gross wie in Bormio II, an allen übrigen verglichenen Punkten aber bedeutend grösser (um mehr als 5° nach vieljährigen Beobachtungen zu Trogen).

Ebenso ist der Unterschied zwischen der mittleren Sommer- und Wintertemperatur nur an zwei Stationen (Soglio und Beatenberg) ein wenig kleiner, in Schliersee (Oberbayern) ungefähr gleich gross wie in Bormio II (15°,9), an allen übrigen Stationen unserer Tabelle aber grösser (um mehr als 4° in Saas, Saanen, Remüs, Lienz und Innichen).

Werfen wir zum Schlusse noch einen Blick auf unsere vergleichende Tabelle der *Hydrometeore* (Taf. VI), so haben wir den Mangel an zureichenden, namentlich vieljährigen Beobachtungen bei dieser Rubrik noch mehr als bei der vorhergehenden zu beklagen, und zwar nicht nur für Bormio, sondern auch für die grössere Zahl der übrigen Stationen, welche unserm obigen Plane gemäss hier zur Vergleichung kommen sollten. Wo längere Beobachtungsreihen fehlten, haben wir uns dadurch zu helfen gesucht, dass wir wenigstens, so weit möglich, den gleichen möglichst normalen Jahrgang (für die Stationen des Oesterreichischen Gebietes den mit Bormio I correspondirenden Jahrgang 1856, für die Schweizer-Stationen den ziemlich normalen oder eher zu trockenen Jahrgang 1865) zur Vergleichung wählten, und überdiess eine Anzahl wichtiger Punkte der vorigen Taf. V, über welche jedwede hieher bezüglichen Daten mangelten, durch nächstgelegene Stationen (mit zugleich analogen Temperaturverhältnissen) ersetzten.[1]) Allein trotzdem, und da nun einmal bei den

[1]) Die eingeklammerten Zahlen unter Gastein sind den Beobachtungen der Station Lienz (s. Taf. V) entnommen, für Remüs und Brusio aus denjenigen von Guarda 5060' und Poschiavo 3115' (s. Bündn. Jahresber. XI, 118, 134) ergänzt, für Pau die Regenmenge von Bayonne substituirt.

Taf. VI. Vergleichende Tabelle der Hydrometeore während des Sommers (Juni, Juli, August).

	Nordrand der Alpenkette und Jura								
Stationen Höhe ü. M. Jahrgang	Alt-Aussee (Steiermark) 2910' 1856	Tegernsee (Bayern) 2250' 8jähr. Mittel	Peissenberg (Bayern) 3050' 50jähr. Mittel	Trogen (Appenzell) 2730' 1865 u. Mitt.	Auen (Glarus) 2530' 1865	Uetliberg (Zürich) 2690' 1865	Affoltern (Bern) 2445' 1865	Freiburg (Schweiz) 1950' 1865–66	Chaux-de-Fonds (Jura) 3020' 1865
Sommer: Mittlere Feuchtigkeit	73_1	—	75_1	73_6	72_6	79_8	75_7	78_0	71_7
Minim. der Feuchtigkeit	29_8	—	—	37_0	31_0	42_0	40_0	36_0	—
Regenmenge	$371'''_3$	$234'''_2$	$127'''_6$	$207'''_6$	$355'''_7$	$163'''_1$	$174'''_9$	$114'''_7$	$164'''_7$
Regentage	59	52_0	50_6	38_7	31	32	45	38	32
Mittlere Bewölkung	6_2	—	5_6	4_6	5_2	5_0	5_0	5_5	4_6
Trübe Tage	—	—	—	15_5	—	—	—	—	—
Klare Tage	—	—		35_4	—	—	—	—	—

	Centralalpenzone und Pyrenäen									
Stationen Höhe ü. M. Jahrgang	Gastein (Salzburg) 3051' 1856	St. Jakob (Kärnten) 2905' 1856	Innichen (Tirol) 3600' 1856	Remüs (Unt. Engadin) 3835' 1865	Brusio (h. Poschiavo) 2400' 1866	Zermatt (Wallis) 4965' 1865	Bormio (Bäder) 4125–4460' 1856–61	Stelvio II (St. Maria) 7643' 1856	Cauterets (Pyrenäen) 2870' Mittel	Pau (Pyrenäen) 685' 5jähr. Mitt.
Sommer: Mittlere Feuchtigkeit	(66_5)	72_0	67_4	65_5	66_5	67_9	68_0	73_9	—	—
Minim. der Feuchtigkeit	(31_0)	42_0	25_0	16_0	25_0	27_0	30_0	48_0	—	—
Regenmenge	$99'''_0$	$144'''_6$	$135'''_0$	$136'''_9$	$115'''_9$	$120'''_3$	$89'''_9$	$307'''_2$	—	Bayonne ($134'''_1$)
Regentage	(43)	33	50	42	44	38	23_0	44	22_0	21_0
Mittlere Bewölkung	6_3	4_1	—	5_7	5_8	4_4	—	5_2	—	—
Trübe Tage	(31)	–	43	(8)	(7)	—	7	—	21_0	16_0
Klare Tage	(61)	—	49	(25)	(40)	—	43	—	52_0	—

Hydrometeoren die Anwendung von Correctionen zur Eliminirung jährlicher und örtlicher Anomalien noch nicht wissenschaftlich festgestellt ist, können wir uns keineswegs verhehlen, dass unsere VI. Vergleichungstabelle und die daraus gezogenen Schlüsse nur einen relativen Werth beanspruchen dürfen.

Die Alpenstationen unserer Taf. VI. scheiden sich in Bezug auf die Feuchtigkeitsverhältnisse in zwei Gruppen. Die *erstere Gruppe*, mit einem Sättigungsverhältniss von 73% bis 80% und einem Feuchtigkeits-Minimum von 30%, umfasst die Stationen des *Nordrandes* (der nördl. Kalkalpen- oder Nebenzone mit den Molasse-Vorbergen); die *zweite Gruppe*, mit einem Sättigungsverhältniss von 65% bis 72% und einem Minimum von 16%, die Stationen der *Centralalpen-* oder *Mittelzone.* Jene zeigen bei einer durchschnittlichen Feuchtigkeit von 75,4% zugleich auch viel grössere Regenmengen, nämlich im Durchschnitte von 8 Stationen 226,1‴ (Maxim. 371‴), eine grössere Anzahl von Regentagen (im Durchschnitte 43,3, Maxim. 59) und eine etwas stärkere Bewölkung (im Durchschnitte 5,3), während diese, bei einer durchschnittlichen Feuchtigkeit von bloss 67,7%, im Durchschnitte von 7 Stationen eine Regenmenge von bloss 120,2‴ (Maxim. 145‴), dabei nur 38,9 Regentage und (im Durchschnitt von 5 Stationen) eine mittlere Bewölkung von 5,0 aufweisen. Die Stationen der ersteren oder *feuchteren Gruppe* sind dieselben, für welche wir oben in Taf. V. auch bedeutend geringere Temperaturschwankungen nachgewiesen haben, gegenüber den Centralalpen-Stationen, welche hier unsere zweite oder *trockenere Gruppe* repräsentiren. Dieses Zusammentreffen ist gewiss kein bloss zufälliges, da es neben den Temperatur- und Feuchtigkeitsverhältnissen zugleich auch damit parallel gehende orographisch-geologische und wichtige Vegetations-Verhältnisse beschlägt. Wir erblicken hierin die Andeutung eines wichtigen *Naturgesetzes*, auf welches wir schon in zwei früher erschienenen Arbeiten aufmerksam gemacht haben.[1]) Mit Hülfe unseres grösseren, über 100 Stationen umfassenden Tabellenwerkes (s. Anmerk. S. 103) können wir dieses Gesetz durch den grösseren Theil der Alpenkette und durch alle Höhenregionen hindurch verfolgen und trotz localer Anomalien dessen allgemeine Gültigkeit constatiren. Es lautet: „*Im Gegensatze zu dem ausgesprochenen Continental-Klima der Centralalpen- oder Mittelzone besitzt der Alpenrand* (im weiteren Sinne wie oben, auch mit Einschluss des Südrandes, soweit hier die Beobachtungen reichen) *im Allgemeinen eine Art von See- oder Küstenklima*, charakterisirt durch geringere Veränderlichkeit in der Temperatur (daher gemässigtere Sommer-Wärme und Winter-Kälte, kleinere Oscillationen), sowie durch grösseren und constanteren Dampfgehalt der Luft, stärkere Trübung und zahlreichere Gewitter." —

Aehnlich den Jura-Stationen, behauptet nun *Bormio* in klimatischer Beziehung (wie ja auch in den geologischen Verhältnissen) eine *vermittelnde* Stellung zwischen jenen beiden einander entgegengesetzten Alpen-Zonen. Während seine geringen Temperaturschwankungen, wie wir oben sahen, an das *sublittorale Klima des Alpenrandes* erinnern, stellt es sich in Rücksicht auf seine trockenere Luft und seltenere Trübung, noch mehr wegen seiner unbedeutenden und seltenen Niederschläge entschieden in die Kategorie des *continentalen Centralalpen-Klimas*; nur scheint sein Dampfgehalt constanter als an den meisten übrigen Stationen

---

[1]) Vgl. X. Jahresber. der naturf. Gesellsch. Graubündens f. 1863/64. Chur, 1865. S. 2—3, Anmerk. — Ferner in Dr. C. Meyer-Ahrens' „Heilquellen und Kurorten d. Schweiz" unsere Abhandlung über d. Klima von St. Moritz. (1. Aufl. Zür. 1860. S. 629—612. 2. Aufl. Zür. 1867. S. 515—525.)

dieser Gruppe. In der hochgelegenen Quarta Cantoniera (S. Maria) am *Stelvio* besitzt daneben Bormio zugleich eine Nachbar-Station, deren *Sommerklima* sowohl in Bezug auf Feuchtigkeit als Temperaturschwankungen gewissermassen jenen *sub-littoralen* Charakter der verglichenen Stationen des nördl. Alpenrandes repräsentirt, natürlich immer noch mit Ausschluss der Mitteltemperaturen und der abweichenden Verhältnisse im Luftdruck, Lichteinfluss und Ozongehalt etc.

Zum Schlusse wollen wir die *Hauptergebnisse* unserer vergleichenden Untersuchungen über das Klima von Bormio noch in aller Kürze résumiren.

Mit dem *alten Bad* zu Bormio stimmen sowohl in der Sommer- als Jahres-Temperatur am besten überein: in erster Linie *Alt-Aussee* (2910') *Peissenberg*, *Wildhaus*, *Chaux-de-Fonds*; in zweiter Linie *Ste-Croix*, *Remüs*, *Obir I.* An den 5 erstgenannten Stationen (mit Ausnahme von Aussee) sind aber die täglichen und monatlichen Temperaturschwankungen etwas kleiner als in Bormio, die jährlichen dagegen ziemlich grösser, sowie auch die Feuchtigkeit, Regenmenge und die Anzahl der Regentage an allen bedeutend grösser ist. Remüs und Obir zeigen hingegen stärkere Temperaturwechsel (tägliche wie monatliche), ersteres zugleich einen geringeren und variablern Dunstgehalt als Bormio.

Mit dem *neuen Bad* stimmen in den Temperaturverhältnissen *St. Jacob* (im Lesachthale, Kärnten) und *Tegernsee* (bei Bad Kreuth, Oberbayern), dann *Ober-Vellach* (2014'), *Freiburg* (1950') und *Saanen* am besten überein; St. Jacob, Freiburg und wohl auch Tegernsee (wo die bezüglichen Daten lückenhaft) zeigen aber etwas geringere (tägl. und monatl.) Oscillationen bei bedeutend stärkerer Dunstsättigung und Regenmenge.

Alles zusammengenommen, dürften dem alten Bade wohl die beiden Jurastationen Chaux-de-Fonds und Ste-Croix klimatisch noch am besten entsprechen, während das neue Bad die milden Jahres- und Sommertemperaturen von Tegernsee, Freiburg, Cauterets und Eaux-Bonnes, mit den mässigen Feuchtigkeitsverhältnissen von Lienz und Gastein, Poschiavo und Zermatt, und dem klaren, südlichen Himmel von Pau und Cauterets in merkwürdiger Weise zu vereinigen scheint. Aber ein vollkommenes Analogon für das Klima von Bormio kennen wir noch nicht.

Zweiter Theil.

Geschichte und Literatur der Thermen von Bormio.

Ueber die Entdeckung und erste Anwendung der Thermen von Bormio haben sich keinerlei geschichtliche Ueberlieferungen, oder romantische Volkssagen erhalten, wie solche bei vielen andern, erst im Mittelalter oder späteren Zeiten bekannt gewordenen Heilquellen gang und gäbe sind. Es darf dieser Mangel hier keineswegs auffallen. Denn bei dem grossen Wasserreichthume und der offenen Lage unserer Thermen, in unmittelbarer Nähe einer der wichtigsten Alpen-Passagen, ist anzunehmen, dass sie schon den ersten Ansiedlern dieser Gegend bekannt geworden seien. Nun waren aber die Thäler der Ortler- und Bernina-Gebirge schon viele Jahrhunderte vor dem Beginn unserer Zeitrechnung von rhätischen Volksstämmen bewohnt, zu denen sich schon um's Jahr 600 v. Ch. und später zu wiederholten Malen flüchtige Schaaren aus Oberitalien (namentlich Etrusker, Euganeer, Ligurier, cisalpinische Gallier) gesellt haben mögen. Dass diese Völkerschaften keltische oder denselben nahe verwandte Idiome gesprochen haben, wobei die Beimengung einiger tuskischer Elemente und eine gewisse Verwandtschaft mit der Sprache der alten Etrusker keineswegs ganz ausgeschlossen bleibt, gilt heute bei den gründlichsten Kennern der rhätoromanischen Sprache für eine ausgemachte Sache. Damit stimmen auch die Zeugnisse der Alten, wie Cæsar, Plinius etc. überein. Selbst Livius gibt zu, die Sprache der Rhätier sei so verwildert, dass man ihre tuskische Herkunft kaum mehr zu erkennen vermöge, und schon Polybius leitet die Verschiedenheit der Alpenvölker nicht von ihrer Abstammung, sondern von ihren verschiedenen Wohnsitzen her. Thatsache ist es einmal, dass die Ueberbleibsel jener althätischen Sprache, wie sie sich in Ortsnamen und Bezeichnungen der einfachsten alp- und landwirthschaftlichen Gegenstände bis auf uns herab erhalten haben, mit Hilfe des Keltischen am einfachsten und sichersten abgeleitet und gedeutet werden können. Auch in der Landschaft Bormio begegnen uns eine Reihe solcher Namen [1]). Selbst

---

[1]) Dahin zählen wir z. B. *Combo* (bei Bormio), am linken Ufer des Fredolfo, vom kelt. *comb* = Thal mit concavem Bergabhang; *Gavia*, im 17. Jahrhund. auch *Gabia* geschrieben (Guler, Rhätia fol. 168 b), hoher Bergpass zwischen St. Catterina (V. Furva) und Ponte di Legno (V. Camonica), erinnert an das kelt. *gabi* = Kälte, Winter; *Oga*, Bergdorf westlich über der Stadt Bormio („möchte wohl „Augen" genannt werden." Guler l. c.), an das irische *aighe* = Berg, wovon uga, ugo in zusammengesetzten Ortsnamen (z. B. Matsug). Die *Morena*, der vom Umbrail herkommende Hauptzufluss der Adda, dürfte vom kelt. *mar*, *mor* = gross, und *en*, *ean* = Wasser abzuleiten sein; ebenso die *Verva*, wie nach Alberti der von Val Viola herkommende Zufluss heist, vom kelt. *ver* = rein, frisch, und dem abgekürzten *apha*, *ap*, *af*, = Bach (als zweites Wort in vielen Bachnamen, häufig in 'ba, 'fa, 've abgekürzt). Diese letztere Wurzel (ap) steckt wohl auch im Namen der Adda, ursprünglich *Abdua*, „(fluvius) qui ideo tale nomen accepit, quia duobus fontibus acquisitus" erläutert *Cassiodor* in einem merkwürdigen Briefe über den Comer-See (Var. lib. XI. ep. XIV.). Auch das kelt. *rhen*, *ren* (Bach) findet sich als Bach- und Quellname vor (z. B. Rhin di S. Martino an der Scala die *Fraele*). Das Dorf *Pedenos* in Val die Dentro mit einer uralten St. Martinskirche, „da ist am fuss der steig vor Zeiten ein nussbaum gestanden, der disem Dorf den namen geben" (Guler l. c. fol. 171), dürfte eher aus kelt. *pe* = Pferch, Umzäunung, *dun* = Anhöhe, Befestigung, und *us*, *os* = fliessendes Wasser, Bach zusammengesetzt sein (analog dem vielfach in Graubünden vorkommenden Hügelnamen Pedenal), sowie *Trepalle* (höchste Ortschaft bei Livigno) aus kelt. *treb*, *trib* = Dorf und *pel* = Höhe, Bergspitze, da diese Deutungen noch heute der Wirklichkeit am besten entsprechen. (Vgl. *Mone*, gall. Sprache S. 87—108, 174—204.)

der Name *Bormio* (im Mittelalter auch *Burmis* und *Bormium* geschrieben) gehört nach Pallioppi und Diefenbach (Celtica, I. 199) in diese Kategorie und ist vom kelt. *buirbe* (Zorn), franz. *bourbe* (sieden), mittellat. *burbo, borbo, bormo, burmo,* — bei den Galliern Namen vieler warmen Quellen und daherbenannter Gottheiten — abzuleiten, was zu den obigen Voraussetzungen sehr gut stimmt. Bormio bezeichnet demnach ein siedendes Wasser oder einen Sprudel. Und so mag denn das Naturwunder dieser heissen Quellen, welche, von allerlei seltsamen Gewächsen umrankt, mit lebhaftem Gemurmel den Grotten des oben mit ewigem Schnee bedeckten Berges *Umbrail* (Schattenberg, von umbra, ital. Mombraglio oder Monte Braulio) entsprudeln und, hier schäumende Cascaden bildend, dort mächtige Sinterkegel[1]) von auffallender Färbung ablagernd, einst als ebensoviele dampfende Bäche von den thurmhohen Felswänden zur Adda hinabstürzten, schon vor mehr denn zwei Jahrtausenden die menschliche Neugier und Bewunderung erregt, und so zur Benennung und Ansiedlung dieser Alpeneinöde die erste Veranlassung gegeben haben.

Erst zu den Zeiten des Kaisers Augustus, welcher kurz vor dem Beginne unserer Zeitrechnung die Unterwerfung sämmtlicher Alpenvölker beschloss und vollführte, wurden die Römer mit diesen Gebirgsgegenden und deren Bewohnern näher bekannt. Jetzt erst erfahren wir die Namen jener rhätischen und euganeischen Volksstämme, welche damals die Umgebungen des Ortler-Gebirges bewohnten. Die *Camuner*, im Thale des Oglio (heute V. Camonica), und die *Vennoneten*, im Thale der Adda (nach Andern im heutigen Vintschgau), welche einen Einfall nach Italien gemacht hatten, wurden im Jahr 16 v. Chr. durch Publius Silius geschlagen. Es war diess das Vorspiel zum rhätischen Kriege (15 v. Chr.), in welchem die furchtbaren Felsenburgen der „unholden" Genauner und der „raschen" *Breuner*, nach hartnäckigem Kampfe, von den siegreichen Neronen gebrochen wurden.

Diese *Breuni* (in späteren Zeiten Breones), die Nachbaren der vorgenannten Stämme, und, nach übereinstimmendem Zeugnisse der Alten, die bedeutendste Völkerschaft der ostrhätischen Alpen, haben für uns ein näheres Interesse, da sie nach alten Traditionen bis in's 18. Jahrhundert herab als die ersten Stammväter der Borminer bezeichnet werden, wie aus einer, zwei Dekrete des Bundestages gem. III. Bünde zu Ilantz (vom 22. Jan. 1563 und 16. Jan. 1581) erläuternden Denkschrift, betreffend die Privilegien und Freiheiten der chemal. Grafschaft Bormio, deutlich hervorgeht[2]). Noch führt ein Alpenthal an der Nordgrenze der Landschaft Bormio, welches den niedrigsten Uebergang vom Inn- in's Addathal (vom Ofenberg nach S. Giacomo di Fraele) vermittelt, den Namen V. Brüna; zu Bormio selbst blühte bis Ende des vorigen Jahrhunderts die Patrizierfamilie de Bruni, und auch Breno, der Hauptort in der benachbarten V. Camonica, erinnert so gut an das altrhätische Volk der Breuni, als der Name des Brenner-Passes, wohin ältere und

---

[1]) Mehrere hundert Fuss über dem alten Bad und der Stelviostrasse an den Kalkfelsen des Mte. Braulio finden sich noch solche Sinterablagerungen und Grottenbildungen als Zeugen ehemaliger Thermenausflüsse in vorgeschichtlichen Zeiten.

[2]) Wir lassen den einschlägigen interessanten Passus, den wir einer auf Anordnung der Landschaft Bormio im Februar 1773 zu Chur erschienenen und an ihre Oberherren Gem. III. Bünde gerichteten Druckschrift entnehmen, nach dem lateinischen Original vom Jahr 1563 und 1581 hier wörtlich folgen: „Quae primi *Bormiensium* Patres antiquissimi *Breuni* nativa edocti libertate instituere, quae subsequis temporibus, vel Principum liberalitate, vel armorum vi, vel meritis aucta feliciter, ac inter ingentes turrium, agrorum, domuum devastationes, incendia, ruinas, inter tristissimam antiqui splendoris, commercii, bonorum ferme omnium jacturam sancte custodita defensa, propugnata, Clementissimo Rhaetici Dominii Sacramento, Augustissimorum Principum fidejussione confirmata fuere Comitatus Bormiensis Privilegia, velut unica veteris gloriae monumenta ac incorruptae erga Principes fidei praemia patrio Comitatus Archivio adservantur." . . . .

neuere, besonders Tirolische Geschichtsforscher[1]) deren Wohnsitz verlegen, dabei aber zugleich auf den im dortigen Wippthale noch erhaltenen Namen der Genauni (Val Genaun, nach Roschmann, Gesch. von Tirol S. 108) aufmerksam machen, während Andere, wie Guler (Rhætia fol. 23), Mannert (Geogr. d. Gr. u. Röm. III, 629), sogar in Bayern (Braunau), oder im nördlichen Gebirge Graubündens (Brätigău) und am Arlberg nach den verschollenen Breonen gesucht haben, aber schon längst widerlegt worden sind. Bedenken wir die heute noch auffallende Verschiedenheit, ja Gegensätzlichkeit des Volkstypus, sowie überhaupt der ganzen geschichtlichen Entwicklung zwischen dem obern und untern Adda-Thale, die merkwürdige Abgeschlossenheit von Bormio, welche im 12. Jahrhundert noch soweit ging, dass das damals errichtete dortige Landbuch in einem besondern Artikel geradezu jede Gemeinschaft mit den Veltlinern verbot; dann die grössere Freiheit und Selbstständigkeit, welche die Borminer durch alle Wechsel der Zeiten hindurch sich zu erhalten wussten; bedenken wir ferner, dass die Sage von einer frühen italischen Einwanderung besonders im untern Veltlin spielt, wo am Thalausgange die feste Pflanzstadt Volterra, von etruskischen Colonisten gegründet, Jahrhunderte lang vor der römischen Eroberung geblüht und dem Thale den Namen (Volturrena) gegeben haben soll, — während wir zur Römerzeit daselbst dem Volke der Vennoneten begegnen, welches übrigens von andern Schriftstellern in's Vintschgau oder an die Rheinquellen verlegt und dazu noch öfters mit einem fast gleichnamigen, angeblich ebenfalls an der Etsch gesessenen Volksstamme (Venosten oder Vennonen) verwechselt wird; bedenken wir endlich, dass auch die V. Camonica (wenigstens das untere Thal des Oglio) schon für die euganeisch-tuskischen Camuner, das Wippthal am Brenner aber für die wilden Genaunen bereits in Besitz genommen sind: so wüssten wir unsern tapfern *Breonen* in der That keine passendern Wohnsitze anzuweisen, als die *Hochthäler der ostrhätischen Central-Alpen* zwischen den Firnen der *Bernina- Ortler- und Oetzthaler-Gebirge*, um die Quellen des Inn, der Etsch und der Adda, welche an ihrem unteren Stromlaufe im Süden jene obgenannten Völker von tuskisch-euganeischer Abstammung, im Norden und Osten aber Vindelicische und Norische Stämme zu Anwohnern hatten. Durch diese unsere Annahme lösen sich am besten die scheinbaren Widersprüche der Alten über das Alpenvolk der Breonen, das sie bald mit jenen Völkern am Südabhange, bald mit jenen an der Nordabdachung der Alpen, bald mit den eigentlichen Rhätiern, bald mit den Norikern in nähere Beziehung zu bringen, oder auch als selbstständige Völkerschaft zu behandeln scheinen, sowie dann anderseits auch ihr Volkscharakter und die hervorragende Rolle, welche sie nach den zuverlässigsten zeitgenössischen Quellen im rhätischen Kriege gespielt, aus der Lage und Beschaffenheit ihrer weit zerstreuten, durch Natur und Kunst befestigten Wohnsitze sich hinlänglich erklären lassen. Waren übrigens, wie wir annehmen dürfen, diese Breuni von keltischer Abstammung, so möchte ihr Name (Bergbewohner, vom kelt. *bri* = Berg) mit demjenigen der Taurisker und Rhätier ursprünglich wohl gleichbedeutend gewesen sein und eine sehr unbestimmte Begrenzung zulassen, wie denn auch wirklich im Gebiete der rhäto-etruskischen Lepontier das heutige Blegno-Thal einst ebenfalls den Namen Val-Brennia oder Breunia führte. Soviel über die einstigen Stammväter und Nach-

[1]) *Albert Jäger*, „Ueber das rhätische Alpenvolk der Breonen“ (Wien, 1863) ist der Meinung, dass jene am Brenner und im Innthale gewesen, und dass wir in ihnen die *keltischen* Ureinwohner zu erkennen haben, die vor der tuskischen Einwanderung die rhätischen Alpen in ihrer ganzen Ausdehnung innegehabt.

baren der Borminer. Es war wichtig über die Stellung der Breonen in's Klare zu kommen, weil wir denselben später, bereits auf festem geschichtlichen Boden, in Bormio nochmals begegnen und daraus wichtige Schlüsse für die ältere Geschichte dieser Gegend zu ziehen im Falle sein werden.

Weiss man auch im Allgemeinen, dass schon die alten Kelten, wie die Germanen, Freunde von Bädern in kalten Flüssen waren, dass sie ihre geheiligten Wasserquellen hatten, welche sie mit besondern Namen belegten, in welchen sie zu Zeiten badeten und ihre Kranken hineinlegten: so steht doch fest, dass der Gebrauch von *warmen* Bädern und warmen Heilquellen erst durch die *Römer* ein allgemeiner wurde. Die Grossartigkeit und mit allem Comfort verbundene Zweckmässigkeit ihrer öffentlichen Badanstalten (Thermen) steht auch in unserer Zeit immer noch mustergültig und unerreicht da. Wohin immer dieses weltbeherrschende Culturvolk seine sieggewohnten Adler getragen, da finden sich Spuren oder Ueberreste solcher der öffentlichen Gesundheitspflege und Erholung gewidmeten Anstalten.

Mit der Römerherrschaft beginnt auch die documentirte Geschichte der Thermen von Bormio. Sind uns hier auch keinerlei Baudenkmale oder Alterthümer aus jener Zeit erhalten oder bekannt geworden, so erklärt sich diess leicht aus der die Erhaltung und Auffindung solcher Denkmale wenig begünstigenden eigenthümlichen Beschaffenheit des Terrains, und aus der offenen Lage an einer der wichtigsten Völkerpassagen, über welche bald die Wogen der Völkerwanderung und hierauf im Laufe eines Jahrtausends die Kriegsheere fast aller Nationen Europas verheerend dahinflutheten. Und was wissen wir, was jene mächtigen Sinterablagerungen und Schuttmassen in der Umgebung unserer Thermen, oder das tiefe Bett der tosenden Adda, wo noch keinerlei von Kenneraugen geleitete Nachgrabungen stattgefunden haben, im Laufe der Zeiten Alles zugedeckt und wohl für immer der menschlichen Neugier verschlossen haben mögen? — Doch wissen wir, dass bald nach der römischen Eroberung Rhätien nach allen Richtungen von neuangelegten oder verbesserten Heerstrassen durchschnitten wurde. Nicht allein über die schon von Augustus eröffneten Pässe des Brenner, Julier und Splügen zogen nun römische Legionen und Handelskarawanen dahin, sondern noch über manch' anderes Bergjoch und in manches stille Alpenthal bahnten römisches Geld und römische Cultur sich den Weg, wie die Münzfunde von Brusio (im Thale des Poschiavino) und von Süs (im Unter-Engadin) beweisen, wenn schon die offizielle Routenkarte Antonin's (im zweiten Jahrhundert), welche eben nur die grossen, für den öffentlichen Dienst bestimmten Heerstrassen verzeichnet, keine durch Poschiavo und durch das untere Engadin führenden Strassen kennt.[1]) Dasselbe gilt von den Strassen durch's Vintschgau und Veltlin, welche wahrscheinlich schon damals über das Wormserjoch (Juga Rhætica bei Strabo und Plinius, vergl. A. Bacii Elpid. de Thermis, Venet. 1571, p. 253. Guler „Rhætia" fol. 148) unter sich und über Fraele mit der Innthal-

---

[1]) Bei Brusio wurden vor einigen Jahren Kupfer- und Silbermünzen der Kaiser Trajanus, Antoninus Pius und Philippus (aus der Zeit von 100 – 250 p. Chr.) gefunden, wovon ich einige an die Sammlung der Antiquar. Gesellsch. in Zürich abgetreten habe (s. deren 17. Jahresbericht f. 1860/61 S. 8). Bei Süs fanden sich schon zu Campell's Zeiten (im 16. Jahrh.) Münzen der Kaiser Hadrianus und Antoninus Pius (117 147 p. Chr.), sowie noch in den letzten Jahren 7 Silbermünzen der Kaiser Augustus, Vespasianus, Trajanus, Caracalla, Septimius Severus, Alexander Severus (aus den ersten drei Jahrhunderten der Römerherrschaft), welche mir durch Herrn Badrutt zum „Engadiner-Kolm" zur Einsicht mitgetheilt wurden. Mit Ausnahme von Hadrian und Caracalla sind alle diese Kaiser auch in dem merkwürdigen Münzfunde bei den Julier-Säulen (vier volle Jahrhunderte der Römerherrschaft bis auf Constantius II. umfassend) vertreten, worüber ich im „Anz. f. Schweiz. Gesch. u. Alterth." 1860 p. 123–131 ausführlich berichtet habe.

strasse in Verbindung standen, wie sich schon aus der grossen Bedeutung dieser Pässe unter der ostgothischen und fränkischen Herrschaft schliessen lässt.

Gewiss waren daher die Thermen von Bormio den Römern schon wohl bekannt und mögen von ihnen benutzt worden sein, wenn sie auch keine Veranlassung finden mochten zur Anlage grosser Thermalbauten in einem von kaum gebändigten Alpenvölkern umgebenen oder bewohnten Hochthale, da ihnen ja die zahlreichen heissen Quellen Oberitaliens viel näher und bequemer lagen. In der That findet sich in der Cosmographie des ältern *Plinius* (29—79 nach Chr.) eine Stelle[1]), welche nach der Meinung der Veltliner Geschichtschreiber und Balneographen, denen wir hierin beipflichten müssen, dem Sinne nach nur auf Bormio bezogen werden kann. Im zweiten Buche, Capitel 103, welches von den Naturwundern der Gewässer, Quellen und Flüsse handelt, heisst es nämlich: „Viele Quellen sind wunderbarerweise von Natur heiss, und das sogar an den Jochen (Pässen) der Alpen“. Der römische Polyhistor war nicht nur an den paradiesischen Gestaden des Comer-See's zu Hause, (derselbe erwähnt im gleichen Buche, Cap. 106, auch schon jener merkwürdigen periodischen Quelle, von welcher uns der jüngere Plinius, des Aelteren Schwestersohn, im J. 61 n. Ch. zu Como geboren, in seinen Briefen IV. 30 ein reizendes Naturbild überliefert hat, würdig in den Hallen der „Villa Pliniana“ in Marmor eingegraben zu werden), sondern er kannte auch, besser als irgend ein Römer vor ihm, das benachbarte Rhätien, über dessen Naturprodukte (vinum rhæticum), Bewohner und deren Abstammung („Rhætos Tuscorum prolem arbitrantur“) wir ihm die vorzüglichsten Quellenangaben aus jener Zeit verdanken. Nun fragen wir, an welche naturwarme Quellen „in jugis Alpium“ Plinius bei Abfassung jenes Capitels wohl am ehesten gedacht haben möge? Gewiss an keine anderen, als solche in den benachbarten rhätischen Alpen „in jugis rhæticis“, d. h. an die Aquæ Burmienses am Wormserjoch, welche bereits in der ersten Hälfte des VI. Jahrhunderts (nach Cassiodor's weiter unten anzuführendem Zeugnisse) erwiesenermassen einen sehr grossen Ruf („famam verissimam“) besassen, und daher sicher auch schon lange Zeit bekannt gewesen sein müssen. Diess Alles trifft bei keiner der übrigen hochgelegenen Alpenthermen zusammen, und wurde jene Notiz des Plinius meines Wissens noch von Niemanden auf einen anderen Punkt speziell gedeutet, als auf Bormio.

Es entsteht jetzt auch noch die Frage, ob jener 100′ tief in die Felsmassen des Braulio eindringende, kunstvoll ausgemeiselte, S förmig gebogene, vornen schön ausgewölbte Stollen, durch welchen die vier Sprudel der St. Martinstherme zusammengefasst und in's alte Bad heraus geleitet werden, nicht ein Werk der Römer sei? Jedenfalls kann ein so bedeutendes Werk nur von einem hier ansässigen bau- und bergbaukundigen Culturvolke herrühren, wie es ausser den Römern unter ihren Nachfolgern nur die Ostgothen, dieses gebildetste und culturfähigste unter den eingedrungenen Barbaren-Völkern, aber keineswegs die alten Rhätier, und auch weder Franken, noch Longobarden, noch Allemannen vor Carl d. Grossen gewesen sind. Wäre dieser Stollen erst im Mittelalter oder in späteren Zeiten ausgeführt worden, so fänden sich in der reichen Literatur dieser Thermen oder in den ausführlichen Chroniken und Geschichtswerken über dieses Thal doch gewiss irgendwelche bezügliche Notizen und Angaben, was aber eben keineswegs der Fall ist. Ja, von P. P. Paravicini an, dem berühmten Arzte aus Como, welcher um die

[1]) C. *Plinii Secundi* Hist. Natur. lib. II. cap. 103: „Fontium plurimorum natura mira est fervore. Idque etiam in jugis Alpium.“

Mitte des 16. Jahrhunderts, in einer mehr nach Eleganz des Styles als Naturwahrheit strebenden Beschreibung, zum ersten Male die topographischen und Naturverhältnisse der Thermen von Bormio bespricht, bis herab auf den gelehrten Dr. De Picchi aus Bormio selbst, welcher im J. 1835 eine ebensowohl durch Gründlichkeit und Gediegenheit des Inhalts, als durch gewählte Sprache sich auszeichnende Monographie über die Heilquellen seines Heimatthales herausgab, scheint keiner der Autoren von der Existenz jenes Stollens Kenntniss gehabt zu haben. Und als ich in den ersten Octobertagen des J. 1860 das Innere desselben in Bezug auf Temperatur und Quellen, Anlage und Dimensionsverhältnisse genauer untersuchte, um davon einen Grundriss anfertigen zu können, erzählte man mir, vor Aufdeckung und Eröffnung desselben, aus Anlass der durch die bündnerische Actiengesellschaft „la Bernina“ (welche diese Bäder im Jahr 1859 angekauft hat) vorgenommenen Reparaturen und Neubauten, hätte in Bormio gar keine genaue Vorstellung, sondern bloss eine dunkle sagenhafte Erinnerung von dem innern Theile jenes Stollens bestanden. Dasselbe mag schon vor drei Jahrhunderten der Fall gewesen sein, da obgenannter *Paravicini*[1]) in sehr unbestimmter Weise von verworrenen Höhlen in den Eingeweiden des Berges spricht, aus welchen diese warmen Quellen mit lautem Gemurmel hervorsprudeln. Und auch *Guler*, der ja das uralte Steinbergwerk von Plurs so ausführlich beschreibt („Rhætia“ fol. 196 b.) und, zur Zeit als er das Amt eines Landshauptmanns von Veltlin bekleidete (1587—1589), selbst an dem Eisenbergwerk von Zernez mitbetheiligt war (wie ich im XI. Jahresbericht der Naturforschenden Gesellschaft Graubündens S. 71 nachgewiesen habe), hätte sonst bei der Beschreibung des Wormserbades über den Ursprung der Thermen gewiss bestimmter und anders sich ausgedrückt als es („Rhætia“, 169) geschieht: „Das wasser . . . wirdt in dem Berg Umbrail an zweyen unterschiedlichen Orten gefasst und dadannen *in gewelbern* wol bedeckt und verwaret in zwey Häuser (das ober und das unter: seynd doch schier bey einander) geleitet, welche man diesem Wasser zu lieb unfern von seinem ursprung, ein wenig in den berg hinauf, an einem feinen sonnichten Ort, hat bauwen lassen.“

Das hohe Alterthum jener Quellfassung kann daher wohl nicht bezweifelt werden. Dass dieselbe aber mit grosser Wahrscheinlichkeit von den einst hier festgesessenen *Ostgothen* und somit aus dem Anfange des VI. Jahrhunderts herzuleiten sei, ergibt sich aus den nahen und merkwürdigen Beziehungen dieses Volkes zu den Thermen und der Gegend von Bormio, worauf wir schon vor sechs Jahren in den „Ostrhätischen Studien“ (S. 7—12) hingewiesen haben und wofür wir sogleich die unzweifelhaftesten Nachweise liefern werden.

Unser Haupt-Gewährsmann ist der Patrizier *Aurelius Cassiodorus*, wohl der gebildetste und gelehrteste Römer jenes Zeitalters. Einem edeln römischen Geschlechte entsprossen, durch Charakter wie durch Verstand und Bildung gleich sehr ausgezeichnet, wurde er noch im jugendlichen Alter vom grossen Gothenkönige *Theoderich* zu seinem intimsten Vertrauten erwählt und nach und nach mit allen möglichen Ehrenstellen überhäuft. Lange Zeit Geheimsecretär (Cancellarius), Minister und Abgesandter des Königs und seiner Nachfolger, Senator von Ravenna und Consul der Stadt Rom, zog er sich später in ein Kloster zurück, wo er noch die Abtswürde bekleidete und bis um's Jahr 570 lebte, das hohe Alter von mehr als 95 Jahren er-

[1]) Er sagt bloss: „Inter Abduam et Burmii vicum hæ calentes aquæ eo in jugo per terræ viscera anfractuosasque criptas introlabuntur, magno quidem sono immurmurantes“ etc. (De balneis Op. venet. 1553 p. 196.)

reichend. Hier in der klösterlichen Einsamkeit fand Cassiodor die erwünschte Musse zu den Aufzeichnungen aus seinem vielbewegten erfahrungsreichen Leben. Mitten unter den Stürmen der Völkerwanderung geboren, erlebte er die ganze (60jährige) Periode der kurzen aber ruhmvollen Gothenherrschaft (493—553) von Dietrichs von Berne glanzvollen Heldentagen bis zum Untergange seines Reiches, auf dessen Trümmern Cassiodor, wie einst Scipio zu Carthago, sitzen und weinen konnte, um zuletzt noch den Einfall und die Verwüstungen der barbarischen Langobarden (568) mit anschauen zu müssen. Seine Geschichte der Ostgothen ist leider verloren gegangen; dafür bieten uns aber die 12 Bücher seiner Varien, königliche Dekrete, Edikte, amtliche Schreiben und Verordnungen enthaltend, eine Fülle der interessantesten historischen Aufschlüsse, namentlich auch über die Culturgeschichte jener Periode. Neben der Politik, dem Militärwesen und der Rechtspflege, beschlagen sie die verschiedensten Gegenstände der Verwaltung, die öffentlichen Bauten, Wasserleitungen, den Strassenbau, das Postwesen, Handel und Schiffahrt, Mass und Gewicht, die Lebensmittelfrage, Steuern, Zölle, Bergbau und Hüttenwesen, Fischerei und Viehzucht (wobei auch schon von Milchkuren auf dem Mons Lactarius die Rede), Landbau, das Bildungs- und Sanitäts- und namentlich auch das Badewesen.

In einem ganz anderen Lichte erscheint uns hier der feuerschnaubende „Dietrich von Berne“ der Sage, der in Wahrheit ein gar friedliebender König war, an Regenten-Weisheit und Tugenden ein würdiger Vorläufer Carls des Grossen. Auf friedlichem Wege, durch den Ruhm seiner Weisheit und seiner Macht, gelang es ihm — wie Felix Dahn[1]) neuestens überzeugend dargethan hat — eine Art von moralischem Protectorat über alle bedeutenderen Germanenstämme zu erwerben. „Sein Zweck war dabei die Verbreitung der Segnungen des Friedens, der Rechts-Ordnung und der Cultur, der heilsamen Traditionen römischer Bildung. Er und das Gothenreich sollten den Barbaren die antike Bildung übermitteln, wie die Gothen zwischen dem Kaiserthum und der Germanenwelt die politische Mitte bildeten.“ Schon vor der Eroberung Italiens war sein Name weit berühmt, und später priesen selbst die Römer seine mehr als dreissigjährige Herrschaft über Italien als eine Aera des Glückes, welche an die Zeiten der besten Kaiser erinnere. Sie rühmten seinen guten Willen, seine Sorge für den Landfrieden, seine weise Sparsamkeit und Freigebigkeit, seine Milde gegen die Römer, die er wie Ein Volk mit seinen Gothen beherrschte, ja oft bevorzugte und mit ihren Lieblingsfreuden, den Spielen im Amphitheater, wie ein ächter Imperator ergötzte, und nannten ihn einen zweiten Trajan und Valentinian, denen er nachstrebte. Züge und Worte seiner Weisheit lebten als Sprüchworte im Munde des Volkes, sein Enkel und Nachfolger Athalarich konnte von ihm rühmen, dass Alle, die er zu Feldherrn und Richtern ernannt, sich tapfer und gerecht erwiesen, so dass ihm fast prophetische Gabe eigen schien, und selbst Procop, der sein Reich zerstören half, lobt seine Weisheit und Gerechtigkeit und nennt ihn den grössten aller Barbarenkönige[2]). Er selbst rühmte sich gerne des blühenden Wohlstandes und Reichthums seines Reiches, den er zum Theil neu geschaffen, gegenüber der Armuth der Barbaren. Mit der grössten Einsicht und

[1]) Dr. F. Dahn, die Könige der Germanen, II. Abtheil. S. 134 u. ff. München, 1861.

[2]) Eine Inschrift in S. Zenone zu Verona nennt Theoderich: „Den Italiens würdigsten König Italiens.“ (Dahn l. c. III. 150). Eine dem hl. Zeno, Bischof zu Verona, geweihte alte Kapelle findet sich am Zenoberg bei Meran, woselbst auch schon a. 1258 die Zenoburg (castrum S. Zenonis, Cod. dipl. v. Mohr I. 234) urkundlich vorkommt. In Bormio selbst blühte noch im 16. Jahrhundert und zu Guler's Zeiten die edle Familie de Zenoni. Ein Priester Hawardus de S. Zenoni erscheint urkundlich schon 1186 als Zeuge bei einem Vergleich zwischen den Klöstern Münster und Marienberg (Cod. dipl. I. 151).

Milde hatte Theoderich auch seine schwierigste Aufgabe gelöst: als Schützer und Richter über den religiösen Partheien zu stehen; mit der seltenen Aufklärung, womit er die Juden vor dem Fanatismus des christlichen Pöbels schirmte, stellte er beide christlichen Confessionen (Arianismus, welchem er und seine Gothen huldigten, und Katholizismus, welchem seine Mutter und die Römer angehörten) gleich, und schützte die katholische Kirche fortwährend in allen Rechten und Ehren. Sein Reich umfasste ausser ganz Italien und Sizilien noch mittelbar Spanien, ein grosses Stück von Südfrankreich, von Rhätien und Noricum (wohl nur den südlichen Theil, nach Manso's und F. Dahn's Meinung), ferner Pannonien, Savien, Dacien, Illyricum, Dalmatien und Istrien.

Die Wichtigkeit der Alpenpässe für die Ruhe und Sicherheit seines Reiches hat Theoderich, vielleicht mehr als irgend einer seiner Vorgänger, erkannt und gewürdiget. Ueberall in die Städte, Castelle und Clausen (Clausuræ oder Clusuræ) der südlichen Alpenthäler von Trient bis Aosta hatte er seine gothischen Besatzungen vertheilt. Aus denselben Gründen, welche schon lange Verona und Ravenna wichtiger gemacht hatten als Rom und Neapel, nämlich wegen der Abwehr der Barbaren von den Alpen und Pannonien her, waren schon die herulischen Loose vorzüglich dicht im Norden und Osten gelagert gewesen; dort hatte sich der ganze Kampf Theoderichs mit Odovakar entschieden und dort liess sich auch die gothische Bevölkerung in grösster Dichtigkeit nieder, da sie diejenigen Drittel sämmtlicher italienischer Güter, welche Odovakar bereits seinen Leuten hatte abtreten lassen, in Besitz nahm. In Oberitalien, in Ligurien, besonders in der Lombardei bis nördlich über Verona und Trient hinaus, im Venetianischen, an der Ostküste der Adria etc. findet Dahn (a. a. O. III. 8—10) am meisten massenhafte Gruppen von gothischen Siedelungen. Daher erklärt sich denn auch die hohe Bedeutung, welche für Theoderich und seine Ostgothen der Besitz von Rhätien haben musste, für dessen Ruhe, Schutz und Sicherstellung Nichts versäumt werden durfte. Als nach der Niederlage der Alamannen durch Chlodovech (496), die Gothen an ihrer Nordgrenze die Franken zu unmittelbaren Nachbaren erhielten, nahm Theoderich, um deren Andringen entgegenzutreten, sofort alamannische Flüchtlingsschaaren in seinen Schutz auf und gewährte ihnen neue Sitze in Rhätien. (Aus ähnlichen Motiven waren etwa 60 Jahre früher unter Kaiser Valentinian den Ueberresten der Burgunder von ihrem Ueberwinder Aëtius Wohnsitze in Savoyen eingeräumt worden.) Zugleich hatte er in der Person des Servatus, wohl eines gebornen Italieners, einen eigenen Herzog (dux) nach Rhätien abgeordnet, welchem neben der Heerführerschaft zugleich auch Justiz- und Verwaltungs-Functionen oblagen. Aus dem königlichen Bestallungsbriefe, welcher sich bei Cassiodor (Var. VII. 4) vorfindet, ersehen wir die Obliegenheiten und grosse Verantwortlichkeit eines Herzogs von Rhätien. „Viel ist demjenigen anvertraut — heisst es darin u. A. — welchem die Grenzvölker untergeben sind. Nicht einerlei ist es, in friedlichen Landen Recht und Gericht zu halten, oder bei verdächtigen Völkerschaften zu wohnen, wo Vergehen nicht so sehr wie Kriegshändel Verdacht erregen, und die Stimme des Herolds vom Schalle der Kriegstrompeten übertönt wird. Denn *Rhætien ist ein Bollwerk Italiens* und eine natürliche Grenzfestung der Provinz (munimina Italiæ et claustra provinciæ). Mit Recht führt dieses Gebirgsnetz solchen Namen (von rete, Netz), da es die wildesten Barbarenvölker im Vordringen hemmt, gleichsam wie ein vorgespanntes Jägergarn, darin man sie fangen und schlagen mag. So sei diess denn gleichsam Euer Jagdrevier und die Abwehrung der Barbaren Euer Zeitvertreib. . . . Es ist, wie Du siehst, keine geringe Sache, die wir Dir hiermit übergeben, indem wir die Ruhe unseres Reiches Deiner Obhut anvertraut zu haben scheinen. Mögest Du demnach unsere Krieger im Frieden lenken und mit ihnen unsere Grenzen in gewohnter Freudigkeit umziehen. Es soll jedoch die Kriegsmannschaft unter Deinen Befehlen mitsammt dem Landvolke den bürgerlichen Rechten gemäss leben, und ihr Sinn nicht desshalb sich überheben, weil sie bewaffnet ist. Denn Schild und Waffen trägt unser Kriegsheer, um den Römern (Romanis) Ruhe und Frieden zu schaffen, damit sie unter diesem Schirm desto glücklicher und in sicherer Freiheit leben können. . . . Auch ist es mein Wille, dass Du keine Fremdlinge (gentiles) ohne genaue Untersuchung aufnehmest, noch Jemanden der Unsrigen ohne fleissiges Aufsehen zu ihnen hinaussendest. Denn es kommt nicht so leicht zur Entscheidung durch die Waffen, wo man merkt, dass beabsichtigte Plünderungen verhütet werden mögen."

Zum näheren Verständnisse dieser allgemeinen Verordnungen dient ein anderes Schreiben Theoderichs an den Herzog Servatus (bei Cassiodor Var. I, 11), worin er ihm den *Maniarius* (einen Romanen) empfiehlt, der sich beim Könige wegen Schädigung seiner Besitzungen durch die unruhigen, allezeit kriegslustigen *Breonen* beklagt und gebeten hatte, ihm wiederum zu seinem Eigenthum zu verhelfen. „Und da jenes Volk von seinen Räubereien nicht lassen konnte, verlegte Theoderich eine *gothische Kolonie* in dessen Land." (P. Kaiser, Geschichte des Fürstenthums Liechtenstein und Chur-Rhätiens. Chur, 1847. S. 11). Hier haben wir also abermals, wie schon früher bei Besetzung der Alpen-Défilés, den bestimmten Nachweis gothischer Ansiedelungen im räthischen Alpengebiete, die in der That so nahe liegen, dass sich keineswegs zu verwundern ist, wenn schon ältere Chronisten und klassische Geschichtschreiber der Schweiz (Stumpf, Simmler, J. v. Müller) daran dachten und darüber sogar ihre eigene Meinung zu äussern wagten, worauf wir noch zurückzukommen gedenken. Verwundern müssen wir uns vielmehr über die seltsamen Inconsequenzen gewisser moderner Hyperkritiker, die zwar kein Bedenken tragen, einen grossen Theil der Savoyer-, Schweizer- und Tyroler-Alpen schon nach den Schlachten von Chalons und Zülpich durch flüchtige Schaaren von Burgunden und Alamannen besetzen und colonisiren zu lassen, dagegen aber von festen und bleibenden Niederlassungen ihres Beschützers, des mächtigen und streitbaren Gothenvolkes, trotz bestimmter zeitgenössischer Berichte und vieler Wahrscheinlichkeitsgründe, trotz uralter Traditionen und zahlreicher lebender Reminiscenzen, die sich zum Theil bis auf unsere Tage herab erhalten haben, nichts wissen wollen. Ist es denn nicht an und für sich schon unwahrscheinlich genug, dass ein Heldenvolk, wie die Ostgothen, welche in einer Stärke von mindestens 250,000 Köpfen (nach Dahn, Woltmann schätzt ihre Zahl auf 1/2, Gibbon nahezu auf 1 Million), mit Weib und Kind und Gesinde, mit Ross und Karren, Vieh und Geräthe, nach Italien eingewandert waren und hier, da sie als Sieger auswählen konnten, gleich anfangs die besten und sichersten Positionen Oberitaliens, namentlich längs des südlichen Alpenrandes, besetzt hatten, nach zwar kurzer aber glanzvoller Herrschaft und nach dem ehrenvollen Falle ihres Reiches, auch als Volksstamm gänzlich untergegangen und spurlos verschwunden sei? — Es ist diess kaum glaublich und gewiss viel eher anzunehmen, dass nach dem unglücklichen Ausgange der verzweifelten Entscheidungskämpfe — unter den letzten Gothenkönigen Totila und Teja (bei Taginas im Po-Lande, und am mons lactarius, in den Jahren 551 und 552), welche „den grössten Heroen der Vorzeit an Tapferkeit gleich", an der Spitze ihrer Heere gekämpft und gefallen, — die Reste des auf 1000 Mann zusammengeschmolzenen Gothenheeres, welche sich noch immer nicht ergeben wollten und nur auf Grundlage des ihnen gestatteten freien Abzuges — „mit all' ihrem in den Städten Italiens verwahrten Gut, um frei im Anschlusse an andere barbarische Stämme leben zu können" — endlich mit Narses capitulirt hatten, mitsammt den übrigen im flachen Lande zerstreuten Gothen (welche dieselbe Capitulation grösstentheils angenommen) hierauf in die benachbarten Alpenthäler Rhätiens sich zurückzogen, das bereits früher (unter Vitigis zwischen 536—539) an die verbündeten Franken abgetreten worden war. Hier fanden sich ja noch ansässige freie Stammesgenossen und schutzbefohlene Alamannen aus den Tagen Theoderich's, gewiss auch noch zurückgebliebene Familien der in den Kampf hinausgezogenen gothischen Krieger vor, und hier durften gothische Flüchtlinge wohl auch von Seite der romanischen Bevölkerung, in Erinnerung an des weisen und wohlwollenden Theoderichs glückliche Zeiten, als einstige Beschützer einer freundlichen Aufnahme oder Duldung vertrauensvoll entgegensehen, zumal wenn sie als Schutzbefohlene der mächtigen Frankenkönige kamen, welchen bald die Bewachung und Sicherung der Défilés der rhätischen Südgrenze ebenso wichtig erscheinen musste, als früher den Gothenkönigen. Uebrigens war der Widerstand der Gothen gegen die Byzantiner auch nach dem Untergange ihres Königthums noch nicht ganz gebrochen. Nachdem das Heer geschlagen und grösstentheils vernichtet, begann jetzt der Widerstand „der im Lande selbst sitzenden, wohnenden, bauenden" gothischen Bevölkerung, nicht blosser Truppendetachements, und das sogar im schwachbesetzten Süditalien (Dahn, III. 9), um wie viel mehr im Norden, wo die gothischen Siedelungen am dichtesten waren und im Alpengebirge wie in der Nachbarschaft der befreundeten Franken und Alamannen den sichersten Rückhalt fanden. Hier hatten die Gothen immer noch die festen Plätze inne, und wollten diese auch nach der Capitulation nicht räumen. Ja, nochmals erhoben sich die Gothen in Masse, als ihnen im Frühjahr 553 zwei alamannische Fürsten (Leutharis und Butilin) mit einem 75,000 Mann starken Heere von Franken, Alamannen und Burgunden (auch Rhätiern nach Guler) zu Hülfe zogen, und noch einmal ergriffen sie den Gedanken, ihr Reich auf's Neue aufzurichten; Butilin sollte als ihr König in Italien herrschen, nachdem er die Byzantiner vertrieben. Erst mit dem unglücklichen Ende auch dieses letzten Feldzuges, in Folge eingetretener Uneinigkeiten und Spaltungen unter den Verbündeten selbst, und erst nach Vernichtung von Butilin's ganzem Heere durch Narses, war endlich die Macht des Gothenvolkes für immer gebrochen — nicht aber der gothische Heldenmuth, der noch in den versprengten Schaaren fortlebte, und sie, nach abermaligen fruchtlosen Widerstandsversuchen, wohl endlich den Rückzug nach der „natürlichen Grenzfestung" der Alpen antreten und im Innern des Hochgebirges neue Wohnsitze aufsuchen hiess, um hier im Anschlusse an andere schon lange befreundete barbarische Völker „frei leben zu können". Denn ein Volk von solcher Thatkraft und Zähigkeit und von solch' ausdauerndem Muthe konnte nimmermehr dem Untergange geweiht sein.

Dass seit Theoderich zu verschiedenen Zeiten sowohl *gothische* als alamannische Ansiedler in den rhätischen Alpen sich niedergelassen haben, ist demnach eine ausgemachte Thatsache, die bei künftigen gründlichen Untersuchungen über die Bevölkerung des Alpengebirges mehr als bisher beachtet zu werden verdient. Aber es ist desshalb noch immer (wie schon J. v. Müller bemerkt) keineswegs leicht auszumachen, „was vom Prätigau bis zu den Gemeinden ob Verona (sette communo) in jedem Thale Tauruskisch, Rhätisch, Cimbrisch, Alamannisch, *Gothisch* oder Deutsch ist". Dass hiebei die Sprache der heutigen Bevölkerung keineswegs unter allen Umständen als sicheres Criterium der Abstammung gelten könne, darüber sind die modernen Ethnographen längst einig. Und gewiss ist grössere Vorsicht in solchen Rückschlüssen nicht leicht irgendwo mehr angezeigt, als gerade in Rhätien, wo bekanntlich noch in den letztverflossenen Jahrhunderten so grosse Verschiebungen der Sprachgrenzen unter einer längst festgesessenen Bevölkerung Statt gefunden haben. Was die Ostgothen betrifft, so werden wir bei ihrer grossen Empfänglichkeit für römisch-griechisches Wesen, bei den romanisirenden Tendenzen Theoderichs und einiger nachfolgenden Könige, bei ihrem langen Verkehr mit Byzanz und ihrem nachherigen Zusammenleben mit den Italienern, und bei ihrer grossen Anhänglichkeit an das schöne Südland [1]), das sie als ihre eigentliche Heimat ansahen, kaum erwarten dürfen, dass diese Hinneigung zum Römerthume nicht auch ihre alte Muttersprache berührt und diese nach und nach romanisirt habe. Wirklich bezeugt uns der Byzantiner Procop, dass die Gothen schon zu seiner Zeit (also noch in den Tagen ihrer Herrschaft) ziemlich regelmässig Latein verstanden und sprachen, namentlich die Vornehmeren, so dass sie Dollmetscher kaum nöthig hatten. Um wie vielmehr mag diess erst, nach dem Untergange ihres Reiches und ihrer Nationalität, bei den im Alpengebirge zerstreuten Kolonisten und Flüchtlingsschaaren der Fall gewesen sein, wenn sie ihr Schicksal mitten unter eine romanische (rhätische oder italienische) Bevölkerung versetzt hatte. Und darf uns diess wundern, wenn wir bedenken, was unter glücklicheren Verhältnissen aus der Muttersprache weit zahlreicherer und länger herrschender germanischer Völkerstämme, wie der Franken, der Westgothen, Burgunder, Langobarden, Vandalen etc. im Laufe der Jahrhunderte geworden ist! Noch im 9. Jahrhundert finden sich um Padua und zu Monselice — also in der Umgebung der von Theodorich und Cassiodor gefeierten und restaurirten Euganeischen Thermen — zahlreiche deutsche Bewohner mit deutschen Namen, die ganze lombardische Ebene scheint damals noch mit germanischen Spracheilanden durchsetzt gewesen zu sein, selbst im Friaul tauchen da und dort aus dem Moder der Urkunden in namhafter Zahl Teutonici auf, und in Vicenza, wie zu Trient, wurde bis in's 14. Jahrhundert herab noch deutsch und italienisch neben einander gesprochen, während jetzt nur mehr deutschklingende Namen, welche Flur und Wald von alten Zeiten her führen, und daneben die grosse Menge blauäugiger, blondlockiger Kinder mit Namen wie Almerich, Brunhilde, Gothard etc. dem modernen Wanderer in jenen Gegenden auffallen und an das einstige Germanenthum erinnern. Und wie steht es um die zerstreuten deutschen Gemeinden im Wälschtirol und im venetianischen Gebirge zwischen Trient, Bassano und Verona, deren deutschredende Bevölkerung noch vor 50 Jahren wohl an hunderttausend Mann gezählt haben mag, und seit J. v. Müller für so manchen wackern Forscher, wie Schmeller, Steub, Bergmann, Zingerle, v. Attlmayr, Gegenstand des höchsten Interesses und eingehender Studien geworden ist?

[1]) Theoderich nennt Italien das Vaterland der Gothen und die Herrlichkeit Roms ist nie mit grösserer Bewunderung gepriesen worden, als von diesem Barbarenkönig, mittelst der Beredsamkeit freilich eines „der letzten Römer". Immer und immer wieder, nicht nur im Unglück, selbst im besten Glück, unter König Totila, bemühen sich die Gothen vom byzantinischen Kaiser Frieden und die Erlaubniss zu erlangen, im Lande (Italien) bleiben zu dürfen, auch unter den schwersten Bedingungen: sie *wollen sich mit dem Lande nördlich vom Po begnügen*, alle Inseln und das ganze Festland südlich vom Po an Byzanz abtreten etc. Erst nach den gewaltigen Katastrophen von Taginas und vom Vesuv zeigt sich eine andere Gesinnung, welche *die Freiheit dem Lande vorzieht* und um keinen Preis von der Herrschaft des Kaisers wissen will. (F. Dahn, l. c. III. 260.) Anderer Ansicht war Guler („Rhetia", 68 b.), der die Ueberreste der Gothen, nach dem byzantinischen Kriege, in Italien bleiben und einfach in der römisch-italienischen Bevölkerung aufgehen lässt. „Dann alle die, so von ihrem stammen der enden noch bey jähen blieben, liessen sich fortan nicht mehr Gothier, sondern Italiener, weil sie in Italien erboren waren, schälten."

An diese homines teutonici, — einst die Schosskinder der Republik Venedig, und als deren Grenzwacht schon zu Anfang des 14. Jahrhunderts (durch Cangrande I, den Reichsvikar von Verona) mit den schönsten Privilegien ausgestattet und überhaupt nach allen Seiten in ihrer Nationalität geschützt und geschirmt — an diese deutschen Völkerschaften, wird nach den Auspizien, die einer ihrer besten Bekannten und treuesten Freunde[1]) ihnen erst kürzlich gestellt hat, — „bald nichts mehr erinnern, als die hellen Haare und die deutschen Augen und die alten Wiegenlieder, welche die Grossmütter auf den entlegenen Berghöfen singen."

Nach diesem kann es nicht mehr überraschen, wenn wir uns jetzt unterfangen, selbst im Gebiete der wälschen Zunge nach den Spuren und allfälligen Nachkommen jener germanischen Kolonisten zu fragen und zu forschen, welche einst vom grossen Gothenkönig Theoderich erwiesenermassen in die rhätischen Alpen verlegt und später, wahrscheinlich zu wiederholten Malen, namentlich während und nach dem 20jährigen gothischen Kriege, durch nachkommende Gothenschaaren verstärkt worden sind. Wirklich hat schon vor längerer Zeit Cavaliere *Constantino Rosa* in *Bergamo* durch eine Reihe von Untersuchungen hauptsächlich in Sprache, Sitten und Gebräuchen der jetzigen Alpenbevölkerung jener italienischen Provinz, namentlich im obern Theile der Thäler (V. Camonica, V. di Scalve, V. *Seriana*, V. Brembana) zwischen dem Iseo-See und Veltlin, das Vorhandensein zahlreicher germanischer Elemente und mannigfacher alter Reminiscenzen dargethan, welche an das tapfere Gothenvolk mahnen, für dessen Abkömmlinge er einen Theil jener ein eigenthümliches Patois redenden Alpenbewohner hält. Und es versichert auch Hr. *G. Siber-Gysi*, Präsident des Schweiz. Alpenclub, einer der genauesten Kenner jener ebenso interessanten als bisher unbekannten Gebirgswelt, dass man beim Anblick des prächtigen Menschenschlages, der den obern Theil jener Thäler bewohnt, sich unmöglich des Gedankens an ihre germanische Abstammung entschlagen könne (Vgl. Tschudi's Schweizerführer, Graubünden und Veltlin, 1868, S. 136 u. ff.), Dasselbe können wir aus eigener Anschauung von *V. Geróla*, einem hochgelegenen Seitenthale des Veltlins, bezeugen, durch welches im Mittelalter ein vielgebrauchter Handelsweg von Morbegno über den S. Marco-Pass nach Bergamo führte. Hier begegnet man, neben einem ausgedehnten und seit alten Zeiten betriebenen Bergbau, (wie in den angrenzenden Bergamasker Thälern), zugleich einer nach germanischer Sitte in vielen zerstreuten Weilern wohnenden Bevölkerung, welche in ihrer äussern Erscheinung mich lebhaft an den bekannten ausgeprägten Volkstypus der deutschredenden „freien Walser" einiger Bündner Thäler erinnerte, während mein catalanischer Freund und Reisegefährte Seb. Vidal sich unter die westgothischen Abkömmlinge seiner heimatlichen Gebirge versetzt wähnen konnte. Schon zu Anfang des 17. Jahrhunderts legte unser wackere alte Guler, seines Stammes ein freier Walser ab Davos, ein besonderes Interesse für die abgelegene Berggemeinde von Geróla an den Tag, indem er den Hauptort *Piazza* („Platz" bezeichnet auch in den meisten Walsergemeinden Bündens die nächste Umgebung der Pfarrkirche mit Rath- und Wirthshaus) einen „vornemmen wolbesetzten Fläcken" nennt, daneben sämmtliche 12 Nachbarschaften der Reihe

[1]) *L. Steub* („Herbsttage in Tyrol", München 1867. S. 168–191), welcher in diesen transtridentinischen Deutschen wiederaufgefundene Langobarden, Enkel Alboins und Autaris', begrüsst und deren rasch fortschreitende Italienisirung mit gewohnter Meisterschaft in drastischen Farben schildert. Die ältere, bis auf Schmellers Forschungen herab sehr verbreitete Ansicht, welche in Bezug auf die 7 Gemeinden bei Vicenza schon vor fünf Jahrhunderten von den Gelehrten dieser nahen Stadt ausgegangen zu sein scheint, hatte diese räthselhaften Hochländer als „Cimbern" bezeichnet, d. h. als Abkömmlinge jener Cimbern, welche einst der Schrecken Roms gewesen, aber von Marius auf den raudischen Gefilden vernichtet worden waren.

nach aufzählt, auch des „Eysenthals“ unter den Bergen Trona und Tronella erwähnt, und über die Bevölkerung einige beachtenswerthe Notizen beifügt: „Vil diser Gemeindsleuten handtieren gen *Dietrichs-Bern* (Verona) und anderstwohin. Allhie befinden sich etliche alte Geschlächter: als die Ruffonen und das Haus Stella: seynd beyd von *Dietrichs-Bern* zu alten Zeiten dahin gekommen.“ („Rhætia“, 184.) Sollte demnach der Name Geróla (die Einwohner legen den Accent auf die zweite Sylbe, sprechen das G sehr weich und das o lautet fast wie ö) nicht von einst (unter Odovaker) hier niedergelassenen *Herulern* herzuleiten sein, deren Loose später Ostgothen unter Theoderich in Besitz nahmen? War es ja doch *Sindual*, ein herulischer Heerführer, der, nachdem er mit einer Schaar Heruler unter Narses im gothischen Kriege mitgefochten hatte, später die nach dem Sturze des Ostgothenreiches in Italien entstandene Verwirrung zur Gründung einer eigenen Herrschaft in den rhätischen Alpen zu benützen suchte und von Paul Diaconus (dem Geschichtschreiber der Longobarden) geradezu ein „*König der Breonen*“ (nach Dahn's Leseart, Andere lesen Brentonen) genannt wird, weil er in den Bergen dieses uns wohlbekannten rhätischen Stammes seine Herrschaft aufrichten wollte (F. Dahn l. c. II, 5). Sollten demnach wirklich die Wohnsitze der Breonen soweit nach Südwesten, d. h. bis zum S. Marco-Pass herüber gereicht haben, dann waren sie sicher einst auch in der obern V. Camonica (d. h. an der Südgrenze der Landschaft Bormio) ansässig, was wir oben schon für wahrscheinlich erklärt haben.

Endlich hat man in allerneuster Zeit auch in unmittelbarer Nachbarschaft von Bormio, jenseits des Ortler um *Meran* und im *Vintschgau*, altgothische Spuren und Reminiscenzen aufgefunden, also ebenfalls in einer Gegend, wo (nach Campell's zeitgenössischem Berichte) noch bis um die Mitte des 16. Jahrh. rhäto-romanisch gesprochen wurde. Es findet sich nämlich, dass noch ein Schriftsteller des 12. Jahrh. die Meraner einfach Gothen nennt und man glaubt, dass auch die alte Ortschaft Gossensass am Brenner (das Gloggensachsen der deutschen Heldensage, an dessen uralten Bergwerken einst „Wieland der Schmied“ im Feuer arbeitete) seinem Namen nach nichts anderes als einen Sitz der Gothen bedeute. Man erinnert sich ferner, dass jene vorzeitlichen, dunkeln Sagen, die an das uralte, unvergessliche Königsgeschlecht der Amelungen (dem Theoderich entsprossen) hinanreichen, so die Lieder von Dietrich von Berne, von dem treuen Herzog Berchtung von Meran, der Hofmeister König Hugdietrichs gewesen, von Kaiser Otnit von Lamparten, der auf der Burg zu Garda sass, vom König Laurin, „dem viel kühnen Manne“ („zu Tirol in dem wilden Tanne, da zog er einen zarten und schönen Rosengarten“) u. s. w., die jetzt „der ostgothische Sagenkreis“ genannt werden, einst hauptsächlich in Tyrol, wo nicht erfunden, so doch erhalten, und dort, in den alten mährchenreichen Schlössern an der Etsch, wie auf den ehemals deutschen Burgen, die im wälschen Gebirge sitzen, von Menschenalter zu Menschenalter forterzählt und fortgesungen wurden. Diese dortige Dichtheit und Fülle der Gothensage und ihr Spiel um südtyrolische Oertlichkeiten deute aber an, dass eine alte Blutsverwandtschaft bestehe zwischen den Recken von Mais, Algund und Passeier auf der einen und den Helden von Bern und Garten (Garda) auf der andern Seite. Bedenke man dazu, „welcher mythologische Schatz aus dem besten und reinsten Paganismus sich dort im Glauben des Volkes bis heute erhalten habe“ und wohl auf die Gothen zurückzuführen sein dürfte, so sei es mehr als wahrscheinlich, „dass jene Prachtmenschen die tapfern, hochgestreckten und so würdig einhergehenden Bauern aus dem *Burggrafenamte* (und wohl auch jene von Schnals, von Ulten und Sarnthal) — diese Männer mit dem stolzen Antlitz, mit den leuchtenden Augen, diese herlichen Jünglingsgestalten und jene Mädchen in ihrer ernsten Schönheit — ein deutscher Schlag, wie er sonst in Deutschland nirgends mehr zu finden — nicht von der bajuvarischen oder alamannischen Einwanderung abzuleiten, sondern die *Nachkommen alter Gothenschaaren* seien, die einst König Theoderich von Verona hereingesandt und angesiedelt hat, um die rhätischen Klausen und mit ihnen das Reich gegen die anstürmenden Barbaren zu vertheidigen". (L. Steub, Herbsttage in Tyrol, 1867, S. 159 ff. — F. Dahn in Prutz' deutsch. Museum 1863 S. 424 ff.)

Sintemalen so rings um die südlichen und östlichen Grenzen der Landschaft Bormio die alten Gothen aus dem Dunkel der Geschichte wieder an's Tageslicht der Gegenwart hervortreten und um's Löwenpanner Theoderich's sich schaaren, wollen wir dasselbe auch am Fusse des Braulio entfalten und soll es selbst vom Gipfel des königlichen Ortler wehen. Unser Versuch erscheint jetzt schon als ein geringeres Wagniss denn vor sechs Jahren, wo wir, noch ohne eine Ahnung von jenen Hülfstruppen und von so wackerem Zuzuge aus der Nachbarschaft zu haben, in unserer bescheidenen, der allgemeinen Schweiz. Naturforscher-Versammlung zu Samaden (August 1863) gewidmeten Schrift es gewagt haben, für die Bevölkerung von Bormio zum ersten Male eine theilweise „deutsche (wahrscheinlich gothische) Abstammung" zu beanspruchen. Auch kommen wir diessmal in hoher Gesellschaft und unter starker Bedeckung, ausgestattet mit einem offiziellen Geleitsbriefe des Gothenkönigs selbst, in optima forma gefertigt von dessen Kanzler Cassiodor, um jene Ansprüche zu beweisen und geltend zu machen. Lassen wir also diesen selbst zuerst reden:

„König *Theodahad* an den Grafen *Vinsirad*. Während mir der ehrenvolle Adel Deines Geschlechtes und die Beweise Deiner grossen Treue riethen, Dir die Stadt *Pavia*, die Du im Kriege vertheidigtest, im Frieden zur Verwaltung anzuvertrauen: hast Du, von einem plötzlichen Anfalle des feuchten Podagra ergriffen, mich gebeten, lieber die trocknenden *Thermen von Bormio* (aquas Burmias), die speziell für dieses Leiden heilsam sind, besuchen zu dürfen. Dein Verlangen stillen wir durch heilsame Verordnung, damit das Wohl, das wir nach Verdienst bei Dir suchen, durch die Wohlthat unserer Verordnung vollendet werde. Ferne sei es, dass den kriegerischen Mann die Tyrannei des schwersten Leidens entwaffne, das auf wunderbare Weise die blühenden Glieder durch Ansammlung krankhafter Säfte schwinden macht und bewegliche Geschwulst-Knoten von Marmorhärte erzeugt. . . . . . . Solches ist natürlich Allen widerwärtig, am meisten jedoch denjenigen, welche im Waffenhandwerk sich hervorgethan, dass ihre eisenstarken Glieder durch abspannende Mattigkeit erweicht und dass, wer sich draussen vom Feinde nie überwinden liess, nunmehr durch innerliche Gegnerschaft (Krankheit) besiegt werden solle. Lenke also mit Gottes Hülfe Deine Schritte nach dem obgenannten Orte. Ferne sei es, dass unser Krieger mit fremder Hülfe wandle. Auf Pferdesrücken, nicht von Menschen lasse er sich tragen; denn einem tapfern Manne fällt es schwer, so zu leben, dass er nicht einmal ein müssiges Leben auszufüllen im Stande ist. . . . Brauche also jene Thermen, zuerst als lindernde *Trinkkur*, hernach durch Unterhaltung trocknender *Bäder;* dann wird mit Recht der unbeugsame Nacken jener Krankheit gebändigt, wenn der Körper von innen durch reichliches Trinken gereinigt, von aussen durch zusammenziehende Kräfte befreit wird und so die Natur gleichsam durch vereinigte Streitkräfte den Feind (die Krankheit) in die Mitte nimmt und überwindet. Willkommen seien uns jene göttlichen Gaben der Bäder, als kräftige Schutzwehr gegen jene Quälgeister des Menschengeschlechts, und die kein Decennium in einem Weg bändiget, noch tausendfältig eingenommene Trankopfer erweichen, mögen durch ergötzliche Heilmittel dort vertrieben werden. Möge göttlicher Rathschluss die erwünschte Wohlthat Dir gewähren, damit wir den *ausgezeichneten Ruf jenes Kurortes* (famam loci verissimam) vielmehr durch Deine Genesung erkennen und Alles, was das körperliche Wohlbehagen stört, — von Dir weichen möge." (Cassiod. Var. X. 29).

Mit diesem höchst merkwürdigen Schreiben stehen unsere Gothen in Bormio bereits auf festem geschichtlichen Boden, von wo sie kein moderner Hyperkritiker oder Tendenzhistoriker hinweg zu disputiren vermag. Dasselbe steht am Ende des X. Buches der Varien und erscheint als das vorletzte offizielle Aktenstück Theodahad's, das uns Cassiodor aufbewahrt hat. Seine Abfassung und die Badefahrt des gothischen Grafen, den wir hiemit als den ältesten bekannten Kurgast von Bormio bestens willkommen heissen, fällt somit jedenfalls in die Zeit zwischen 534—536, beim Beginn des gothischen Krieges, höchst wahrscheinlich in's *Frühjahr 536*, die Zeit der Landung Belisars auf Sizilien, unmittelbar vor der Absetzung Theodahad's, des letzten Königs aus dem Amelungengeschlecht (er war der Sohn Amalafredas, einer Schwester Theoderichs, ein unwürdiger Neffe seines grossen Onkels) und der Erhebung des Heerführers Vitigis zum Könige durch das auf dem Felde Regeta bei Rom versammelte Gothenheer, in Folge der Rathlosigkeit und verdächtigen Haltung des ersteren, welche bereits den Fall Neapels herbeigeführt. Es war diess eine sehr kritische, traurige Zeit für das seit Theoderichs Tod halb verwaiste und nun von der Uebermacht des ränkevollen Kaisers Justinian bedrohte Gothenreich. Auch feindlich gesinnte Barbarenvölker lauerten an den Grenzen; Sueven oder fränkische Alamannen verheerten Venetien. Theodahad hatte Verhandlungen mit dem Könige des mächtigen Frankenvolkes angeknüpft und suchte ihn durch Abtretung des ostgothischen Theiles von Gallien und 2 00 Pfund Gold zum Bundesgenossen zu gewinnen, kam aber noch vor Abschluss des Vertrages um's Leben, worauf Alamannen und Burgunden wieder verheerend über die Grenzen brachen. Höchst wahrscheinlich hatte daher jene Badereise des hochgestellten Gothen nebenbei auch noch einen politischen Zweck in Bezug auf die so wichtige Grenzprovinz Rhätien, um deren Abtretung an die Franken es sich bei jenem Vertrage handelte. Ob diese Abtretung schon jetzt (536), oder zugleich mit jenem planirten Vertrage, erst unter König Vitigis (539) zur Ausführung kam, ist noch unentschieden. Jedenfalls muss es aber auffallen, dass ein so vornehmer Patient bei so kritischer Lage des Reiches und seiner eigenen Constitution in so früher Jahreszeit seinen wichtigen Posten verlässt, und den weiten Weg nach dem entfernten Alpencurorte nicht scheut, statt seine Cur zu Acqui, Abano, Caldiero, Battaglia, oder an einer andern jener zahlreichen seit römischer Zeit frequentirten und auch von Theoderich mit besonderer Vorliebe restaurirten Thermen Oberitaliens vorzunehmen, welche den festen Städten Pavia, Verona und Vicenza, diesen wichtigsten gothischen Waffenplätzen, näher lagen als Bormio und zum Theil auch gegen ebendieselben Leiden im Gebrauche waren.

Und schrecken ihn nicht die räuberischen Alpenvölker, die flinken, unruhigen Breonen, die stets Händel suchen „als die des Kriegswesens gewohnt"[1]), und nicht die

[1]) „Breones . . . qui militaribus officiis assueti, civilitatem premere dicuntur, et ob hoc justitiae parere despiciunt: quoniam ad bella Martia semper intendunt." (Bekannte Stelle aus Theoderich's Brief an den dux Servatus, bei Cassiod. Var. I, 11 — übersetzt bei Guler Rhaet. 68).

wilden Alamannen und andere barbarische Völker, die stetsfort und gerade jetzt die nordöstlichen Grenzbezirke beunruhigen? Diess Alles und noch mehr hat der edle Graf wohl bedacht, und dennoch — oder vielmehr gerade desshalb — will er nach Bormio. Nicht einmal sein römischer Arzt, der ihn wohl lieber in ein nahes italienisches Bad schicken möchte, vermag diesen Entschluss zu ändern. Die Thatsache steht einmal fest, Graf Vinsivad nimmt Urlaub und geht nach dem fernen Grenzort Bormio zur Cur, obwohl er kaum im Stande ist, das Pferd zu besteigen. Sehen wir zu, wie wir dieses auffallende Factum uns zurecht zu legen haben.

Uns dünkt aber, die Sache erklärt sich am einfachsten durch die wohl begründete Annahme, es handle sich hier auch nicht sowohl um eine abenteuerliche Reise zu kaum bezwungenen Alpenvölkern und halbfeindlichen Barbarenstämmen, als vielmehr um eine wohlberechnete kleine Rundreise zunächst unter den eigenen Stammesgenossen, nämlich den am südlichen Abfalle und den Engpässen der rhätischen Alpen vertheilten *gothischen* Besatzungen und *Colonien*, denen dort schon unter Theoderich die Grenzwacht und damit „die Ruhe des Reiches" anvertraut worden war. Unter ihrem Schutze konnte der Gothengraf sich so sicher und behaglich fühlen, als unter den festen Mauern jener vom Waffengeräusch und Kriegsgetümmel erfüllten Städte, deren vorherrschend romanische Bevölkerung, seit Beseitigung der durchaus römisch gebildeten und gesinnten Königin Amalasuntha (des grossen Theoderichs Tochter) durch eine Verschwörung des gothischen Adels (April 534), immer schwieriger zu werden drohte. Graf Vinsivad, als ein Repräsentant des alten gothischen Geburtsadels und zugleich dem in Italien entstandenen neuen Dienstadel angehörend, und König Theodahad, der bei jener Verschwörung gegen seine eigene Tante und Mitregentin seine Hände mit im Spiele gehabt und so den Zorn und die Rache des byzantinischen Kaisers (Justinian) herausgefordert hatte, mussten aber dasselbe lebhafte Interesse haben, sich der unverbrüchlichen Treue und Anhänglichkeit ihres eigenen Volkes und Heeres, namentlich auch an so wichtigen Grenzpunkten, auf alle Fälle zu versichern. Und gewiss war ein durch Abstammung und hohe Stellung gleichwie durch persönliche Tapferkeit und Ergebenheit an das angestammte Königsgeschlecht der Amalungen so ausgezeichneter alter Haudegen, wie Graf Vinsivad, der rechte Mann, um unter dem unverfänglichen Vorwande einer Badecur und Luftveränderung, während eines mehrwöchentlichen Aufenthaltes unter jener dem Stadtklatsch und dem Intriguenspiel der Regierungkreise so ferne stehenden noch unverdorbenen Alpenbevölkerung, seine hohe politische Mission zu erfüllen und die Popularität der Regierung und ihrer Beamten mächtig aufzufrischen. Vielleicht war damit auch die Verleihung oder Vermehrung gewisser Privilegien (z. B. in Bezug auf Transit-, Zoll- und Postwesen, Erleichterung der Abgaben) für die Bewohner von Bormio verbunden, wie solches bei andern Anlässen und an andern Orten [1]) von ähnlicher Bedeutung und Stellung wirklich der Fall war und durch Cassiodor bezeugt wird, dessen Varien eben doch nicht als vollständiges Protokoll aller Regierungsverhandlungen und -Beschlüsse gelten können noch wollen. Desswegen hält wohl der König so sehr darauf, dass der Graf zu Pferd erscheine, um seinen kriegerischen Gothen desto mehr zu imponiren, sowie denn auch die kriegerischen Bilder des Schreibens wohl nicht zufällig, sondern mit Berechnung auf die Denk- und Anschauungsweise der Gothen gewählt und leise An-

[1]) So wurden den Städten Trient, Como, Marseille, Neapel, den Bewohnern der cottischen Alpen als Vergütung gegen die Excesse des gothischen Heerbanns auf seinem Marsche durch dieselben (in solchen Fällen wurde sogar Gold unter die Geplünderten vertheilt), den Bewohnern der venetischen Landschaften, welche durch Plünderungen der Sueven gelitten, die Abgaben und Steuern erleichtert oder nachgelassen. (Var. II. 17. IV. 26. 36. XI. 14. XII. 7.)

spielungen auf den damaligen bedenklichen Zustand des Gothenreiches zu enthalten scheinen, das — gleich unserm Patienten — unbesiegt von äussern Feinden, nunmehr inneren Widerwärtigkeiten (interna contrarietate) zu unterliegen drohte, aber im Verein mit den Hülfstruppen der fränkischen Bundesgenossen (duobus auxiliis congregatis) den eingedrungenen neuen Feind in die Mitte zu nehmen und zu erdrücken hoffte. Und nach einer ausführlichen drastischen Schilderung der vielen Leiden und Widerwärtigkeiten, die das Podagra schafft — wir haben sie oben in unserm Auszuge übergangen — folgt der merkwürdige Zusatz: „Dieses Alles haben wir Dir desshalb bedeutend vergrössert (exaggerata narratione) dargestellt, damit Du mit um so grösserem Eifer auf Herstellung der Gesundheit (wohl auch des Reiches) bedacht seiest," woraus man wohl schliessen darf, das Leiden des Grafen sei nicht der Art gewesen, um ihn an der Erfüllung seiner verdeckten diplomatischen Aufgabe zu hindern.

Diess Alles setzt aber nothwendig die Existenz gothischer Colonieen in der Gegend von Bormio voraus, und zwar nicht blosser Militärstationen, sondern wirklicher bleibender Niederlassungen und Ansiedelungen. Und diese Voraussetzung ist keine blosse Hypothese. Möglicherweise waren schon vor 130 Jahren unter Kaiser Honorius beim Durchzuge der *Westgothen* unter Alarich einzelne Schaaren in diesen Gebirgen zurückgeblieben. Gewiss ist, dass, als dieselben durch die rhätischen und tridentinischen Alpen in Italien einbrachen und ohne Widerstand bis zur Adda und zum Po vordrangen, es damals allgemein hiess, „die Rhätier seien im Einverständniss mit den Gothen", diese hätten sich sonst nicht so weit vorgewagt. Erst als der kaiserliche Feldherr Stilicho, auf verborgenen Pfaden, über den Comer-See und über die mit Schnee uud Eis bedeckten Alpen dahineilend, im Winter plötzlich in Mitte der Rhätier erschien und ihnen mit milden Worten ihr Beginnen verwies, erklärten sich diese für Honorius. Bald darauf wurde Alarich (bei Verona zum zweiten Mal) geschlagen und musste Italien räumen (403). Dass damals sowohl ein Theil der Westgothen als Stilichos Heer durch's Addathal und über die Pässe von Bormio (Iuga rhætica) zogen, ist demnach kaum zu bezweifeln, und leicht dürfte es dort zum Kampfe gekommen sein. Darauf deutet wirklich eine alte Ueberlieferung der Lokalchroniken von Bormio und Veltlin, welche sämmtlich von einer um jene Zeit in einem Hochthale (Fraële) der Grafschaft Bormio erfolgten Niederlage arianischer Schaaren berichten und dieses Ereigniss in die Zeiten des Kaisers Theodosius d. Gr. oder des hl. Ambrosius verlegen. (Gothen, Heruler, Rugier hatten bekanntlich das arianische Glaubensbekenntniss angenommen.) In einer weiten Ebene (Campo de Luco) jenes Thales, „die weder Heu noch Blumen trägt", wurden noch zu Anfang des 17. Jahrhunderts nach Guler's und Sprecher's gleichzeitigen Berichten, „immerzu vielerlei wunderbarliche eiserne und eherne Kriegswaffen, auch grosse lange Menschenbein, schier den Riesen zu vergleichen", sowie noch im vorigen Decennium ein zwei Klafter langes Schwert gefunden.

Und schon im Jahr 1287 wird das Kirchlein nebst Pilgerhospiz von S. Giacomo die Fraële urkundlich erwähnt, zum Beweise, dass jene Passage vom Inn- in's Addathal herüber einst sehr frequentirt war. Gewiss hatte sie auch in den Zeiten der Völkerwanderung grosse Bedeutung, indem hier für die aus den pannonischen Ebenen längs Donau und Inn nach Ober-Italien und dem südlichen Gallien vordringenden Barbarenvölker der leichteste und kürzeste Alpenübergang zu finden war, der direkt an die reichen Gestade des Comer-See's und zur Hauptstadt des Po-Thales (Mailand) führte. Man darf sich also nicht wundern, wenn die Défilé's von

Bormio auch in den Kämpfen der Ostgothen und Heruler unter Theoderich und Odovakar wieder dieselbe wichtige Rolle spielten, wie zu Zeiten Alarichs und Stilicho's. Dass damals wirklich „der Kampf der Heretiker" (Arianer) in die Alpenthäler von Bormio hereinspielte, beweist eine merkwürdige Inschrift über dem Portal der uralten Dreifaltigkeitskirche (Oratorio della S. Trinità) zu *Tregua* im Seitenthale V. Furva, welche nach einem im Pfarrhause zu S. Nicolò aufbewahrten Manuscripte des Prevosto Giac. Batt. Sartori (vom Jahr 1781) folgendermassen lautet:

AD. M. SS. Trin. Glor. | Cont. Her. oppugn. |
Hoc. Templ. Compl. fuit | anno Dni 493.

Da dieses Oratorium (nebst Gottesacker), nach derselben Quelle, später restaurirt und im Jahr 1082 (15. Juli) durch einen Delegaten des Bischofs Rainaldo Astorgio von Como eingeweiht wurde, so wird jene von Sartori copirte gothische Inschrift („scritto alla maniera gotica") wohl aus dieser Zeit der Restauration stammen, aber ohne Zweifel auf damals noch vorhandenen älteren Aufzeichnungen beruhen. Es ist höchst unwahrscheinlich, dass diese im Jahr 493 errichtete Votivkirche zum Andenken an jene bereits vor 100 Jahren in V. Fraële erfolgte Niederlage der Arianer gestiftet wurde, wie Sartori glaubt; viel näher liegt es, sie mit dem eben im Jahr 493 (27. Februar) durch die Uebergabe Ravenna's und die Capitulation Odovakars siegreich beendigten Kriege Theoderich's um die Herrschaft in Zusammenhang zu bringen. Und in der That deutet die Inschrift mit keinem Worte auf eine wirkliche Niederlage, sondern spricht nur von einem Kampfe gegen die Heretiker (dass dabei nur an die Arianer zu denken ist, beweist das bezeichnende Patronat der Trinität), welcher wohl — wie der italienische Namen des Ortes (Tregua = Waffenstillstand) andeutet — durch Capitulation sein Ende fand. Dass der Sieg des Arianischen Königs Theoderich über die heretischen Heruler, Turcilinger und Rugier des Odovakar durch Stiftung einer katholischen Votivkirche gefeiert wird, hat nichts Auffallendes, wenn man sich seiner grossen Toleranz und damaligen vortrefflichen Beziehungen zur katholischen Kirche erinnert, welcher seine eigene Mutter angehörte, die er mit Ehren und Geschenken überhäufte, und deren würdige Priester, wie den Bischof Ennodius von Pavia (der uns einen merkwürdigen Panegyricus über den „allergnädigsten König Theoderich" hinterlassen), den Bischof Johannes (welcher die Capitulation von Ravenna vermittelt), den hl. Epiphanius und den hl. Cæsarius von Arles er hoch in Ehren hielt. Eine solche monumentale Verherrlichung des Sieges Theoderich's an diesem Orte führt aber wohl nothwendig zur Annahme, dass sie von hier angesessenen Gothen ausgieng, gleichviel ob diese Ansiedlung erst jetzt unter Theoderich nach Ueberwältigung der Heruler oder schon früher beim Durchzuge der Westgothen unter Alarich erfolgt sei. Gewiss konnten dem genialen Scharfblicke Theoderich's die hohe Bedeutung und die Vorzüge der festen Position von Bormio gleich anfangs nicht entgehen, als es sich um Besetzung der rhätischen Alpen- und Engpässe handelte, und gewiss lassen sich dessen eigene Worte, womit er diese „natürliche Grenzfestung" als einen Schlüssel der Provinz bezeichnet und der besondern Fürsorge seines Statthalters empfiehlt, kaum auf einen andern Punkt besser und mit mehr Recht anwenden als gerade auf Bormio, dessen ganze spätere Geschichte und Schicksale diess mehr als genug beweisen. Es finden diese Voraussetzungen endlich ihre vollkommene Bestätigung durch jenes (früher besprochene) Schreiben an Servatus und durch die Massregeln, welche der König zum Schutze des *Maniarius* gegen den Volksstamm der *Breonen* anordnet. Da wir die letztern oben als Stammväter und Nachbaren der Borminer kennen gelernt haben, führt uns die Gothenkolonie, die Theoderich in deren Land verlegt, wiederum direkt nach Bormio. Und es ist sehr wahrscheinlich, dass wir hier noch im 14. Jahrhundert einem Nachkommen jenes Schutzbefohlenen in der Person des *Branchucinus de Manera* begegnen, als einem der 14 Abgeordneten der Gemeinde Bormio, welche in ihrem eigenen und im Namen der Gemeinde „als freie Leute“ dem Bischof Ulrich (Schultheiss von Lenzburg) und der Kirche zu Chur den Vasallen-Eid leisten (4. April 1336. Cod. diplom. II. 321).

Es ist auch wahrscheinlich, dass viele der alten Privilegien und Freiheiten, deren sich die Bewohner von Bormio in der Folge so oft und gerne rühmen, schon aus den Zeiten Theoderichs stammen, wie solches für Como aus einem höchst interessanten, von einer (sonst in römischer Zeit nicht vorkommenden) warmen Naturbegeisterung durchwehten Schreiben Cassiodors (Var. XI. 14) zu erweisen ist. Ebenso dürfte die Bezeichnung „*Grafschaft*“ (Contado), welche die Landschaft Bormio (wie auch Cläfen) seit den ältesten Zeiten bis zu Anfang unsers Jahrhunderts führte, aus der gothischen Zeit und von den Comites herzuleiten sein, welche als Beamte und Heerführer dem Dux untergeordnet die Spitzen des gothischen Hof- und Amtsadels bildeten. Gewiss ist einmal, dass keinerlei Documente oder Traditionen, weder in Bormio noch Chiavenna, uns Personen oder Dynastengeschlechter namhaft machen, welche einst eine solche Herrschaft in diesen beiden Landschaften besessen und ausgeübt hätten. Wohl dürfen wir aber eine dunkle Tradition an diese ferne Gothenzeit darin erblicken, wenn noch im 16. Jahrhundert *Caspar Sermundi*, ein hochgebildeter Arzt aus Bormio, in einer dem Erzherzog Ferdinand von Oesterreich gewidmeten, gehaltvollen Badeschrift, es als triftigsten Beweis für die Vortrefflichkeit der Thermalbäder seines heimatlichen Thales anführt, dass sie ihrer wunderbaren Wirkungen halber „hochberühmt seien *durch ganz Germanien und bis zu den fernen Gothen hin*“. Und wenn noch zu Ende des 17. Jahrh. der geschwätzige Abbate *de Burgo* in seinem unbedeutenden „Trattato dell' acque minerali“ den Namen Bormio von einem griechischen Prinzen dieses Namens ableitet, der aus Laconien direkt hieher gezogen, um die Stadt Bormio auf eigne Kosten zu gründen („l'edificò a fundamentis a suo spese“), so erinnert diese kaum selbst erfundene Mythe lebhaft an die in den alten Gothenliedern und Sagen immer wiederkehrenden, auf historischem Grunde beruhenden, Beziehungen zwischen König Dietrich und Constantinopel. Damit in Verbindung steht wohl auch eine heute noch im Munde der nahen und stammverwandten Münsterthaler lebende Volkssage, welche von einem goldenen Zeitalter erzählt, da einst der Handel Griechenlands und Venedigs noch seinen Weg durch ihr abgelegenes Alpenthal fand. Dass man dort noch im 13. Jahrhundert nach „Berner“ (Veroneser) Währung rechnete, beweisen zahlreiche Urkunden (vgl. P. Foffa, das Bündner. Münsterthal. Chur, 1864. S. 23, 57 etc.). Und jener ächt germanische Name „Sermundi“ — den jene einst vielverzweigte edle Wormser Familie führt — klingt er nicht selbst wie ein verhallendes Echo nordischer Sage und Dichtung? Wer dächte dabei nicht an Sæmund, den Dichter der Edda? Wie noch heute in Scandinavien, waren ähnlich klingende und zusammengesetzte Namen (wie Hunimund, Kunimund, Berismund, Thorismund etc.) auch bei den Ostgothen, und namentlich in der Familie der Amelungen, beliebt. Ein Zweig jener alten Wormser Familie (welchem u. A. der berühmte Prediger P. Francesco, Kapuziner-Provincial und Gründer der helvetischen Provinz dieses Ordens, entsprossen war, er starb in der Schweiz im Jahr 1583) führte den Beinamen *Sermondi dei Bagni*, weil sie die zunächst den Bädern gelegenen Güter besass (Bardea, storia eccles. del contado di Bormio,

Msc. 1766, I. cap. 10). Vielleicht war diess ursprünglich ein gothisches Lehen und mit dem Besitze der Bäder verbunden, welche letztere aber seit dem 16. Jahrhundert (bis zum Jahr 1859) immer als Eigenthum der Gemeinde erscheinen. An Theoderichs berühmten Feldherrn *Pitzia* oder *Pitzas* erinnert ferner der Name einer andern (auch im nahen Münsterthal und Ober-Vintschgau schon seit dem 16. Jahrhundert oft genannten) Wormser Familie, welcher der gelehrte Dante-Kenner Prof. Gius. *Pizzi* entstammt; und der Stammbaum der Wormser Familie, welcher der vortreffliche Botaniker Don Martino *Anzi*, Professor der Kirchengeschichte am Seminar zu Como angehört, scheint gar wie derjenige der Amelungen bis an die Ansen oder Asen der nordischen Mythologie hinanzureichen. Auch schon im 14. Jahrhundert wie noch heute, kommen hier viele Geschlechtsnamen von offenbar deutschem Gepräge vor (so in der oben erwähnten Urkunde von 1336 u. A. m.). Auf alte Beziehungen zu Verona und zum byzantinischen Kaiser Zeno (unter dessen Einwilligung Theoderich die Eroberung Italiens unternahm) deutet wohl auch der Name der Edlen *de Zenonibus* (denen wir schon oben begegneten), welche einst das Gebiet von Sondalo (mit Sommacologna) und Umgebung im obern Veltlin — mit einer heute noch durch malerische Volkstracht und Körperschönheit ausgezeichneten Bevölkerung — zu Lehen trugen (Guler, l. c. 172 b.). Neben diesen Personennamen begegnen uns in der Landschaft Bormio zugleich eine Anzahl *Ortsnamen*, welche entschieden germanischen Ursprung verrathen. Ausser dem von altersher gebräuchlichen Namen *Worms* (für Bormio) und *V. Federia* (dem Seitenthälchen von Livigno), rechnen wir dahin: den Flussnamen *Fredolfo* und den Ortsnamen *Uzza* (goth. uzd = Ort) von ächt gothischem Klange, ferner *Piazzanecco*, *Piazza*, *Piatta* etc., sämmtlich im Seitenthale *V. Furva* oder dessen Nähe, wo auch (nicht weit von Uzza und Tregua mit seiner merkwürdigen Inschrift) das alte Kirchlein *S. Gottardo* (mit gleichnamigem Dörfchen) sich vorfindet — nebst einem ausgeprägten Volkstypus, der in seinem starken Gegensatze zu der sehr gemischten Bevölkerung des nahen Städtchens uns gleich beim ersten Besuche dieses Thales auffiel und uns schon damals auf den Gedanken an eine germanische Einwanderung brachte. Dasselbe gilt zum Theil auch von den beiden andern Seitenthälern der Landschaft, *V.-di-Dentro* und *V. Livigno*, wo wir zudem überall den Spuren eines uralten Bergbaus begegnen. (Die Nachbarn von Forno die Livigno besassen schon 1355 das Recht, zwei Statthalter für das untere Thal „vom Federia-Bache an abwärts" zu ernennen.) Und es ist wohl jeder Wanderer, der dieses Hochthal zum ersten Male betritt, nicht wenig überrascht, wenn er die, nach altgermanischer Sitte weithin über die Matten zerstreuten, braunen, hölzernen Wohnungen eines harmlosen, freundlichen Nomadenvölkleins erblickt, das ihn so lebhaft an die deutschredenden Bewohner von Avers (zwischen Splügen und Septimer) gemahnt, aber mit italienischem Gruss ihn empfängt. Auf einigen Alpen und Sennereien dieses Thales haftete seit uralten Zeiten bis zum Jahr 1538 ein höchst merkwürdiges Servitut: Es mussten nämlich sämmtliche am Festtage *Johannis des Täufers* (zur Sommersonnwende) gemolkene Milch an die Gemeinde Bormio abgeliefert werden. Es dürfte dieser alte Brauch wohl ebenfalls, wie jene eigenthümlichen Schaf- und Pferdebäder, nebst der heute noch bestehenden Volkssitte energischer *Frühlingskuren* an den Thermen von Bormio, welche wir in unserer früheren Schrift ausführlich geschildert haben (Ostrhät. Stud. S. 10—12), auf altgermanische Opferfeste und einst hier niedergelassene Gothen zurückzuführen sein, die wie die Franken und Langobarden, ihre Nachfolger im Besitze von Bormio, einst den nordischen Wuotan verehrten und seine Feste mit Thieropfern feierten. Solche uralte Uebungen und Gebräuche erhielten sich auch nach Annahme des Christenthums noch lange Zeit fort, ja sie lebten, nebst den alten Göttern, in anderm Gewande wieder auf in dem Heiligencultus der Christen. Und so ist es gewiss keineswegs zufällig, wenn wir nun an den Thermen von Bormio einem Heiligthum *St. Martins* begegnen, welcher bei Gothen und Franken an die Stelle Wuotans getreten war. S. Martin wurde zu Anfang des 4. Jahrhunderts in Pannonien (dem damaligen Wohnsitze der Gothen) geboren, später in Pavia (wo sein Vater als Militär sich aufhielt) erzogen und in der Folge, nachdem er vom hl. Hilarius in Frankreich die Taufe erhalten, Bischof zu Tours, wo er in hohem Alter um's Jahr 390 starb. Daher erklären sich seine nahen Beziehungen zu den genannten Völkern. Er reiste gelegentlich auch einmal von Augsburg über die Alpen nach Mailand, wobei ihm das Unglück widerfuhr, unter die Räuber zu fallen, wie solches in seiner Lebensbeschreibung Alles ausführlich nachzulesen. Und da Venantius Fortunatus, der im 6. Jahrhundert selbst mehrmals die Reise über die Alpen von Italien nach Frankreich gemacht hatte, in poëtischer Sprache berichtet, dass der Weg nach Augsburg durch das Land der Bajoaren und ihrer Nachbaren der Breonen[1]) an den Stromschnellen des Inn's vorbeiführe („per Alpem, rapido qua gurgite volvitur Oenus — qua vicina sedent Breonum loca") so zieht Bardea in seiner Kirchengeschichte von Bormio daraus den etwas gewagten Schluss, der hl. Martin sei bei diesem Anlasse durch Bormio und über den Pass von Fraële gereist, wo just der Inn entspringt. Darum seien die ersten Kirchen, denen man am Ausgange des V. Fraële begegne, diesem Heiligen geweiht, so zu Pedenosso und bei den Bädern, auch im Hauptthale eine zu Grossotto und die Pfarrkirche zu Tirano, sämmtlich von sehr hohem Alterthume. Denn wären diese Kirchen unter der Herrschaft der Langobarden erbaut worden, so würden sie dem hl. Johannes dem Täufer, als erstem Schutzpatron, geweiht worden sein, und fiele ihre Erbauung unter die fränkische Herrschaft in die Zeiten Carls d. Gr., der die Einkünfte von Veltlin und Bormio dem Kloster St. Denys zu Paris schenkte, so würden sie wohl diesem Heiligen dedicirt sein, da es bei den Christen uralter Brauch sei, ihre Kirchen vor allem dem Landespatron zu weihen, oder aber denjenigen Heiligen, die sie am meisten verehren. Demnach müsste die Erbauung dieser St. Martinskirchen, namentlich derjenigen bei den Bädern von Bormio, in die gothische oder römische Zeit zu versetzen sein. Dabei ist aber zu bemerken, dass des Festes des hl. Martinus erst im Jahre 461 (beim ersten Concilium zu Tours) gedacht wird und demselben jedenfalls nicht früher (nach der gewöhnlichen Annahme sogar erst im 7. Jahrhundert) Kirchen errichtet wurden. Es bleibt uns somit nur noch der Zeitraum von 460—540 für die Stiftung jener Martinskirche übrig; da wir aber im Seitenthal V. Furva bereits im Jahr 493 eine christliche Kirche erstehen sahen, und da der hl. *Antonius,* welcher nach dem Zeugnisse des Ennodius und nach der Annahme Bardea's um die Zeit zwischen 400—476 aus Pannonien (über den Pass von Fraële oder Umbrail) nach Bormio und dem Veltlin kam, hier bereits christliche

[1]) Nochmals, im ersten Drittel des 8. Jahrhunderts, begegnet uns der Name dieses Volkes, in der Legende des hl. Corbinian (vom Freisinger Bischof Aribo verfasst). Als des hl. Corbinian Leiche in's Gebirge getragen wurde (730), weil der Mann Gottes gewünscht hatte, in der waldigen Stille bei Meran an der Seite des hl. Valentins zu ruhen, nahte sich dem Leichenzug *im Oberinnthal* wallfahrend auch ein fieberkranker romanischer Edelmann Namens Dominicus aus dem Volke der *Breonen* („quidam nobilis Romanus, nomine Dominicus, Breonensium plebis civis") und erlangte, wie zu erwarten, seine Gesundheit so schleunig wieder, dass er sogleich zu Pferde steigen und nach Hause reiten konnte. (Steub, a. a. O. S. 130.) Nachträglich bemerken wir noch, dass *Breno* auch in Bormio als Orts- und Familienname sich vorfindet.

Priester vorfand, so müssen wir die Gründung jener St. Martinskirchen von Pedenosso und bei den Bädern von Bormio wohl mit grosser Wahrscheinlichkeit in die letzten Decennien des 5. Jahrhunderts verlegen. Zwar wird die letztere erst im Jahr 1092 urkundlich genannt, bei Anlass einer frommen Vergabung an dieselbe von Seite eines Bischofs von Como, Namens *Artuico* (Hatrwig, Sohn des Agasio von Venosta, nach Quadrio I, 179). Aber bald darauf erfahren wir aus einer andern wichtigen Urkunde, dass damals die St. Martinskirche bei den Bädern bereits sämmtliche umliegende Gebäulichkeiten als Eigenthum besass. Nach 11jährigem Kriege mit Como mussten sich nämlich die Borminer laut am 16. April 1201 geschlossenem Friedensvertrage ausdrücklich verpflichten: „alle in der Umgebung der Bäder (Bagni di Bormio) von ihnen errichteten Bauten zu zerstören, mit Ausnahme der ***Bäder*** und der ***Kirche,*** und der benachbarten ***Häuser, welche genannter Kirche zugehören.***" (Tatti, Annali sacri di Como, 1683, III. 2. 540.) Es mussten somit nur die dortigen Befestigungswerke geschleift werden, wie solches auch im 17. Jahrhundert nach dem siegreichen Feldzuge des Herzogs von Rohan (1636) geschah.

Aus dieser Stellung der St. Martinskirche zu den Bädern ergibt sich wiederum mit Bestimmtheit ihr hohes Alterthum, da der Brief Cassiodors und die Cur des Grafen Vinsivad schon im Jahr 536 das Vorhandensein und schon längere Bestehen von ziemlich vollkommenen Badeeinrichtungen, sowie auch von Badegebäulichkeiten sammt Zubehör, an diesem Orte hinlänglich beweisen. Diess Alles setzt aber für jene Zeit und bei der eigenthümlichen Lage dieser Bäder gewiss auch die Existenz von Befestigungswerken voraus, wie sie hier (unmittelbar hinter den Bädern) das ganze Mittelalter hindurch bestanden und nach oftmaliger Zerstörung immer wieder auf's neue errichtet wurden. Diese Befestigungen bestanden aus einem bethürmten Thor in Verbindung mit einer hohen mit Zinnen versehenen Quermauer, welche einer Runs entlang von den Felswänden des Braulio bis an den Rand der Addaschlucht hinabreichte, so dass die Umbrail-Strasse und -Passage, als der einzige nordwestliche Zugang des Thales, damit völlig abgeschlossen werden konnte. Sie stellten also eine eigentliche Landwehr oder Letzi dar, und daher hiessen einst die alten Wormser Bäder auch *„Bagni di Castello"* (die alte Strasse führte noch unmittelbar an der St. Martinskirche und den Bädern vorbei), sowie dieser Engpass den bezeichnenden Namen *Serra dei Bagni* (d. h. Thermopylen) führt, im Gegensatz zu einer ähnlichen Landwehr bei S. Britio *(Serra di Morignone)* der südlichen Thalklause von Bormio. Nach dem Vorausgeschickten glauben wir nun zum Schlusse berechtigt zu sein, dass die erste Anlage oder doch eine Wiederherstellung und Verstärkung dieser ***Befestigungswerke*** von Bormio ***unter Theoderich*** in Verbindung mit dessen Gesammtvorkehrungen zum Schutze der Nordgrenze des Reiches stattgefunden habe, und dass damit zugleich die Erbauung der ***St. Martinskirche*** sowie die Restauration der ***Bäder*** verbunden war. Die Bestimmung und Ausführung solcher Werke ist aber wiederum nur durch Verlegung einer gothischen Besatzung oder ***Militärkolonie*** nach Bormio zu erklären, was die Austheilung von herulischen Loosen und somit abermals gothische Ansiedlungen in diesem Thale zur Folge haben musste. Es ist daher wohl möglich, dass ein unter der Bezeichnung „Decima Clusurarum" (das lateinische clusura und das rhätische serra sind gleichbedeutend) noch im 16. Jahrhundert hier vorkommender Fruchtzehnten, welchen die Gemeinde Bormio besass und verpachtete (laut Inventar vom Jahr 1553), sowie jene früher erwähnten Sermundi'schen Güter in der Nähe der Bäder, noch von gothischen Militärloosen aus Theoderich's Zeiten herstammen.

Damit glauben wir unsere Aufgabe gelöst: das Faktum einstiger Niederlassungen der Gothen in dem Gebiete von Bormio hinlänglich constatirt und die gothische Abstammung eines Theiles der jetzigen Bevölkerung jener Thäler mehr als wahrscheinlich gemacht zu haben. Es lässt sich daher mit Bestimmtheit die Erwartung aussprechen, dass sich hier noch weit mehr Spuren und Nachklänge des eingewanderten Germanenthums auffinden lassen werden, als wir in Obigem andeuten konnten, namentlich in Sprache, Rechts- und Gerichtsordnung, Sitten und Gebräuchen. Sollte sich einer oder der andere unserer Leser durch unsern schwachen Versuch zu weiteren Nachforschungen und Studien in dieser Richtung angeregt fühlen, wozu ihm ein auch in anderer Hinsicht so vielfach lohnender Aufenthalt in den Bädern von Bormio die beste Gelegenheit bieten wird, so wäre ein Hauptzweck unserer Arbeit erreicht. Dieselbe wird ihm wenigstens zur vorläufigen Orientirung dienen können. Wenn wir dabei auch etwas weiter ausholen mussten und daher weitläufiger geworden sind, als es an solchem Orte passend erscheinen mag, so glauben wir durch die Schwierigkeit und Neuheit des Thema's, sowie durch die für die Ethnographie der Alpen nicht unwichtigen Ergebnisse hinlänglich entschuldigt zu sein. Konnte ja doch in solchem Falle mit blossen Behauptungen weder dem freundlichen Leser noch uns selbst, geschweige denn einer streng wissenschaftlichen Kritik, ein Genüge geschehen. Es handelte sich dabei auch darum, an dem Beispiele einer einzigen, verhältnissmässig kurzen und fernliegenden Geschichtsperiode zu zeigen, wie so mannigfach in alle wichtigern Ereignisse unseres Continents verflochten die Lokalgeschichte dieses so kleinen Gebietes erscheint, Dank der Stellung und Bedeutung seiner Alpenpässe, die den Schlüssel zum Veltlin bilden. Es gilt diess für alle nachfolgenden Jahrhunderte. Denn von den Tagen Theoderich's und Carl's d. Gr. bis herab auf Napoleon und Garibaldi hat der grösste Theil der Kriegszüge und Kämpfe um den „Garten Europa's“ das Gebiet oder die Grenzen dieser Landschaft berührt, oft genug auch mit allen Schrecken des Krieges heimgesucht. Wollten wir daher auch die folgenden Perioden in ähnlicher Weise behandeln, so müssten wir uns anschicken, sozusagen einen Abriss der ganzen europäischen Geschichte zu schreiben. Diess kann uns hier natürlich nicht einfallen, und da mit einem trockenen chronologischen Verzeichnisse abgerissener Thatsachen auch Niemanden gedient wäre, so würden wir uns für die Folge darauf zu beschränken haben, bloss die medizinische Geschichte und in ihr die culturhistorische Bedeutung dieses Curortes in's Auge zu fassen.

Diese Aufgabe, welche mit dem Auftreten der Väter der Balneographie und für Bormio speziell mit dem Aufenthalte des berühmten *Petrus de Tussignano* in diesen Bädern (März 1336) beginnt, haben wir aber bereits vor sechs Jahren in den „Ostrhätischen Studien“ erledigt, auf welche wir hiemit verwiesen haben wollen, da wir die hier uns vorgezeichneten Grenzen nicht durch Copien unserer eigenen Arbeiten zu überschreiten gedenken. Auch hat unser verehrte Freund und Mitarbeiter Dr. C. Meyer-Ahrens in der 2. Auflage seines umfassenden meisterhaften Werkes über „die Heilquellen und Curorte der Schweiz“ (Zürich 1867), erst kürzlich die medizinische Geschichte von Bormio behandelt. Als Ergänzung zu jenen Darstellungen wollen wir hier nur noch zwei kurze Nachträge beifügen, betreffend die erste (uns bekannte) Anstellung eines Landschaftsarztes für Bormio und die Beziehungen des grossen Theophrast Paracelsus zum Veltlin. Am 4. September 1490 schliessen nämlich der Podestat *Gotardo de Jorgio* und andere Vertreter der Landschaft Bormio im Namen der letztern einen für 2 Jahre geltenden Vertrag mit *Antonius de Cremona*, Doctor der Medizin und freien Künste, wegen

Ausübung der medizinischen Praxis in genannter Landschaft. Der Arzt verpflichtet sich, während dieser Zeit niemals ohne Erlaubniss des Rathes aus dem Gebiet von Bormio sich zu entfernen und Jedermann ohne Ansehen der Person oder des Vermögens im Nothfalle und auf Verlangen innerhalb des genannten Gebietes seinen ärztlichen Beistand zu leisten, wofür er ausser der Zollfreiheit für den Wein zu eignem Gebrauch einen fixen (in 3 Raten zahlbaren) Jahresgehalt (Wartgeld) von 200 Pfund von der Landschaft bezieht, dabei aber nicht mehr als 3 Soldi für den ersten und 2 Soldi für jeden nachfolgenden Besuch, nebst 2 Soldi Entschädigung für jede Meile Weges, seinen Patienten innerhalb des genannten Bezirkes anrechnen darf, mit Ausnahme jedoch der Fremden, denen er nach Gutdünken seine Rechnung stellen mag. (Im benachbarten Bünden erscheint um dieselbe Zeit der gelehrte Dr. Bernardin Stuppan als erster salarirter Arzt; er bezog von Gem. III Bündten einen „stattlichen“ Jahresgehalt, stand wegen seiner Gelehrsamkeit und „glücksamer Curirung“ in hohem Ansehen, und starb zu Chur 1527. Ardüser, S. 101).

Dass *Paracelsus* das Veltlin (nebst Bormio) aus eigener Anschauung, wahrscheinlich auf einer Durchreise von Italien (wo er eine Zeit lang als Feldarzt gedient) nach der Schweiz um's Jahr 1525 kennen gelernt habe, haben wir in unserer frühern Arbeit (Ostrhätische Studien, S. 25) schon nachzuweisen gesucht. Es geht diess namentlich aus jener merkwürdigen Stelle in seinem Buche von den Tartarischen Krankheiten (Cap. 15) hervor, welcher das unserer vorliegenden Schrift vorangesetzte Motto entnommen ist, und die offenbar alle Zeichen der Originalität — welche diesem merkwürdigen, seiner Zeit so sehr vorausgeeilten Genie so eigen — an der Stirne trägt. Es enthält jenes Capitel, welches von der „Ordnung und Regimine, wie im Tartaro procedirt soll werden“ handelt, so viele goldene, auch heute noch beherzigenswerthe Wahrheiten von allgemeiner Geltung, namentlich in Bezug auf Diätetik (im weitesten Sinne) und deren hohe Bedeutung in der Heilkunde, dass wir es bei unsern Lesern verantworten zu dürfen glauben, wenn wir zum Schlusse Paracelsus nochmals das Wort gestatten.

„Darumb soll man nit allemal bleiben in dem (was) des Lands Art ist und das Land gibt, sondern suchen, das gesund ist, der Frömbde in solchen Nöten sich nit äussern zu ersuchen. Also soll je ein Land dem andern Hülf beweisen, der Rhein der Donau, die Donau dem Rhein, Welschland dem Teutschland, Teutschland dem Welschland, ein jegliches an dem, in welchem dem andern mag geholfen werden“ . . . „Dann allemal findt man Guts und Böses in einer jeglichen Art; dazu gehört das Examen, dass ein Arzt wisse, was in einer jeglichen specie sey, damit nicht verboten werde ein Ding, und ein böseres erlaubt, wie dann die doctrinæ librorum copiose anzeigen, deren Regimen, Diät, gar aus keinem Examen hervorgeht, sondern allein aus Gedünken, das doch einem Arzet übel ansteht.“ . . . „Wer da will ein Arzet sein und sitzet in seinem Vaterland mit Ruh, der soll wissen, dass er seines Vaterlandes Art und Tartarum kenne und nachfolgend dasselbig an jeder species besonders der Speis und des Tranks erkenne. Dann so Du in Deinem Land sitzest und bist wohnhaft dazu eine lange Zeit gewesen, und weisst nicht das Examen des ganzen Lands, was in jeglichem Ding sey: so bist Du nicht werth, dass Dich der Erdboden tragen soll, von wegen Deiner Unwissenheit.“ . . . „Wo in Cura (Tartari) das Regimen nicht gehalten wird, so ist alle Medezin vergebens, und es bedarf ein Arzet wohl, dass er vorsehe in solchen Dingen, er sey in welchem Land er wolle der ganzen Welt. Dann kein Ort ist, da Tatarische Krankheiten nicht zuständen.

Wiewol das ist, dass ich für meine Person solcher Länder nie keins erfahren hab', da ich Tartareæ ægritudines so wenig gefunden hätt', *als allein im Veldtlin: Dessgleichen hat weder Germania, weder Italia, weder Francia, weder der Occident noch der Orient in Europa. Dann im selbigen Land Veldtlin ist in ihren gebohrnen Einwohnern kein Podagra, noch Colica, noch Contractura, noch Calculus nie erfunden oder erhört worden*, dass ich mich auch zum Theil gross wundern muss, und das *von viel mehr Ursach halben, so ich hie nicht beschreib: und so ein gesunds Land*, in dem was in ihm wächst, *dass nicht viel gesunder Ort gefunden mögen werden*, soweit mir das Wandern 'geben hat. Vielleicht mögen solche Regiones mehr seyn, mir aber unwissende: *Acht' aber nicht, dass in Europa solche Regiones mehr gefunden werden.*"

Literatur.

M. Aurelii Cassiodori (senatoris) Variarum lib. X. epist. 29. Vinusiado Comiti Theodahadus rex concedit facultatem aquas Burmias petendi ad sanandam podagram, quæ graphice describitur.

Petri de Tussignano (Medicinæ monarchæ excellentissimi) de balneis Burmi apud Volturenos liber, in quo non solum aquarum vires et medicinæ, sed earum quoque exhibendarum canones explicantur. Anno Dni MCCCXXXVI, 13. Martii, dum esset in dictis Balneis. — (Op. Venet. de baln. 1553 fol. 193.) — Scheuchzer Hydrograph. helvet. p. 356.

Andrea Matthioli, sui Bagni di Bormio. Como 1540 (nach de Picchi).

P. P. Paravicini (Novocomensis medici) de Masinensium et Burmiensium thermarum situ, natura, miraculisque. Mediol. 1545. Op. Venet. de baln. 1553 fol. 194. (Italienische Ausgabe von Bern. Porro, Milano 1646, später vermehrt durch Zusätze von *G. P. Paravicino* und *G. A. Malacrida* von Sondrio, durch erstern besorgt, Milano 1658).

Conradi Gesneri (Medici celeberr.) Epistol. med. ed. C. Wolph. Tigur. 1577. lib. I. fol. 1b., III. fol. 85, 90, 133. (Ueber Gesner's Reise nach *Bormio* und Tarasp *im Sommer 1561* sind zu vgl. *Dur. Campell* Topograph. rhaet. alp. Msc. fol. 307. — *Ros. a Porta* Histor. reform. eccles. rhæt. Cur. 1772. I. 336. — *Hanhart's* „Gessner." 1824. S. 190 und 319. — *Brügger* „ostrhæt. Stud." Zür. 1863 S. 34—43.)

Andreæ Baccii (Elpidiani Medici et Philosophi, civis Romani) de thermis libri VII. Venet. 1571, p. 226: Burmienses aquæ calidæ, p. 253: Balnea S. Martini sub Como. (Baccius war erster Leibarzt des Papstes Sixtus V.)

Gasparis Sermundi (Medici perit. Bormiens.) de balneorum Burmiensium præstantia. (Op. posthum. auspiciis archiducis Ferdinandi.) Mediolan. ap. Pontium. 1590.

Nicolo Annesi, breve trattato delle virtù, qualità, operazioni, e facoltà delli nobili, antichi e pretiosi Bagni di Bormio di Valtellina. Sondrio 1612, Bolzano 1641, Como 1677, ristampato in Bolgiano 1691.

J. Guler v. Wyneck, Veltlein, d. i. Chorograph. u. histor. Beschreibung d. Veltleins. Strassburg 1625.

G. B. de Burgo (Abbate Clarense e Vicario Apostol. nel Regno d'Irlanda). Hydraulica o sia Trattato dell'acque minerali del Massino, S. Mauritio, Favera, Scultz, e Bormio. Milano 1689.

J. J. Scheuchzer, Hydrographia helvetica, Turic. 1717, S. 353 ff.

Gio. Batt. de Simoni (Patricii Bormiens.), Descriptio Thermarum Burmiensium in „Europæ Medicina" von *Roncalli Parolino*, Brixiæ 1747, pag. 156.

H. L. Lehmann, die Grafschaften Chiavenna und Bormio. Leipzig 1798.

Gio. de Magri, Analisi delle acque minerali di Bormio. Sondrio 1818 und 1830.

Pietro Bonfico, Analisi delle therme di Bormio. Pavia 1821.

Franc. de Picchi, delle acque termali di Bormio in Valtellina, dissertazione inaug. Pavia, 1822.

Pietro Paganini, notizia compendiata di tutte le acque minerali e bagni d'Italia. Milano, 1827.

G. Rüsch, Anleitung zum richtigen Gebrauche der Bade- und Trinkkuren. Ebnat. 1826 II. S. 24 ff.

J. H. Keller, Die Bergstrassen nach dem Kanton Graubünden, nach dem Langen- und Comer-See, Ansichten mit Einleitung und Erklärung von *J. G. Ebel*. Zürich, 1826.

Cima, osservazioni critico-analitiche sopra alcune acque minerali d'Italia, in **Omodei** Annali univ. di med. 1827. S. 427.

Luigi Pellegrini, chemische Analyse der Thermen von Bormio, 1834. (Mitgetheilt in nachfolgender Monographie).

Fr. de Picchi (medico distrettuale), Cenni storico-medici sulle acque termali di Bormio. Sondrio 1835. (Nebst Anhang: sull'acqua acidula-marziale di S. Caterina in Valfurva).

Lodovico Balardini, Topografia statistico-medica della Valtellina in Annal. univ. di med. 1834 (Juli).

— — sulle fonti minerali e termali della Valtellina. Como, Ostinelli, 1838 (vgl auch Abhandl. desselben Autors in: Biblioteca italiana, Januar 1834; Effemeridi delle scienze mediche, Septemb. 1838.)

A. Vetter, theoretisch-praktisches Handbuch der Heilquellenlehre. Berlin, 1838. II., 47.

Giov. Donegani, Guida allo Stelvio, ossia Notizie sulla nuova strada da Bormio all' incontro colla postale di Mals. Milano 1842.

E. Osann, Darstellung der bekannten Heilquellen Europa's. Berlin, 1843. III., 763 ff.

A. F. Tassani, alcuni riflessi sull' uso delle terme ed acque minerali della Valtellina, Gazz. med. Lomb. 1850 Nro. 22.

Giov. Capsoni, Guida alle principali acque minerali della Lombardia e del Veneto. Milano 1852, S. 31—35.

Ad. v. Planta-Reichenau, chemische Untersuchung der Heilquellen zu Bormio (Worms) im Veltliner-Thale. Chur, Pradella, 1860.

G. Leonhardi, Das Veltlin, nebst einer Beschreibung der Bäder von Bormio. Leipzig, Engelmann, 1860.

Carlo Lurati, le fonti termali di Bormio nella Valtellina. Lugano, 1861. (Der erste Theil gibt eine ital. Uebersetzung der vorgen. Schrift v. Planta's, nebst historischer Einleitung aus de Picchi).

Chr. G. Brügger (von Churwalden), Ostrhätische Studien zur Geschichte des Badelebens, insbesondere der Curorte Bormio und St. Moritz. (Nebst Anhang: Naturverhältnisse der Thermen und Umgebungen von Bormio.) Zürich, 1863.

C. Meyer-Ahrens, Balneologische Reise im Sommer 1863. Monatsblatt f. medicin. Statistik. Berlin, 1864, Nr. 2 (Februar).

G. Theobald, Bormio und seine Bäder (landschaftliche Skizze u. geologische Uebersicht). Chur 1865.

Helfft (Docent zu Berlin), Balneologische Reminiscenzen aus dem J. 1865. Berlin. klinische Wochenschrift, 1866, Nr. 4 ff.

Meyer-Ahrens, die Heilquellen und Kurorte der Schweiz und einiger angrenzender Gegenden. Zweite umgearb. und verm. Ausgabe. Zürich, Orell, Füssli & Comp. 1867. S. 574 ff.

Herrgott (Prof. de médecine et médecin en chef de l'hôpital civil à Strasbourg), Excursion dans l'Engadine, Bains de St. Moritz, le Preso, Bormio et Tarasp. Extrait de la Revue d'hydrologie médicale franç. et étrang. et Clinique des malad. chron." Strasbourg 1868.

Gregorio Fedeli (di Roma, Medico addetto all' ospedale di S. Giov. di Dio), sulle acque termali e fanghi di Bormio nell' alta Valtellina, osservazioni medico-cliniche. Roma 1869.

Theobald, Weilenmann und **Brügger**, die Bäder von Bormio und die sie umgebende Gebirgswelt, Landschaftsbilder, Bergfahrten und naturwissenschaftliche Skizzen. (Im Erscheinen begriffen.)

Berichtigung.

Seite 77. Die Feuchtigkeitsmittel von Brienz und Beatenberg sind miteinander verwechselt worden.
